JN105257

国際地域研究 Ⅳ

北海道教育大学函館校
国際地域研究編集委員会 [編]

大学教育出版

序　　言

　日本では、新型コロナウイルスの新規感染者数が急減し、この一週間の平均が 105 人というところまで落ち着いている（2021 年 11 月末現在）。一方で欧州や韓国などでは再度急増する傾向を見せ、さらには新たな変異株の報告もあり、流行から 2 年たってなお、その帰趨が見通せない状況が続いている。流行以前の日常の生活を一日も早く取り戻せるよう願わずにはいられない。

　今回の新型コロナウイルスの感染状況を振り返ると、人口が密集している地域、さらにはワクチン接種率が低い地域の都市部でウイルスが増え、そのことが変異株の出現を促進し、グローバル社会において急速にパンデミック（世界的大流行）を招いたように思う。つまり、新型コロナウイルスは、社会機能と人口の一極集中の危うさを私たちに気づかせ、グローバル時代だからこそ考えてみなくてはならない課題を私たちに突きつけていると捉えることができる。私たちはそのような課題に向き合いながら、英知を結集して持続可能なニューノーマル時代を築いていかなくてはならない。

　日本国内を見ても、東京や大阪、札幌といった、人口密集地での感染者数・率が高く、新型コロナウイルスは、社会機能が一極に集中している今の社会がいかにもろいものであるかを浮き彫りにした。デジタルトランスフォーメーションや働き方改革といった動きは、人々に地方への回帰を促進していくことにつながるのかもしれない。そうだとすれば、地方の側ではこの期を逃さず、魅力ある地域社会づくりを目指して、これまで以上に工夫を凝らし、努力を重ねる必要がある。

　グローバル時代そのものが、今回の新型コロナウイルス感染症の拡大を加速したとしても、今の社会は開かれたものでなくてはもはや成立しない。このことは、新型コロナウイルスの感染拡大を阻止しようと世界中の国々が渡航禁止や入国禁止措置を打ち出した結果を見れば明らかである。国際通貨基金（IMF）

の世界経済見通し（2021年10月）も「数十年分の経済発展を巻き戻し、財政に甚大な打撃を与えた」と断じている。実際、国境を越えた人々の往来がどれだけ減少したかを見ると、例えば日本を訪れた外国人の数は、2019年の3,188万人から2020年の412万人へと、実に8分の1近くも激減している。この減少傾向は2021年に入っても歯止めがかからず、9月までの総計は19万人にとどまった。他方、日本から外国に出かける人も急減した。2019年に2,008万人、つまり1カ月あたり170万人が海外に向かって出国していたのが、2020年には月に26万人、全体でも8割減の年間317万人余にとどまった。2021年は9月までの累計が36万人と、毎年一桁ずつその数を減らしてきたことになる。

　このような数を見ても、観光や運輸をはじめとする経済活動全般が停滞してしまったことを容易に理解することができる。大学にいる人間としては、留学の機会が大幅に奪われたことも大きな課題であると感じている。

　その一方で、これだけの人や物の往来がなくなったにもかかわらず、世界が麻痺していないのは情報通信技術が世界を結んでいるからだろう。この技術がまさにグローバル（一つの地球全域にわたる）という概念を目に見える形で私たちに示すことにもなった。この技術を有効に使うと同時に、地球が一体となるような国際協力がなければ幸せなグローバル時代を築けないということも考えてみなくてはならない問題ではないだろうか。新型コロナウイルスに対するワクチンにしても、自分の国にさえあればよいというものではない。全地球規模で集団免疫が成立しなければ、免疫のない国で変異を繰り返し、結果的にはもとのワクチンも無意味なものとなってしまう。気候変動に対する取り組みも地球規模の問題である。「一つの地球」という意味を深く理解したうえでの国際協調とそれに基づく政治・経済活動が求められる。

　在宅で業務を続けることができるテレワーク、首都圏での仕事を地方に移住しても続けることができるリモートワーク、また、オンライン留学など、新しいスタイルが現に広がりつつある。ただ、個人的には人間というものを肌で感じながら理解することが土台にあって、新しい技術が意味を持ってくるという気がする。

　地域社会の拠点である大学には、持っている知的資源を地域社会に広く提供するとともに、人間理解を基礎とする国際的な視野を持つ有能な人材を育てて、地域社会の活性化につなげていくという使命がある。北海道教育大学国際地域学科（函館校）の役割も、まさにその点にある。

　学科の活動の一環としてこれまで研究書を世に出してきたが、今ここに『国際地域研究　Ⅳ』を上梓するに至った。既刊の『国際地域研究　Ⅰ』『国際地域研究　Ⅱ』『国際地域研究　Ⅲ』に続けて、研究の成果を問うものである。ぜひ、読者の皆様のご批評とご教示を仰ぎたいと思う。

2022 年 4 月

北海道教育大学長　蛇穴　治夫

『国際地域研究 Ⅳ』の刊行にあたって

　北海道教育大学函館校に国際地域学科が開設されて初めて新入生を迎えたのは、いまから8年前の2014年4月であった。以来、地域教育の拠点校として、次世代育成を担う教師の養成はもちろん、広い国際的視野をもって地域の活性化に取り組んでいける人材の養成に全力を挙げてきた。豊かな国際感覚と語学力を身につけた行動力あふれる若者を求める声は、地域社会でこそ、切実なのである。

　65歳以上の高齢者人口が全人口の3割近くを占める世界一の超高齢社会である日本で、少子化の勢いが衰えを見せない。出生者数は2019年に90万人を割り込み、2020年は85万人を下回って、2021年はさらに70万人台に落ち込むと見られている。日本で生産年齢人口の減少が始まってから四半世紀がたった。現役世代が減少する中で、世界一の超高齢社会をどう支えていくのか、そして若者の都会流出に伴う地域社会の衰退にどうやって歯止めをかけるのか。地域を活性化させることは、日本の国家的な課題である。

　このようなニーズを踏まえ、函館校は、現代の諸課題に対応した学際的研究の成果を地域に還元しようと、2018年度から「国際地域研究シンポジウム」を毎年開催している。国内外の最前線で現実的課題の解決に取り組んでおられる第一級の専門家による基調講演や、学内外の教員による研究発表などを通じて、地域活性化についての今後の指針を提供してきた。さらにシンポジウムの中身をも盛り込んだ専門書『国際地域研究 Ⅰ』『国際地域研究 Ⅱ』『国際地域研究 Ⅲ』を刊行してきた。

　今回、ここに通巻4冊目となる『国際地域研究 Ⅳ』を上梓する。本学教員が執筆した研究論文のほか、2021年6月の第4回シンポジウム「国際地域研究の展開 ― 変わりゆく世界、次世代につなげたい地域のチカラ ― 」における基調講演とパネルディスカッションを収録している。津軽海峡を越えるネットワークを作り上げて地域活性化を推進しているYプロジェクト株式会社代表

取締役の島康子氏（青森県大間町）に、基調講演をしていただいた。パワーあ
ふれる講演内容をぜひ読んでいただきたい。

　北海道教育大学函館校がこのようなことを行う意義は、教職を目指す学生や
学校教員にとどまらず、これから社会に出ていく若者や、地域住民にとって、
地域の課題や現状を理解しておくことが地域活性化を進めていくうえで不可欠
であると考えるからである。

　地域教育の拠点校としては、今後、国際地域研究の成果をどのように教員
養成に活かすかについて継続して検討したいし、学校を含めた地域社会への支
援、外国人児童生徒への対応など地域のニーズにこたえるサポートのあり方に
ついても研究を続けて、地域の人材育成や学校教育を支えていきたいと願って
いる。

　国際地域学、地域研究に関心を寄せる多くの方にご覧いただき、ご意見やご
感想をお寄せいただければ幸いである。

　2022 年 4 月

　　　　　　　　　　　　　北海道教育大学函館校キャンパス長　五十嵐　靖夫

国際地域研究 Ⅳ

目　次

第 1 部　地域のチカラで世界は変わる

　　　　職業は「まちおこしゲリラ」／U ターンして「濃い」暮らしに気づく／「理屈
　　　こねる前に、まんず動け！」が行動原則／アテネ五輪で売れに売れた「マグ
　　　ロ一筋」T シャツ／海とインターネットのおかげで世界の中心に／赤字のフェ
　　　リー航路を「なぐすなぢゃー」／高校生が「まちおこしゲリラ」に仲間入り／
　　　町民総出で新造フェリーをお出迎え／とにかくチャレンジし続ける「津軽海
　　　峡マグロ女子会」／「踊らされてんじゃねぇ、踊ってんだ！」／地域おこしに取
　　　り組む女たちの会が増殖中

第2部　国際地域研究　各論

第3部　シンポジウム

第1部

地域のチカラで世界は変わる

講演録

海をつなぐ女たちのまちおこし
― 泳ぎ続けるマグロ女子の挑戦 ―[1]

島　康子

　ハイハイハイハイ、ハイ、コロナだから、あまり大きな声を出せなくて、すごいきつい状態なんですけれども、いつもの六分ぐらいで声を出させてもらおうかなと思っています。

　皆さん、よーぐ来たの〜！　Zoom の前でも、皆さん、見てくれていますか。

　ということで、私、もしかしてこの脇の下にウニをつけて今日来るかなと期待していた方もいらっしゃるかもしれないですけれども、今日はマグロのTシャツで来ました。正式名称、「テーシャッツ」。

　青森県出身者、いますか──あっ、いた。青森県に「ティー」という発音はないよね。青森県には「ティー」はなくて、みんな「テー」なんですよ。なので、「エヌテーテー」とか、「シーデー」とか言っていて、Tシャツの「ティー」も「テー」なんです。しかも大間は、「シャツ」の間に小さい「ッ」が入って、「シャッツ」と発音するので、「マグロ一筋テーシャッツ」が正式名称でございます。

　そんなしょっぱい川の向こうの大間から来まして、これから1時間ぐらい、マグロ女子が全速力で駆け抜けてきた話をさせてもらいます。たぶん皆さん、聞いた後、すごい疲れると思う。何か走った後のような感じになるかもしれませんが、どうぞお付き合いいただければと思います。

　今朝、むこうを7時発のフェリーで出て、函館に8時半に着きました（図

1[2])。朝のそのフェリーを大間の人たちは「病人船」と言っています。なぜかというと、函館の病院に通っている人が多いんです。函館に着くとすぐ病院に行って、受付して、診てもらって。病院のほうでも「大間から来たの?」という感じで早く診てくださったりして、その後、買い物とかして函館を楽しんでから、夕方4時半の船に乗って帰ってくる。それが大間にとってのフェリーなんですよね。

図1

職業は「まちおこしゲリラ」

皆さん、これは何ですか(図2)。若い人たちはわかる? 映画『ローマの休日』の主演俳優はオードリー・ヘプバーンとグレゴリー・ペック、男女ですけれども、これは男男です、実は。こんなアホなことをやり始めたのが「まちおこしゲリラ集団 あおぞら組」というグループです。自分で「まちおこしゲリラ」

図2

の名乗りをあげて、今、それを「Yプロジェクト」という会社にしてしまいましたので、もはや「まちおこしゲリラ」が職業です。そんな人は、もしかして日本で私だけなんじゃないかなと思って、ネットで調べてみたら、私しか出なかったので、たぶん日本でただ一人、「まちおこしゲリラ」をなりわいとしている者ではないかなと思っています。

小さい頃、およそ自分が将来このような人間になるなんて、まったく思っ

ていませんでした。むしろ、「とにかく大間さ生まれてしまって、なして、こったら所さ生まれてしまったべ、一日でも早く都会に行きたい。私は都会の子どもになりたかったー」とずうっと思っていました。

一番嫌だったのが、「本州最北端」という言葉です。中央が東京だとしたら、東京からどんどん離れていって、どんどん田舎、どんどん僻地になっていく。下北半島の真ん中ぐらいにむつ市がありますが、そのむつ市ぐらいまでは人間は住んでいる。しかし、そこからさらに北に行けば、「北限のサルしかいないでしょ」というようなイメージ、それが私の子どもの頃の「本州最北端」のイメージね。そこにあるのが、大間町です。もうとにかく1ミリでも都会に近づきたかった。

その頃の私って、都会と田舎を比べるばっかりしていました。都会のほうが、おしゃれだし、新しいものがいっぱいあるし豊かだ。その反対側にあるのが田舎で、「田舎は貧しいし、格好悪いし、寒いし」、「その最低の最低の一番最下位のランクの田舎が大間だよ」という、そういう感じですよ。都会と田舎を比べるばっかりして、少しでも都会へ都会へと向かって東京に出て、大学に行って、そのまま働き始めました。そういう私です。

そこから、リクルートという会社に入りました。実家が青森ヒバという木を扱う製材工場でして、私が長女、下が妹で、女2人しかいないから、「ゆくゆく継がねばねえな」みたいな感じで、だんだん父親も「そろそろ帰ってくる時期でねえか」みたいな感じの話になって、大間に帰ってきました。

その帰ってきたときは、そんなに前向きに帰ってきた感じではなかったです。もしかしたら何か自分でもできるかもしれないけど、何ができるかな、というぐらいの感じでした。それが1998年。

Uターンして「濃い」暮らしに気づく

なんだけれども、帰ってきた大間という自分のふるさとがやばかったんですよ。たぶん自分が「住んでいる人」じゃなくて、「旅行に来た人」みたいな感じで自分のふるさとを見ていたと思うんです。毎日毎日、暮らしながら、周りにいる人がおもしろい、食べるものがたまらなくうまい、しゃべる言葉もお

もしろいという、毎日がおもしろさの塊で、これ、どういうことなんだろうなと自分で考えてみたときに、こう考えるようになっていました。つまり、かつての自分の物差しって、「都会＞田舎」の物差しだったんだけど、ずうっと都会暮らしをして、大間に帰ってきて暮らし始めたら、「濃い＞薄い」の物差しになったんだな、と。

　「濃い」というのは、英語で言うと「ディープ（deep）」ということになるのかもしれないけど、その土地ならではの固有のものがしっかりあって、個性とか色とかがしっかりわかるところ。「薄い」というのは、都会なんだか田舎なんだか、北海道だか九州だか、何だかよくわかんねえよ、薄まっているという場所。日本全国に薄まっているところもかなりあると思うけど、その「薄い」というのが、実は格好悪いんじゃないかなと。

　で、「濃い＞薄い」の物差しで見たときの大間がやったら濃かったんですよ。で、この大間、私のあんなに劣等感だった自分のふるさとって、「何だよ、すごい格好いいな」と思った瞬間の自分の中の湧き上がってくるエネルギーがすごかった。

　で、毎日毎日がとにかくおもしろ過ぎたので、それをネットで発信しよう、となりました。毎日の暮らしを、「ひみつの本州最北端」というホームページにして（図3）、「今日どこどこの漁師のじじからもらった何々を食べてうまかったー」とか、勝手に「大間の方言講座」をやったり、おもしろい大間の人、「こんな人がいるよ」と勝手に自分が取材をして、そのホームページに載せていました。

図3

　この人は実在の大間にいた漁師のじじちゃんで、もう残念ながら亡くなってしまったけど、この人が、ニッて笑ったこの顔、たまらんでしょう。このように歯が欠けた人が大間に多いんですが、なぜだかわかりますか。わからないと思う。

「ハコメガネ」ってわかる？「ハコメガネ」もわからない？ 漁に使うガラスの透明な箱型の道具なんだけど、その箱型のものを口で上と下の歯でガチッとくわえるから、上と下がこのように欠けるんです。この歯の欠けたジジちゃんが、私に大間の暮らしの豊かさを教えてくれた大恩人。

こんな感じで、勝手に取材しながらホームページで発信を始めたら、「濃い＞薄い」の物差しに加えて、地図が変わりました。大間って本州最北端とずうっと言われていたので、端っこだとずうっと刷り込みされていたんですよね。ところが、インターネットを使い始めたら、大間が世界の中心で、そこから外に向かって情報を出している。ここは突端じゃなくて、世界の中心でしょ、という感じになったんです、自分の中で。もう怖いものなし。私、このふるさとでどんなことでもやっていけるぜというようなエネルギーがどんどん湧き起こってきました。

エネルギーがたまって、たまって、どうしようとなったときに、NHK が朝の連続テレビ小説『私の青空』というドラマを、大間を舞台に撮影しますよ、となったんですよ。NHK の撮影隊がどんどん大間に入ってきました。ドラマは月曜日から土曜日まで毎日の放送だから、NHK で毎日大間の宣伝をしてくれるようなもの。これを生かして何かおもしろいことをぶちかましたい、というふうになって、2000 年に、ちょっと頭がおかしくなった仲間たちで「まちおこしゲリラ集団あおぞら組」が始まりました。誰かにやれと言われたわけではなくて、「自分たちでおもしろいと思ったことをどんどんやっていこうぜ」と立ち上がったんです（図4）。

2000 年、NHK の朝ドラ『私の青空』がきっかけで「あおぞら組」誕生

図4

「金がないなら勇気を出せよ」というような感じで、自分たちでできることをおもしろがってぶちかまそうぜというものの第一弾が、大漁旗を振ること。フェリーのお客さんに対しての「旗ふりウェルカム」活動というものなのですが、見たいですよね。というか、見せるために今日、来ました（笑）。「旗ふり

ウェルカム」活動というのは、大間の港に函館からフェリーが入ってくるとき
に、ウェルカム隊が大漁旗を持って港に行きます。私はこのように頬かむりしま
す。大漁旗をポールにつけて、フェリーが入ってくる時間に合わせて港に
出動します。フェリーが港に入ってきて、赤い灯台を通り過ぎたとなったら、
みんなで旗を振りながら、こういうふうに、「よーぐ来たのー！」「よーぐ来た
のー！」と旗を振る──。以上です。（拍手）ありがとうございます。

　大間から船が函館に帰るときは、「へばのー！」「へば、まだのー！」とこう
やって旗を振る──。以上です。（拍手）

　Zoom の前でも拍手してくれているかな。（笑）

「理屈こねる前に、まんず動け！」が行動原則

　この「旗ふりウェルカム」活動をやり始めて、これが「まちおこしゲリラ」
の原点となりました。よく、まちづくりでも、会議ばっかりやっていると、元
気がどんどんなくなりませんか。何かちょっと恥ずかしさを我慢すればできる
よ、というぐらいのことを、まずは一歩足を踏み出してしまうということが非
常に大事ではないかなと思って、「まちおこしゲリラ」は「理屈こねる前に、
まんず動け！」というのを自分たちの行動原則にしてスタートしました。

　その後、大間に来た人が買いたくなるようなおみやげの開発をしようじゃ
ないかと思い立ちました。大間はマグロはすごく有名なのに、マグロのお菓子
がない。だから、マグロのお菓子を作ろうぜというような発想から始めたんで
す。

　ここで「みやげもの」「いやげもの」「いばりもの」を説明します。観光など
で来たお客さんが買って帰るのが「みやげもの」ですよね。

　「いやげもの」というのは聞いたことあります？「いやげもの」というの
は、みうらじゅんさんという人が、おみやげで人からもらったときに、「この
置物はどこに飾ればいいんですか」とか「何でこんなものを作ったの？」と
か、もらっても嫌なものを「いやげもの」というジャンルにして、そのコレク
ターになってます。「いやげもの」というのは、人からもらったとき受け手が
嫌な気持ちになるもの、それが「いやげもの」です。

　「いばりもの」は、逆に人にあげるときに、自分の我が町を威張るという気持ちを託して人にあげるもの。だから、マグロのお菓子があれば、「大間ってマグロの町だよ、すごいでしょう」という気持ちと一緒にあげることができるじゃないですか。威張りたい気持ちを託すツールとなるようなみやげものを「いばりもの」と考えて、「いばりもの」ジャンルでひとつマグロのお菓子を作ってみようと思って頑張ったら、できなかった。マグロとお菓子の組み合わせが大変過ぎて、商品になりませんでした。

　で、いやいや、どうした、こうした、どうする、こうする、とみんなで考えながら、「お菓子はすごくハードルが高いから、Tシャツだったら、ここに威張ることが書いてあればいいでしょう」となりました。書いてあれば口で何もしゃべらなくても、人がこれを勝手に見て読むじゃないですか。だから、「Tシャツに威張りたいことを書いて、目立つところに行けばいいよね」という発想になった。こうして「マグロ一筋テーシャッツ」ができたんです。

　さっそく、これを「いばりもの」にして、100枚か200枚作ったのかな。もともと活動資金を稼ぐために販売するという発想じゃないんです。着て、威張って、これを露出させればいいというのが目的だから、勝手に芸能人に送りつけて、テレビに出るときに着てもらおうなどという作戦を立てて、ジャンジャカ人に配ったり送りつけたりして、残りをイベントで売るぐらいの感じでやっていたんですよ。このTシャツを見たときに、「いや、ちょっとそれは着れないよ」という人と、「何かこれ、目立つところに着て行きたいな」と、心がうずうずして、人に見せたくなっちゃう人と、2つのタイプに分かれると思うんですよ。そのうずうずしてしまう人をターゲットにして、「どんどん目立つところに着て行ってください」「どこでそれを着てくれたかという証拠の写真を送ってください」「どんどんマグロ一筋を増殖させてください」「あなたは増殖させる人だから、『ゾーショッカー』ですよ」というキャンペーンをやり始めたんです。そうして、目立つところで着てくれたという証拠の写真をどんどん送ってもらいました。当時は2002年とか3年だから、撮った写真をわざわざ電子メールで送ってもらって、その写真を我々がホームページに載せる、そういうデジタルだかアナログだかわからないやり方でやっていたんです。

アテネ五輪で売れに売れた「マグロ一筋」Tシャツ

そのうち、2004年にアテネオリンピックがきました。そのときに、大間出身の柔道の泉浩選手が男子90キロ級に出場したんです。準優勝したのですが、大間から行った応援団の15人が、柔道の試合を応援するときに、「マグロ一筋」を着ていったんですよ。「あおぞら組頑張ってるから、あいつらが作っているTシャツを着ていくか」くらいの感じだったわけですが、「マグロ一筋テーシャッツ」姿の応援団が、世界のメディアで発信されたわけですよ。

その試合の実況のときに、NHKのアナウンサーが「大間の皆さん、マグロのTシャツを着ていますね」とコメントしたぐらいに出てしまった。泉浩選手のお父さん自身がマグロ漁師なんですよ。自分の職業を誇るかのようにマグロ一筋のTシャツを着て応援をしたという、そのストーリーがおもしろいというので、ワイドショーでもどんどん取り上げてくれて、本当にバカ売れです。おかげさまで。

それ以来、「どんどん『マグロ一筋』を目立つところに着ていってね」という「ゾーショッカー」キャンペーンをずうっとやってきましたが、今、振り返ると、2004年あたりから今のSNS（ソーシャル・ネットワーキング・サービス）みたいなことをやっていたんですね。今、また同じようにSNSを使ってやってみたりもしたんだけど、同じ手法はもう飽きてしまっていて、自分の中で盛り上がらないで終わってしまいました。

このような「まちおこしゲリラ」の活動を、自分なりに整理してみたんです。活動の軸みたいなやつを。そうしたら、最初が、我が町、自分のふるさとを「いばる」ですね。次に、それをどんどん世界に向けても「ひろげる」。そして、同じように頭がおかしくなった人同士が「つながる」──というような3つの軸になりました。今回皆さんにお話をするということで、自分でも今までのことを思い返してみると、最初から「世界」を見ているんですよ。オリンピックで「マグロ一筋」が大ヒット商品になったということにも影響しているのかもしれないけれど、よくよく考えてみると、私のふるさとには、目の前にいつも海がある。

海とインターネットのおかげで世界の中心に

　この海が本当に世界とつながっている。だから、海というものが大きい ファクターだったなと自分で気づきがあったのです。海と、インターネット です。自分が活動を始めたとき、インターネットで世界のどことでも点と点で つながる時代になったので、自分のいるところが端っこではなくて世界の中心 で、その世界の中心同士が簡単に点と点でつながる。そういう武器が手に入っ たから、世界を見るようになったのだと思います。

　世界を意識して作ったのが、「マグロのぼり」です。鯉のぼりのコイは、「鯉 の滝登り」と言ったりしますが、しょせん池の中の魚じゃないですか。それに 引き換え、マグロは世界の海を泳ぎ回っているんですよ。ということで、「自 分のお子さんとかお孫さんに世界に飛び出すような人になってほしかったら、 鯉のぼりじゃなくて、『マグロのぼり』じゃねえ？」。そういうメッセージで す。

　大間はマグロの町だから、この商品とともにそのメッセージを発していこ うということなんですが、私の個人の思いとして、自分がふるさとのことを 「ここは端っこだ」「本州の最北端だ」と思っていたときは、自分の心が壁を 作って端っこだと思い込んでいるわけ。しかし、「何だ、ここが世界の中心だ」 と思った瞬間、もう世界の中心になっている。だから、子どもたちにも、どん どん飛び出していけ、泳ぎ出していけ、ここから何にでもなれる、何だってで きるよと。心の壁を作らないで生きていけ、というメッセージをこの「マグロ のぼり」に込めたかったのです。

　大間は、洗脳教育をやっているんで すよ。大間の小学校に行って、5年生 に、「皆さん、5月5日に泳ぐ魚は何で すか」と聞いたら、「マグロー！」（図 5）。みんなちゃんと洗脳教育が行き届 いているから。（笑）

　こちらは、うみの子保育園の「マグ ロのぼりの集い」です（図6）。どうで

5月5日に泳ぐ魚は、マグロであるという教育

図5

すか、園児たちが頰かぶりまでさせられて、「マグロのぼり」の歌を歌ってお遊戯していますね。こんな感じで洗脳教育が行き届いています。

図6

洗脳教育中

赤字のフェリー航路を「なぐすなぢゃー」

2008年に、すごい危機がありました。今日私が乗ってきた大間と函館を結ぶフェリーを廃止するよという問題が勃発したんです。なぜかというと、赤字だからです。青森と函館を結ぶ航路のほうはちゃんと採算が取れるのですが、大間と函館のほうは赤字。なおかつ、船が老朽化しているから、ずうっと続けるためには船も新しくしなければいけないというダブルパンチなんです。だから、いっそのこと、この航路を廃止しましょう、という話が出ました。

出たんだけど、さっきもお話ししたように、大間の人たちにとっては病院に通うための"命の航路"なんです。函館と大間を結ぶ海の航路は命をつなぐ一本道、道路だと思うぐらいに重要な航路だから、「なぐすなぢゃ〜！」と声を上げました。とにかくまず声を上げないと、「別になくなったっていいんだね」と思われるでしょう。だから「なぐすなぢゃ〜！」と声を上げているポスター（図7）を作りました。「なぐすなぢゃ〜！」と言いながら、みんなマグロ一筋を着てしっかり宣伝している。(笑)

とにかくみんなの声を集めなければいけないから、署名してもらって、これを国交省の大臣に届けなきゃって、こうやって持っていったわけですが、このときに署名を受け取った相手が、当時の東北運輸局の局長。この方が今、津軽海峡フェリーの社長になっているので、こちらとしては逃がさん

図7

ぞーという感じです。（笑）

　この大事な問題を世の中に発信しなければいけないので、話題性を作るため、あえてフェリーの中で集会（図8）をやったりして、取材をいっぱい呼びました。

　そのうちに、大間という小さいこの町だけが頑張ってもフェリーは守れないぞと、だんだん思うようになってき

図8

ました。大間だけではなくて、近隣のいろんな市町村と手をつないで、下北半島という面になって、そこにお客さんを呼んできてこそフェリーは生きることができるのだなと気がついたのです。それで、よしフェリーを使うお客さんを増やしていこうという動きを仕掛けていったわけです。

　まず、函館の皆さんに大間に来てねというフェロモンを送ろう、と。函館から大間に来てくれる人を増やさないと、片思いのままですから。片思いが両思いにならないと航路は維持できないから、一生懸命フェロモンを送って、函館の皆さんともどんどんお付き合いをさせてもらって、航路を応援してもらうように工夫をこらしました。皆さん、毎年5月5日に向けて、この五稜郭タワーに変なやつが泳いでいるでしょう。今年も、この「マグロのぼり」を五稜

郭タワーさんで泳がせてくれました。泳いでいるときにはすごい小さく見えますけれども、実際は10メートル（m）なんですよ。全長10mで、腹の回りが6mある代物を、函館の皆さんにも力を貸してもらって作って、同じ津軽海峡だから、函館にも大間にも「マグロのぼり」を泳がせようということも一緒にやってきました（図9）。

図9

高校生が「まちおこしゲリラ」に仲間入り

　そうこうしているうちに、大間の地元の高校生たちにも変な生徒が出現したんです。私たちは2000年から活動を始めたので、ちょうど10年目の2010年に、大間高校の2人の女子生徒が「まちおこしゲリラの仲間に入れてください」と言ってきました。1人は、何と小学生のときに、私たちと一緒に「よぐ来たの〜！」とやっていた子だったんですよ。この子が高校生になったら、またあの人たちと一緒にフェリーを盛り上げる活動をしたいと思ってくれたようです。もう1人のほうは、本当に突然変異です。(笑)

　ただ、やっぱり突然変異的な感じなので、この2人が大間高校を卒業したら、どんどんフェードアウトするだろうなと思って、あまり期待していなかったんですね。

　ところが、この2人が卒業してからも、次の後輩たち、次の後輩たちが、どんどん活動をつないで、フェリーを盛り上げる担い手になってくれました。今もずうっと続いていて、高校のほうも顧問の先生を毎年ちゃんとつけてくれて、ほぼ部活みたいな感じになりました。

　航路廃止問題のほうも、すったもんだ、いろいろあって、大人のいろいろな話し合いがあって、最終的に、とにかく新しい船を造る。町と青森県がお金を出して国から借金して新しい船を造って、その船を投入することで観光などの需要を増やして採算が取れるように回していきましょうと。廃止とはならないで、新しい未来に向けて、新しい航路、新しい道筋をつくっていくんだよというところに落ち着いたんですよ。

町民総出で新造フェリーをお出迎え

　そして、新しい船を広島県呉市で造って、大間と函館から一字ずつとって「大函丸」と名前をつけました。新造フェリーが呉から初めて大間の港に入ってくる当日。いつもは「まちおこしゲリラ」だけで「よぐ来たの〜！」と旗振りをやっていますけれども、そのときには町の人たちに「100人で旗振り大作戦」をやろうと声をかけました（図10）。100人の旗振り隊で旗振って、「よぐ来たの〜！　大函丸」とやろうじゃないかと呼びかけたんですよ。2013年

の4月5日のことでした。

　さて、何人来たと思いますか、皆さん。

　何と、500人来ました！　私たちが準備した旗は100本しかないわけ。役場が小さい紙の旗をちゃんと作っておいてくれたので、プラス400人の人たちにはこの小さい旗を振ってもらって、めでたしめでたし、という感じでした（図11）。

　こうして、「大函丸」という新しい船とともに、海から見たときには大間が玄関になるよと、新しい玄関口として再スタートを切ったのが2013年です。

　私は、講演の最初のほうで、「まちおこしゲリラ」を職業にしたと言いましたけれども、今は、まちおこしゲリラビジネスを株式会社にして、しっかり持続可能にしていこうと、頑張っています。「モノを売る」ことに加えて、「時間を売る」旅行業もやり始めて、「マグロ漁ウォッチングツアー」（図12）などもやっています。

　そして、いよいよ北海道新幹線の開業が2016年ですね。もう今年で5周年だから、あっという間だなと思っていますけれども、東京からの新幹線が新青森を通って新函館北斗まで通っ

図10

図11

マグロ一本釣り漁ウォッチング

図12

た。この新幹線が通るということをきっかけにして、女たちがまちづくりに立ち上がりました。

　北海道新幹線開業の1年前、2015年に、北陸新幹線が先に開業になったんですよ。東京から北陸の石川県の金沢まで新幹線が通ったんだけど、その北陸新幹線の開業をきっかけにして、女たちが、私たちよりも早く立ち上がりました。

　レディー・ガガは知っているよね。こちらはテンがない「レディー・カガ」。この「カガ」というのは加賀温泉郷ですよ。金沢のちょっと先に加賀温泉郷というのがあって、そこの女将とか、いろんな女性たちを中心にして立ち上がったのが、「レディー・カガ」だったわけです。この「レディー・カガ」というネーミングを聞いたときに、変なライバル意識が出ました。

とにかくチャレンジし続ける「津軽海峡マグロ女子会」

　負けられないと思って、じゃあ津軽海峡は「マグロ女子だ！」というので、「津軽海峡マグロ女子会」が立ち上がりました（図13）。

　青森側の取りまとめ役になっているのが私なんだけど、美女美女のこの方が工藤夏子。松前の矢野旅館という温泉旅館の女将さん。彼女が北海道側の

図13

取りまとめ役なんですよね。私も函館の人じゃない。大間でしょう。函館にずうっと片思いみたいな感じの私。この工藤夏子も、松前だから、やっぱり函館から離れていて、函館に片思いという感じの2人なんですよね。だから、場所は離れているけど、思いが一緒なんですよ。志というか。で、同じように賛同してくれる仲間たちが集まりました。個性がばらんばらんです。みんなキャラかぶりがない。いろんな持ち味を持った女性が集まって、2014年のお雛さまの次の日、3月4日に立ち上がったんです。

　「マグロ女子会」とは、マグロが好きとか、マグロを食べるとかの会ではな

くて、とにかく泳ぎ続ける、次から次へとチャレンジをし続けて止まれない、そういう生きざまの女性のことを「マグロ女子」というふうに名づけて、自分たちはマグロ女子ですよと。略して「マグ女」ですよと。

　今、津軽海峡をぐるっと取り囲むところのあちこちに生息をしています。2014年に立ち上がったときは、20人弱くらい。「マグロ」だから、将来、「まあ！　ぐ・ろ」──「まあ！　96」人になるまで増えればいいなと思っていたのですが、気づいたら92人になっていて、いやいや、もうすぐだねというようなところまできました。

　マグロ女子の掟は「自慢の前に、まんず褒めろ！」です。自分のことを自慢したい、自分のふるさと、自分のいるところを自慢したい気持ちをまずはちょっと抑えて、まず隣りの町を、相手を褒めてから、自慢しましょうね、という褒め殺しが掟なんですね。とにかく相手を褒めて、褒めて、褒めまくって、褒め殺してから自慢する。

「踊らされてんじゃねぇ、踊ってんだ！」

　さらに、お互いを「尊敬」し合っています。尊敬し合っていながら、お互いの頑張りのいい意味での「競争」相手でもあるし、キャラが全然違うので、自分に足りないところを手伝ってもらう、力を貸してもらう、この「補完」の関係を持っているというのがたぶんマグロ女子の強みかなと思っています。あおぞら組もそうだったけど、誰かに言われてやっているのではなくて、「自分たちがやりたくてやっているんだ」「踊らされてんじゃねぇ、踊りたくてやっているんだよ」というような考え方です。それは私の中でずうっと一貫して、そうです。

　津軽海峡マグロ女子会は、それぞれの場所を知る、おもてなしのツアーから始めました。お互いの場所を訪ねていきながら、それぞれのおもてなしの現場で非常に頑張っている男子を勝手に表彰したりして、ツアーに乱入してきた青森県知事にも「頑張っているね」シールを貼ったりしました。

　北海道新幹線開業の前には、みんなの心をあっためるよという「あっためキャラバン」を勝手にやったりしました。

　そのとき撮った写真のこの私は泣いているんだけど、何で泣いているかというと——津軽半島の突端は竜飛という岬。そこから一番近い北海道側って松前の白神なんですよ。そこで、竜飛で打ち上げた花火が白神の岬から見えるかという実験をやったんです。竜飛のホテル竜飛に花火を上げてもらって、みんなで松前のほうから見たのですが、本当にパーッときれいに上がったと思ったら、ファーッと開くのがしっかり見えたんですよ。それが感動的で、泣いている。

地域おこしに取り組む女たちの会が増殖中

　2016年から「マグ女のセイカン博覧会」を始めました。それぞれのマグ女が自分の地元でいろんな体験のプログラムだったり、イベントだったりを催して、新幹線が通るだけじゃなくて、小さい町村にまで人が行くような、毛細血管をこの津軽海峡に通しましょうというのが目的です。"青函"と"性感"をかけ合わせた「セイカン博」というこのネーミングが物議を醸したりもするけど、ただ、とにかく出ていかなきゃいけないでしょう。普通にやっていたら埋もれますから。こういうプログラムを催して、マグ女ならではのおもてなしもどんどんみんなで企画して、実現をして、とにかく自分たち自身も楽しみながら、お客さんも楽しませる、いろんなスタイルを開発してきています。

　そうそう、マグ女の餌になっている男。マグロの餌って、イカなんですよね。（会場を指さして）そこに座っている奥平先生も、「イカメンズ」ですよね。マグ女の餌になってくれる男子のことを「イカメンズ」と言っています。江差のイカメンズが取りまとめ役なのですが、マグ女に髪の毛までむしられたと言っていました。こういう「イカメンズ」の存在もあって、私たちは頑張っています。

　地域おこしにかける女たちの思いは、飛び火現象を起こしています。関門海峡には「関門海峡フク女子会」、北海道後志（しりべし）には「しりべし女子会（しり女の会）」、青森県八戸には「八戸（はづのへ）サバ嬢」が生まれました。

　昔みたいな賑わい、じゃなくて、これからの新しい時代の賑わいや豊かさ

というものを、一生懸命に私たちなりにつくって、そのバトンを若い世代に
しっかり渡していきたいなというのが私たちマグ女の思いです。

　ということで、以上で1時間、たぶんみんなも走ったような感じでヘトヘト
だと思いますが、終わらせていただきます。ありがとうございました。(拍手)

注

1)　北海道教育大学函館校国際地域研究シンポジウム「国際地域研究の新展開―変わりゆく世
　　界、次世代につなげたい地域のチカラ―」(2021年6月4日)における基調講演の内容を本
　　書用に編集して掲載。ここに掲載した図はすべて、講演中に提示されたスライドの一部。
2)　© 大間町観光協会「大間へのアクセス」大間観光情報サイト『大間わいどアップ』、
　　https://oma-wide.net/access/ (2022年1月21日アクセス)。

第**1**章

沖縄の振興／開発にみるグローバル課題と地域課題の相克
― SDGs と安全保障のはざまで ―

畠山 大

1. 問 題 意 識

　沖縄（県）が日本という国家の「周辺」ならば、この地域の中の宮古（宮古島等）、八重山地域（石垣島、西表島、与那国島等）、沖縄本島北部といった地域は、「周辺」の「周辺」である。一方、北海道が日本における「周辺」ならば、道南・函館は「周辺」の「周辺」であり、津軽海峡を挟んだ対岸の下北半島は、日本の「周辺」である東北地方の「周辺」である青森県の「周辺」である。そして、青函圏は、これらの「周辺」が重層化して生成する「地域」であるといえよう。

　この南と北の「周辺」には、下記の共通性が存在する。第一に、国境に密接もしくは近接し、宮古海峡や津軽海峡などの安全保障上の要地を含み、地域にとっては「財源」や「産業」や「人口」であると同時に「迷惑施設」でもある、米軍や自衛隊の軍事施設、また、石油備蓄基地や原子力関連施設が配置されること、第二に、隣国の「周辺」としての地域と国境を挟んでの国際交流の歴史と可能性を有すること、第三に、第1次産業や観光関連産業の一定の発展があるにせよ、高齢化や人口減少、首都圏等の全国的な次元での「中央」や県（道）庁所在地等の地方の次元での「中央」と位置づけられる地域との格差が認められること ―― である。

　これらの特徴は、「周辺」としての地域の経済や社会のあり方が「中央」の意思や動向はもちろん、国際的な政治的・経済的環境の変化にも左右されることを意味し、最近では、これに新型コロナウイルスによる影響が加わる。南と北の「周辺」たる地域は、いわば、グローバル課題とローカルな地域課題とが交錯する「場」である。

　本章は、日本における南の「周辺」としての沖縄の、その内部における「周辺」としての地域——具体的には、宮古、八重山、沖縄本島の北部および周辺離島、奄美（鹿児島県）を含むが、その中でも特に八重山——からの視点を意識し、沖縄の本土復帰（1972年）後における振興／開発の歩みと今日的な状況について、沖縄振興体制の中でも主に沖縄振興（開発）計画に即して概観する。

　とりわけ沖縄が国家的な課題イコール「国策」の下でグローバル課題とローカルな地域課題が相克する「場」としての性格を強める一方、玉城デニー沖縄県知事がSDGs（Sustainable Development Goals：持続可能な開発目標）に基づく県政を打ち出しているように、「周辺」の側による主体的な課題設定が試みられてきたことを確認する。南の「周辺」（の「周辺」）である沖縄の状況についての本章の内容が、北の「周辺」（の「周辺」）である道南・函館や青函圏という「場」で思索・行動する市民にとって、何らかの参考になれば幸いである。

　なお、2002年、沖縄振興開発特別措置法および沖縄振興開発計画から「開発」の文字が抜け、それぞれ、沖縄振興特別措置法、沖縄振興計画となったが、本章が対象とする時期はこの変更の前後を通貫しているため、本章では、「振興開発」と「振興」との区別をせず、「振興／開発」という表記を用いる。また、沖縄振興開発計画、沖縄振興計画については、いずれも「振計」の略語を用いている。

2. 沖縄の振興／開発の基本的性格と展開

本節では、沖縄の振興／開発の基本的性格および現在に至る展開を説明する。筆者は以前の論考（畠山 2020：85-93）で、沖縄の「周辺」としての八重山の視点から各時期における振興／開発の性格や展開を主に振計に即して分析しており、その要旨を次節の前提となる限りで提示する。

（1） 沖縄の振興／開発の基本的性格

高良倉吉氏は、いわゆる「沖縄振興体制」について、これが2つの方向の政策の展開であると整理している（高良 2017：70-71）。第一に、沖縄の復帰に伴う特別措置に関する法律による内国消費税等に関する特例（酒税の減免措置等）であり、第二に、沖縄振興開発特別措置法、沖縄開発庁設置法、沖縄振興開発金融公庫法の「沖縄開発三法」に基づいて展開された沖縄振興政策である。これらは国法である以上、沖縄の振興／開発の本質とは、日本全体の国策の一部を構成し、また、そういったものとして機能することにあると理解するのが当然である。

一方、沖縄振興開発特別措置法の「特色」として、沖縄振興開発特別措置法研究会編（1974：7-8）が「あらたに本土に復帰する沖縄に、従来の地域立法をバラバラに適用することをやめて、……既存の地域開発立法の手法のみならず、あらたな手法を含めて、総合的にこれらを駆使することによって、沖縄の実状に即した地方公共団体に対する財政援助措置、産業の振興開発の方策等を講じている」「こうした措置において、沖縄振興開発計画の原案提出権を知事に認めること……等地方自治の尊重に深い考慮を払っていること」を挙げているように、沖縄の振興／開発については、沖縄側の事情や自主性を軸に理解する必要がある。

上記の点より、沖縄の振興／開発は、一義的には〈国‐県〉関係として把握されるが、沖縄地域は、地理的に（沖縄本島を中心とする）沖縄諸島、宮古列島、八重山列島の3つの圏域に大きく区分され、また、歴史的にみれば、

「先島」（宮古・八重山）は、中世・近世期に沖縄本島を本拠とする政治権力であった琉球王国の支配下で搾取や差別を被ってきた「周辺」である。一方、宮古や八重山は、台湾や中国に隣接する国境地帯であり、国における安全保障の次元では「中心」となる地域である以上、沖縄の振興／開発において、宮古・八重山を構成する圏域／市町村／地域と国とが独自の関係をとりむすぶ余地がある。

　その結果、〈国－圏域／市町村／地域〉関係と〈国－県〉関係との間に〈県－圏域／市町村／地域〉関係が発生し、沖縄の振興／開発の場合、県と県内における圏域／市町村／地域の関係は、単なる〈中心－周辺〉関係ではない。沖縄の振興／開発を総体的に把握するには、以上の３つの「関係」を前提とすると同時に、県の次元における振興／開発の核心的な関心・目的や目標・内容と圏域／市町村／地域の次元におけるそれらとの連関やすれ違いも存在することを考えなければならない。

　さて、沖縄の振興／開発の出発点における二枚看板は、沖縄振興開発特別措置法の制定の趣旨とされている「他府県との格差を早急に是正」と「自立発展の基礎づくり」であり（沖縄振興開発特別措置法研究会編 1974：7-8）、この枠組みの中で「振興開発事業の実施にあたっては、日本最高水準の『高率補助』が適用された」ということもあるのだが（高良 2017：21）、２つの「看板」は交錯する一方、微妙にすれ違う。離島の離島という絶対的な地理上の不利（離島苦）と沖縄本島との相対的な格差を抱えた宮古や八重山等の圏域／市町村／地域では、格差是正と基盤整備が振興／開発の核心的な関心・目的や目標・内容となる。

　一方、米軍基地が所在する沖縄本島では、「基地経済」からの脱却としての「自立経済」の確立が振興／開発の核心的な関心・目的や目標・内容となった。2021 年 8 月 1 日現在、沖縄県全体の人口は 145 万 9,407 人で、うち沖縄本島の人口は 135 万 2,440 人で構成比は 93 パーセント（%）、ただし、中南部に人口や都市機能が集中しており、その人口は 119 万 8,856 人で構成比は 82%である。宮古圏域の人口は 5 万 3,347 人で構成比は 3.7%、八重山圏域の人口は 5 万 4,254 人で構成比は 3.7%で、「先島」で括っても 10 万 7,601 人で構成比は

7.4%に過ぎない（沖縄県企画部統計課人口社会統計班 2021）。

　沖縄本島の面積は約 1,200 平方キロメートル（km²）であり、函館市の面積は約半分の 680km² である。沖縄本島中南部の面積は沖縄本島の 4 割（約 480km²）だが、この函館市の 7 割ほどの面積に函館市の人口（約 25 万人）の 5 倍近い 120 万人が居住していることになる。県庁所在地である那覇市の人口密度は 7,915 人／km²、隣接する浦添市の人口密度は 5,935 人／km²、浦添市の北東に隣接する宜野湾市の人口密度は 5,000 人／km² である（沖縄県企画部 2021：6）。札幌市白石区の人口密度が 6,150 人／km²、中央区が 5,361 人／km²、厚別区が 5,135 人／km² であり（人口は 2015 年の組替）、沖縄本島、特に中南部は「百万都市」とみなされるべき地域である（総務省統計局 2021）。

　図 1-1 は、沖縄本島中南部の土地利用の状況を示しているが、画面の左下に那覇市、中央に浦添市、右上に宜野湾市が位置する。画面の左下、画面の中央やや左上、画面の中央やや右に広大な敷地の施設があるが、それぞれ、自衛隊那覇基地（那覇空港：軍民共用）、米軍牧港補給地区（キャンプ・キンザー）、米軍普天間飛行場であり、その他、米軍那覇軍港等を含め、米軍や自衛隊の広大な軍事施設は、人口稠密な都市地域の内部、もしくは、これに隣接

図 1-1　沖縄本島中南部の土地利用状況
出所：Google マップ（2021 年 9 月 15 日アクセス）

している。

　沖縄県民による基地の整理・縮小、撤廃の要求は、一義的には政治的・社会的な要求であるが、商業地や工業地あるいは住宅地、空港や港湾等の産業基盤、公共施設の用地等となりうる「フロンティア」を求めることでもある。県の次元での振興／開発の構想や議論は、基地の跡地利用も含め、主に沖縄本島中南部を舞台として、製造業の育成・誘致といった工業化、もしくは、流通、サービス、金融、情報の分野に焦点を当て、ひいては、これらの分野での規制緩和を推進させる「一国二制度」的な制度の適用を期待するものとなりがちである。

（2）　沖縄の振興／開発の展開 ―「周辺」からの視点―

　沖縄振興開発計画（1次振計：1972 ～ 1981 年度）、新全国総合開発計画（1972 年一部改訂）の「沖縄開発の基本構想」の内容をその含意とともに整理すれば、①沖縄の振興／開発は沖縄本島中南部が中心となり、県全域を牽引する。②中南部は国際交流の拠点となる都市として整備する。③中南部には米軍基地が多く立地しているが、②における開発に供用可能な「総合的な土地利用」の余地が多く残されている ―― ということになる。

　この3点は、その後の沖縄において「基地経済」のオルタナティブとなる経済のあり方を構想するうえでの基本的なモチーフとなった。一方、1次振計では、八重山について、「社会経済的条件および自然的・地理的条件等から、主として農林水産業および観光保養地域として開発をすすめる」とされ、この地域の振興／開発に関し、沖縄本島や石垣市との交通・運輸や情報・通信の基盤整備といったもの以外の目的や内容は見いだしにくい。

　第2次沖縄振興開発計画（1982 ～ 1991 年度）は、日本の高度成長の終了、石油ショックの発生、公害に対する関心の高まりによる重厚長大型産業の立地・誘致による開発主義の行き詰まりと地域的特性を利用する振興への転換を展望するような意識を反映したものとなっている。とはいえ、八重山については、「本圏域については、農林水産業の振興と観光保養地域としての整備を積極的に進めるとともに、生活環境施設等及び交通通信体系の整備を促進し

……」とされているだけで、本質的に1次振計の次元を超える内容とはなっていない。

第3次沖縄振興開発計画（1992〜2001年度）では、格差是正のための基盤整備の達成が進む一方、国家財政の悪化がみられる状況で、沖縄における振興／開発の継続を正当化するために、沖縄経済が『我が国の経済社会（の発展）』というシステムの一部として機能するという「論理」が必要であった。そして、八重山を（日本における）「南の交流拠点（＝沖縄）の中の『南の交流拠点』」として、もしくは、日本経済の一部として機能する沖縄経済のそのまた一部として機能するものとして「システム」に組み込む「論理」も読み取れよう。

3次振計は、大田昌秀県政（1990〜1998年）と重なるが、この県政が基地経済からの脱却と自立経済の構築を標榜した『国際都市形成構想』（1996年11月）は、八重山について「隣接する台湾・中国と、友好関係の構築を基礎とした地域間交流や生活に根ざした経済交流を推進する」とし、「環境保全・文化交流拠点」として「隣接した中国・台湾との多面的な交流を進める」としている。また、『21世紀・沖縄のグランドデザイン調査報告書』（概要版：1996年4月）では、住民・市民が主体性を発揮し、国境を超える地域間における多面的な交流の可能性が提起されている（沖縄県 1996b：9）。

ただし、これらの構想は、図1-2を見る限り、八重山や宮古、沖縄本島北部といった地域が果たす機能と沖縄本島中南部の「国際都市」としての機能とがリンクし、県全体として有機的な発展を目指すといったイメージを積極的には提示しなかったと思われる。

沖縄振興計画（2002〜2011年度）は、日本経済の長期停滞、財政逼迫、構造改革に対応し、新自由主義的な行政手法を導入する方向性を「施策、事業の費用対効果等を踏まえた政策評価の観点が、ますます重要となる」「行政単位の枠を越えた広域的な取組を視野に入れ」「市町村の合併等も視野に入れた……」といった表現で示している。だが、八重山については、「観光・リゾート産業の振興を図る」「圏域外及び国外との交流ネットワークを形成するとともに、島々の自然環境を保全しつつ、各種産業の振興による雇用の創出、生活

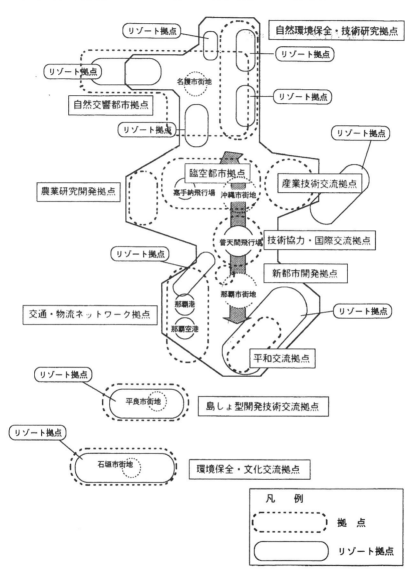

図1-2　新たな県土構造の拠点の配置（『国際都市形成構想』）

出所：沖縄県『国際都市形成構想21世紀に向けた沖縄のグランドデザイン』、1996年、13ページ

環境の改善等の定住条件の整備を図る」といったように、3次振計までの内容
を超えていない。

　現行の振計である沖縄21世紀ビジョン（2012～2021年度）については、
元沖縄県知事（2006～2014年）の仲井眞弘多氏が「それまでの『振興計画』
は、手続き上から見れば、最終的には政府によって決定される計画であり、国
が責任をもって沖縄振興を図るというもので、それなりに意義があったもの
の、県が主体性をもって計画し、実施するものではありませんでした」「新し
いビジョンは県職員が作るべきものだということで、一切を自前で作りまし
た」と語っている（OXメンバー2021：115, 116）。仲井眞氏の率直な発言に
は解釈の余地があるにせよ、同ビジョンに沖縄側の主体性が従来の振計と比較
して積極的に担保・発揮されているという認識は一般的に共有されているもの
である。

　だが、同ビジョンでも「離島」に関しては、「沖縄の離島地域は、日本の領
空、領海、排他的経済水域（EEZ）の保全など国家的利益の確保に重要な役
割」「広大な海域に存在する様々な海洋資源は、今後の我が国の経済発展に寄
与する可能性」「離島振興に当たっては、離島の果たしている役割に鑑み、県
民はもとより国民全体で離島住民の負担をともに分かち合い」「中国や台湾と
近接する与那国町や石垣市の尖閣諸島をはじめ、竹富町の波照間島など、我が
国の国土及び海洋権益保全の観点から極めて重要な面的広がり」といった表現
で（沖縄県2012：117, 118, 156）、経済面に加えて安全保障面でも「国益」と
のリンクが明確になったのである。

　八重山の振興／開発が「南の交流拠点」といった主として経済的な機能に
おいて「国益」とリンクされる限りでは、運輸交通や情報通信の基盤整備を通
じ、県全体の次元、特に沖縄本島中南部での振興／開発という「県益」とリン
クする余地を残しており、実際に沖縄21世紀ビジョンは、離島を「県民の食
料供給地としても重要な地域」と位置づける（沖縄県2012：117）。同ビジョ
ンの第1次産業に関する部分でこの点が深められているようではないが、一定
の可能性を提示してはいる。だが、「周辺」としての地域の振興／開発が安全
保障面での「国益」とのリンクを深めれば深めるほど、県の次元における振興

／開発への「独立性」を深めることになり、さらに「国益」とのリンクを深めることになるのである。

3. SDGs と沖縄振興体制の「終焉」

　2021年度は、県や国の次元において、沖縄振興特別措置法の改正、次期の振興計画、沖縄関係税制、沖縄振興開発金融公庫、沖縄関係予算をめぐる動きが大詰めとなっている。これらの沖縄振興体制は2022年度以降も一定の形で存続するにせよ、その意義は、曲がりなりにも「沖縄」という一つの独自性・特殊性のある地域が対象となり、一定程度は「沖縄」が主体となってきたという、復帰後半世紀間におけるものとは本質的に変化し、実質的に「終焉」したとも考えられる。

　その背景には、SDGsや米中対立というグローバル課題と、そのコインの表裏の関係にある沖縄の内部での貧困や格差、辺野古（沖縄本島北部）や宮古・八重山への米軍や自衛隊の新たな軍事施設の配置というローカルな地域課題との相克が存在する。

（1）　玉城デニー県政とSDGs

　翁長雄志前県知事の逝去に伴う2018年9月30日の知事選で玉城デニー氏が当選した。選挙中に同氏は「誰一人取り残さない」というSDGsの理念を掲げたが、就任して半年後で初となる定例会見でSDGsの沖縄における推進を発表し（『沖縄タイムス』2019年4月13日）、次期振計においてもSDGsの推進を前面に打ち出している。

　その背景には、沖縄県による次期振計の素案に「1人当たり県民所得は依然として全国最下位の水準」「非正規雇用者割合や子どもの貧困率の高さなど全国と比べて厳しい状況」と記されたり（沖縄県2021：2）、『日本の人間の安全保障指標2018』で、沖縄は、非正規雇用率や待機児童数、就学援助の受給割合等による「生活」指数が47位、平均寿命や人口増減率等「命」指数が

30位、総合指数で45位に留まったりするような事情がある（『沖縄タイムス』2019年8月29日）。

　この素案は「沖縄振興計画等の推進により、社会資本の整備が進み、観光産業や情報通信産業の振興など着実な成果が現れている」としているが（沖縄県2021：2）、琉球大学教授で玉城知事の諮問機関である「SDGsに関する万国津梁会議」の委員長となった島袋純氏は、「インフラは充実しており、もう支出の根拠がない。高率補助はむしろ、基地負担の見返りとして本土では誤って捉えられており、早くなくすべきだ」と主張し（『沖縄タイムス』2017年8月20日）、「自治体が国の高率補助事業を獲得して予算を最大化する仕組みによって裏負担などに一般財源を充てる結果、教育・福祉予算が削られ、貧困問題が固定化している」と指摘している（『沖縄タイムス』2018年5月14日）。

　一方、沖縄の振興／開発にSDGsを紐付けることで、基地問題を沖縄の振興／開発に紐付けようとする意図もみてとれる。2018年5月24日にグテーレス国連事務総長が発表した『軍縮アジェンダ（An Agenda for Disarmament）』は、軍縮に関連するSDGsの目標として、「目標16. 持続可能な開発のための平和で包摂的な社会を促進し、すべての人々に司法へのアクセスを提供し、あらゆるレベルにおいて効果的で説明責任のある包摂的な制度を構築する」をはじめ[1]、目標3、4、5、8、10、11、14、15、17を挙げている（United Nations 2018: 9）。目標16だけでも、基地問題と本土からの構造的差別による「ゆがみ」を強制されてきた沖縄社会が復帰後半世紀を経て（「本土並み」には）手にしていない内容をカバーしており、このようなSDGsの性格は、振興／開発、貧困／格差、基地／平和の各問題を「三位一体」として解決する可能性をもっている。

　沖縄におけるSDGsの「利用」は、〈国－県〉関係の中でローカルな地域課題とされてナショナルな課題とされてこなかったという構造的差別の下にある基地問題をグローバルな課題として「一般化」できる可能性もあるが、「SDGsに関する万国津梁会議」でも「議論の焦点は米軍基地の解決を議題に追加するかに置かれ、委員からは『政治的な色合いが強く、対立を生み出せばSDGsの解釈が誤解される危険性がある』『米軍基地から波及した問題が県民にある

のは事実。オープンにするべきだ』などの意見に割れた」という状況があったようである（『沖縄タイムス』2020年8月19日）。

　慶應義塾大学大学院教授の蟹江憲史氏は、「総合性」がSDGsの特徴の一つであるとし、「経済、社会、環境面での持続可能性を考えるうえで外してはならない側面で、かつ政治的に合意可能な側面は、ほぼ含まれている包括的な目標がSDGs」であるとしている（蟹江2020：29）。SDGsの「総合性」は、沖縄振興体制の「総合性」とも親和性があり、ここかしこにSDGsのアイコンを貼り付けることで自治体版のSDGsウォッシュ（自己利益のためにSDGsを表層的に利用すること）に陥る危険性もあるが、ナショナルな課題になりきれないローカルな地域課題をグローバルな地域課題として訴えていける「一般性」をもつ可能性がある。

（2）　沖縄の振興／開発の焦点と視点の変化

　「新冷戦」としての米中対立が日中間の軍事的な緊張もその一部分に含んで深化する中、沖縄県域を含む南西諸島における自衛隊の展開も進んでいる（図1-3）。元統合幕僚長の折木良一氏が「南西諸島海域の水深は、……太平洋側は一転して世界でも有数の深さがあります。……太平洋の深い海は、核戦力でアメリカに劣る中国の対抗策として有効な核弾道ミサイル（SLBM）を搭載した原子力潜水艦が潜航して米本土に近づくのにもってこいの海域です」と指摘するように（折木2015：100）、「沖縄問題」も「新冷戦」に対応し、沖縄本島の普天間や嘉手納、辺野古から宮古・八重山へと、その焦点を移しつつある。

　2020年9月3日、菅義偉官房長官（当時）は、〈国－県〉関係の「暗黙の了解」であった沖縄の振興／開発と基地問題との「リンク」を改めて示した。国は軍事施設の維持・展開のため、県の頭越しに市町村やその内部の地域に「振興策」をもって介入してきたが、安倍晋三政権での衛藤晟一沖縄相（当時）は、「離島や北部と、その他の地域で発展に差がついているように感じる」「市町村の要望に対し、沖縄振興特定事業推進費など可能な限りのツールを用いて応えないといけない」と発言しており（『沖縄タイムス』2020年1月1日）、「国益」とのリンクが前提とはいえ、〈県－圏域／市町村／地域〉関係における

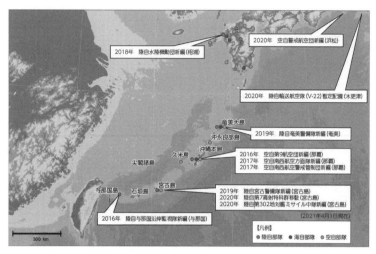

図1-3　九州・南西地域における主要部隊新編状況（2016年以降）（『防衛白書』）
出所：防衛省編『日本の防衛 ― 防衛白書 ―』令和3年版、2021年、225ページ

「ひずみ」を〈国 – 県〉関係が埋め合わせているようにも見えてしまう。

　一方、菅義偉政権での河野太郎沖縄相（当時）は、振興／開発のあり方の「議論のベースには国の統計に民間企業のビッグデータを加えた地域経済分析システム（リーサス）を使用する」とし、振計については、「エビデンス（根拠）を示す」、沖縄の振興／開発と基地問題との「リンク」についても「あまり関係ない」と発言するなど（『沖縄タイムス』2020年10月2日、12月24日、2021年1月1日）、「政治」よりも「市場」の論理を優先することを前面に出している。社会科学では数理的、統計的な分析がソフト・ハードの情報技術や情報産業の発展と相まって主流となり、政治や行政の分野でもEBPM（Evidence-based Policy Making）が積極的に導入される状況がある以上、河野沖縄相のスタンスは、沖縄の振興／開発をして「特殊性」から「一般性」の次元への転換を図らしむるものとも理解できる。

　県内の識者も、例えば、経済学では、沖縄国際大学教授の比嘉正茂氏が「市場メカニズムの中で比較優位の産業が伸びることを政策で是正する必要はない」「どれくらい地域経済の発展に貢献したか、政策の効果を『見える化』す

ることが重要だ」「沖縄振興は政治問題と関連して議論されるが、両者の因果関係を検証することは難しい」と主張する（『沖縄タイムス』2021年9月17日）。

　また、行政学の分野では、島袋純氏が、振計の策定に沖縄県議会が直接関与すべきとの文脈において、「県議会は予算編成も含めて行政が向かう方向性を指標で示し、計画や評価、事前と事後のマネジメントを行う発想がない。これでは行政評価はできず、議会の本質的な役割である行政への『チェック機能』は働かないと言わざるを得ない」と批判している（『沖縄タイムス』2020年5月29日）。

　沖縄の振興／開発へのSDGsの紐付けに関しては先述したが、SDGsの特徴の一つも「『測る』こと」であると指摘される（蟹江2020：16）。沖縄における「自立経済」の概念や議論は、伝統的に「県際」における移出入（輸出入を含む場合がある）や所得移転や財政移転の「収支」を焦点にしてきたが、近年では「指標」にその視点を移している。このような変化は、沖縄の振興／開発における「特殊性」から「一般性」の次元への転換といえるが、沖縄振興体制は、「特殊性」にその存立の基盤がある以上、「一般性」とは矛盾する。政治的な妥協がこの体制をして何らかの形で存続させるにせよ、本質的には「終焉」したのである。

おわりに―サイエンスとアート―

　沖縄の振興／開発が、沖縄にとってはグローバル課題でもローカルな地域課題でもあるSDGsと安全保障のはざまで「指標」に基づく「サイエンス」となったとすれば、今日の状況は、沖縄をめぐる〈国－県〉関係が〈国－圏域／市町村／地域〉関係に拡散／収斂していく過程であるといえる。最後に、この状況があらゆる「地域」に対して提示していると思われる「課題」について指摘しておきたい。

　琉球政府の各種委員、琉球大学教授や沖縄公庫副理事長、沖縄振興開発審

議会委員、沖縄県振興開発審議会会長等として、沖縄の振興／開発の思想的・政策的な立ち上げに関与した久場政彦氏は、復帰直前の『中央公論』1971年9月号に「『政治は可能性の芸術である』という。沖縄の人々がこの日本復帰という重大な変革を機に手中に収めたいと願ってやまない平和と自治、これを日本政府は政治の力で可能にしてもらいたい」と記している（久場1971：147）。

　沖縄の振興／開発が数理的、統計的な「サイエンス」に変化することは、科学・技術の進歩を反映しており、市場の論理や市民社会の発展の面でも一定の合理性があるが、データはあくまでも「過去」に属するものである。市場とは必ずしもイコールではない資本主義を維持・拡大するのは「アニマル・スピリット」なのだが、権威主義体制下にある国家が経済的なパフォーマンスを発揮し、その他の国々でも新型コロナウイルス禍で経済活動が制限される中、民間企業も政府の「袖を縋って」生きるしかない。ある場で筆者と同席した沖縄を代表する企業家が「資本主義は死んだ」とこぼしたのが印象に強く残っている。

　一方、SDGs については、「文化の多様性や文化振興に触れるターゲットもあるものの、目標自体に文化は含まれていない。あるいは芸術も、生活の質や心の豊かさのためには非常に重要なものであるものの、SDGs のなかでは言及されていない」と指摘されている（蟹江2020：29）。地域から「未来」も「文化」も捨象するならば、地域は、経済学の教科書が想定するホモ・エコノミクス（合理的経済人）やグローバルな巨大企業が活動する空間以上のものを意味しない。沖縄の振興／開発について分析、議論するうえでも、道南・函館や青函圏を含むあらゆる地域において思索、行動するうえでも、「サイエンス」と「芸術＝アート」のバランスをどのようにとっていくかが今世紀において共通するローカルな地域課題となってくる。この点において「地域は可能性の総合芸術」であるといえよう。

注

1) SDGs の各目標の表記については、外務省の仮訳を参照した。外務省ウェブサイト、https://www.mofa.go.jp/mofaj/gaiko/oda/sdgs/pdf/000101402.pdf（2021 年 9 月 15 日アクセス）。

引用・参考文献

沖縄県（1996a）『国際都市形成構想 21 世紀に向けた沖縄のグランドデザイン』。

沖縄県（1996b）『21 世紀の「万国津梁」をめざして 21 世紀・沖縄のグランドデザイン調査報告書 概要版』。

沖縄県（2012）『沖縄 21 世紀ビジョン基本計画』。

沖縄県（2021）『新たな振興計画（素案）』

沖縄県企画部編集・発行（2021）『沖縄県 令和 2 年人口移動報告年報』。

『沖縄振興開発計画』（1972）。

『第 2 次沖縄振興開発計画』（1982）。

『第 3 次沖縄振興開発計画』（1992）。

『沖縄振興計画』（2002）。

沖縄振興開発特別措置法研究会編（1974）『沖縄振興開発特別措置法の解説』第一法規出版。

沖縄タイムス社『沖縄タイムス』。

折木良一（2015）『国を守る責任 自衛隊元最高幹部は語る』PHP 研究所。

蟹江憲史（2020）『SDGs（持続可能な開発目標）』中央公論新社。

久場政彦（1971）「なぜ『沖縄方式』か」『中央公論』1013 号、138-147 ページ。

高良倉吉編著（2017）『沖縄問題——リアリズムの視点から』中央公論新社。

畠山大「沖縄振興開発における八重山の位置と課題」函館人文学会編集・発行『人文論究』第 89 号。

United Nations.（2018）*Securing Our Common Future: An Agenda for Disarmament*, New York: United Nations Publication.

Web サイト

沖縄県企画部統計課人口社会統計班「沖縄県の推計人口」沖縄県ウェブサイト、https://www.pref.okinawa.jp/toukeika/estimates/estimates_suikei.html、2021 年 9 月 15 日アクセス。

総務省統計局（2021）『国勢調査 令和 2 年国勢調査 速報集計 人口速報集計（男女別人口及び世帯総数）』e-Stat、https://www.e-stat.go.jp/dbview?sid=0003433220、2021 年 9 月 15 日アクセス。

第**2**章

「国際観光都市 函館」の「見える化」
―3つの視点から―

奥平 理

は じ め に

　1989年8月1日の国際観光都市宣言で、函館市(以下、函館)は「国際観光都市 函館」を標榜するようになった。その背景には、1985年のプラザ合意以降に急激に進んだ円高による海外旅行ブームの到来や、1987年に旧運輸省(現国土交通省)が「海外旅行倍増(テンミリオン)計画」を打ち出し、日本人が海外旅行に出かけることを積極的に推進する政策を採ったことが要因としてあげられる。

　その後32年を経て、函館はどのような街になったのだろうか。ニュースやネットから函館に関する情報は入手しやすくなったものの、それらについて、市民はなんとなくわかったようでわからない状態に置かれているのかもしれないと考えるようになった。そこで、切り口を函館の「人口、産業(特に水産業と観光業)、国際化」に絞り、さまざまなデータの分析からこれらの分野を「見える化」してみることにした。

　本章での「見える化」とは、データをグラフや表に示すことで、変化などをわかりやすくすることをいう。世間で話題となっている事象も文字のみで表すよりも図表などを用いることでわかりやすく、理解しやすくなることが知られている。教育の分野で用いられる「視覚化」の手法である。人口や産業、観

光、国際化など、函館でよく話題になる事象の「視覚化」に文章による「説明」を加えることでこうした事象への興味関心を喚起するとともに、読者が函館の置かれている状況を理解し、さまざまな場面でこうした知識を活用できるようになる契機になれば幸いである。

1.　人口推移と少子化・高齢化

（1）　人口推移

　函館の 2021 年 9 月末の人口は、住民基本台帳人口によると約 24 万 9 千人で、新幹線開業時に人口は 26 万人程度であったが、25 万人を下回るのは時間の問題であった。函館市の人口推移をグラフから分析する。

　図 2-1 は、1920 年から 2021 年の約 100 年間の函館の人口推移を示している。函館が市制施行したのは 1922 年であるが、このグラフからは区制末期の函館の人口は 14 万 5 千人だったことがわかる。また、市制施行直後の 1925

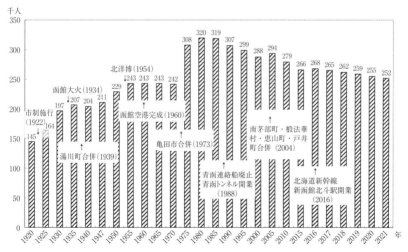

図 2-1　函館市の人口推移（1920 ～ 2021 年）
出所：国勢調査結果（1920-2015 年）・住民基本台帳（2016-2021 年）

年には 16 万 4 千人、1930 年には 19 万 7 千人と 5 年で人口が 2 〜 3 万人ずつ増えていたことがわかる。

　1934 年の函館大火や 1939 年の湯川町合併の頃には、人口 20 万人を突破し、第二次世界大戦後の復興と函館活性化の起爆剤として開催された 1954 年の北洋漁業再開記念北海道大博覧会（北洋博）以後は、1973 年の亀田市との合併まで人口 23 〜 25 万人の時期が 20 年近く続いたが、函館に隣接し、人口が急増していた亀田市との合併で、函館の人口はついに 30 万人を突破した。そして、人口 30 万人以上の時期は 1995 年頃のバブル経済崩壊後まで約 20 年続いた。

　その後は 2004 年の南茅部町・椴法華村・恵山町・戸井町との合併で一時的に人口が増加したものの徐々に減少し、2016 年の北海道新幹線新函館北斗駅の開業時には、人口は 26 万人程度、そして 2021 年 6 月末の住民基本台帳で函館の人口は 25 万人を下回るようになった。住民基本台帳人口における最大人口を記録した 1984 年 1 月の人口に比べると約 7 万 3 千人、率にして 22.9%

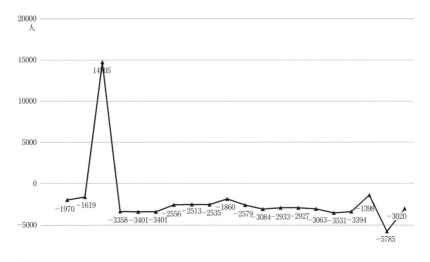

図 2-2　3 町 1 村合併後の函館の人口の年間減少数の推移
出所：函館市住民基本台帳人口・8 月末比較

も人口が減少したことがわかる。

　つぎに、近年における函館の人口減少の度合いを明らかにする。図2-2は、3町1村合併後の函館の人口の年間減少数の推移（住民基本台帳人口・8月末比較）を示している。合併前は概ね1,800人ずつ減少していたが、合併後の2006年以降は、平均で毎年3,000人ずつ減少している。2020年に減少数が少なくなった要因としては、コロナウイルスの感染拡大により、異動や進学による人的移動が停滞したことが考えられる。また2021年の大幅な減少の要因としては、前年度に停滞した人的移動の解消に加えて当該年度の人的移動が起きたことが考えられる。

（2）　少子化・高齢化

　前節で函館の人口が1980年をピークに減少し、特に2006年以降は1年に約3,000人ずつ減少していることがわかった。つぎに、こうした人口の急激な減少の背景を、少子化と高齢化の状況から明らかにする。図2-3は函館の人口ピラミッドの推移を過去40年と今後20年の間隔で示したものである。初めて32万人台に達した1980年の人口ピラミッドの型は「つりがね型」と呼ばれる形状で、高齢人口が少なく、生産年齢人口と若年人口が多かった。もし、この形状が続いていれば、函館の人口は漸増していたと考えられる。

　しかし、2021年8月の人口ピラミッドの型は「つぼ型」に変化し、老齢人口が多く、生産年齢人口や若年人口が年齢の低い層ほど少なくなった。この40年ほどで函館では高齢化と少子化が着実に進行したことがわかる。また、函館の人口が年間約3,000人のベースで減少する理由がこの人口ピラミッドから明らかになった。若年層の部分が細くなっているからである。こうした流れは2040年の人口ピラミッド推計値でより顕著にあらわれる。2040年の人口ピラミッドでは2021年のそれよりも高齢層が増加し、若年層が減少している。そして、若年層の部分が2021年のそれよりも一段と細くなっていることがわかる。このことから、函館の人口は今後、よりいっそう減少傾向を強めると考えられる。

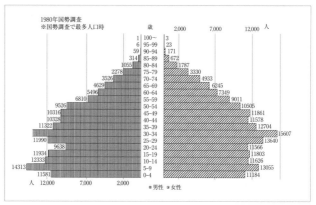

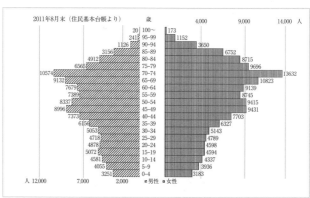

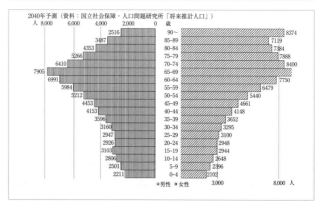

図2-3 函館の人口ピラミッドの推移（1980年・2021年・2040年予測）
出所：国勢調査結果、住民基本台帳、「将来人口推計」

2. 観光業と水産業

（1） 函館の産業構造

　1991 年には、観光入込客数は 500 万人を超えるようになり、1998 年には539 万人に達した。この時期以降になると産業構造にも変化が見られるようになった。図 2-4 は函館市における 15 歳以上就業構造の推移を示したものである。1975 年から 1985 年と 2000 年から 2005 年に、第 2 次産業従事者の割合がそれぞれ 2.9%、2.7% 減少した。2000 年に第 2 次産業の比率が 2.7% の減少を示す一方で、2005 年には第 3 次産業の比率が 75% を超えるようになり、2015 年には第 2 次産業の比率が 17.7% に低下し、第 3 次産業の比率が 78.5%に上昇した。このようなことから、第 3 次産業、なかでも観光入込客数が急増した観光業が函館に与える影響が一段と大きくなったことがわかる。

　函館は津軽海峡に面していて、古くから「するめいか」が多く獲れたことから、今日ではいか漁で知られるようになった。函館では「真いか」とはほとん

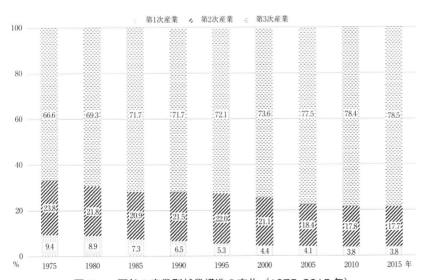

図 2-4　函館の産業別就業構造の変化（1975-2015 年）
出所：国勢調査結果

どいわず、別称の「するめいか」ということが多い。塩辛や刺身、イカそうめん、燻製は全国的にも有名である。観光業の拡大に伴い、函館への観光客の興味関心が「新鮮な魚介類を食べること」へ向かうようになった。新型コロナウイルスの感染拡大前は、TV番組やCMなどメディアに登場することも多く、「新鮮な魚介類」が観光入込客数の増加に一役買っていた時期もあった。

（2）「するめいか」の不漁と「ブリ」

　ところが、近年になって、函館の水産業を取り巻く環境は急に厳しさを増した。函館の「するめいか」は、2008年から2019年にかけて生産量が約18分の1に激減し、2019年にはブリの生産量が「するめいか」の生産量を上回るようになった（図2-5）。最近になって、函館でもブリ食への対応がみられるようになったが、もともとブリを食べる習慣のなかった函館で今後、どのようにブリ食を普及させていくか、いかの不漁による漁師の離職を防ぐためにもさまざまな工夫が求められている。

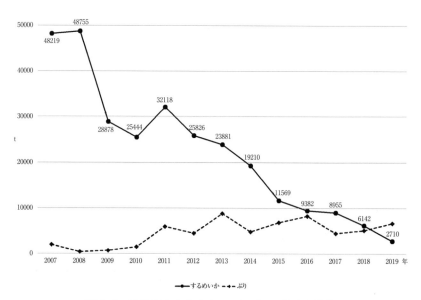

図2-5　渡島管内のするめいかとブリの生産高推移
出所：北海道水産現勢

（3）　観光入込客数の推移から見えるもの

　図2-6は、1975年度から2020年度までの函館への観光入込客数の推移を示している。1970年代は、高度経済成長期から安定成長期に移行する時期で、1935年まで関東以北で、東京・横浜を除いて最大の都会だった函館の経済を牽引した製造業三本柱「函館どつく株式会社・日本国有鉄道青函連絡船・日魯漁業株式会社（北洋漁業）」が、相次いで経営難や廃止、合併等でその力を失った時期でもある（奥平　2021）。

　1970年代の観光入込客数は250～270万人で推移しており、コロナ前の平成末期から令和初頭の500万人台に比べると半数程度に過ぎなかった。函館で初めて観光入込客数が300万人の大台に乗ったのは1987年度であり、昭和50年代まで函館は観光都市というよりは従来の製造業三本柱を中心とした工業都市の名残が色濃く残っていた。しかし観光入込客数は1985年を境に、1991年までの6年間、毎年過去最高を記録した。1988年3月の青函トンネル・津軽海峡線開業と青函連絡船の廃止が引き金となった「さよなら青函連絡船フィー

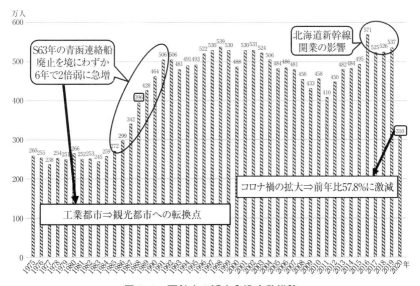

図2-6　函館市の観光入込客数推移
出所：奥平（2021）

バー・青函トンネル開業ブーム」の到来によるところが大きい。わずか6年間で函館市の観光入込客数は実に2倍弱に膨れ上がった（奥平 2019）。

このことは函館、とりわけ湯の川温泉街の宿泊機能に深刻な影響をもたらした。急激な宿泊増により、ホテルと旅館を予約できない状態になった。現在の観光学でいう「オーバーツーリズム（観光地にキャパシティを超える観光客が押し寄せること）」がこの時期に函館で発生したとされる。また、この時期に道内の有力なホテル会社が相次いで客室数200室前後の巨大ホテルを湯の川温泉街で建設し、函館における第一次ホテル建設ラッシュを引き起こした（奥平 1998）。

2019年までは函館観光も好調なインバウンド（外国人観光客）需要に支えられて、順調に観光入込客数を増やしてきたが、2019年末に突如として出現した新型コロナウイルス感染症の世界的拡大が、観光業界に大きな影響を与えるに至った。函館では観光入込客数の急減にあらわれた。2020年度の観光入込客数は310万3千人で、前年比約226万6千人減（－42.2％）とこれまでで最大の減少となった。2020年の観光入込客数は、1987年の観光入込客数にほぼ逆戻りした。33年振りのことである（図2-6参照）。これは度重なる緊急事態宣言の発出に伴い都道府県境を越えての移動が原則として禁止されたため、「旅行」をすること自体が不要不急の外出とみなされるようになったことが原因として考えられる。さらに日本政府は感染拡大により訪日外国人の受け入れを原則として禁止したため、函館観光を側面から支え始めていた「インバウンド」の流入がほぼ皆無になった。

函館市で外国人観光入込客数の統計を取り始めたのは2013年からであるが、2014年には30万人、2017年には50万人を突破した。わずか3年で約67％もの驚異的な伸びを示している。その後も2018年には55万人に達し、函館市の観光入込客数の10％を超えるまでに増加した。しかし、2020年のインバウンドは2,000人余りで、コロナ禍の拡大は函館からインバウンドを雲散霧消させた。インバウンドの旺盛な購買欲は、函館の経済に少なからず好影響を与えていたと考えられるが、今後はコロナ後に向けて、感染症対策をしっかりと進めるだけではなく、インバウンドの復活に向けた戦略を考えるとともに、

安易なインバウンド頼みに陥らない観光のあり方を工夫していく必要がある
（奥平　2021）。

3.「北海道と北東北の縄文遺跡群」の世界遺産登録と国際化

（1）「北海道と北東北の縄文遺跡群」の世界遺産登録

　2021 年 7 月、函館の南茅部地区にある縄文遺跡「大船遺跡」と「垣ノ島遺
跡」を含む「北海道と北東北の縄文遺跡群」が世界遺産に登録されることが決

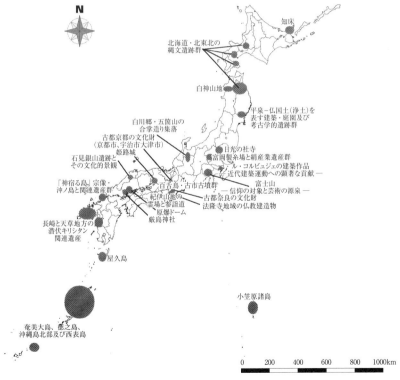

図 2-7　日本の世界遺産の分布
出所：文化庁ホームページ

まった。

　我が国の世界遺産は「北海道と北東北の縄文遺跡群」を含めて25地域あり、うち自然遺産が5地域、文化遺産が20地域となっている（図2-7）。今年度、世界遺産に登録されることが決まった「北海道と北東北の縄文遺跡群」は、17の構成資産と2つの関連資産からなる遺跡群である（表2-1）。ステージの欄は各遺跡が存立していた時期を表すもので、ステージⅠは紀元前1万3000年～紀元前5000年頃、ステージⅡは紀元前5000年～紀元前2000年頃、ステージ3は紀元前2000年～紀元前400年頃と定義づけられている。最も古いステージⅠに属する遺跡は、青森・外ヶ浜の「大平山元遺跡」と北海道・函館の「垣ノ島遺跡」、関連資産の青森・八戸の「長七谷地貝塚」である。これらの遺跡から、今から1万5000年前にはすでにこの地に人々が居住を開始して、集落を造り始めていたことがわかる。

　その分布にも特徴がみられる（図2-8）。図からは、津軽海峡を挟んだ北海道の道南地域と青森県に遺跡が集中していることがわかる。調査からすでに、この時代から人々が交流していたことが明らかになっており、津軽海峡を渡る交流や交易がさかんに行われていたことを伺うことができる。

　今回縄文遺跡が世界遺産に登録されたことは、特に人類史・民俗史に深い造詣を持つ欧米の人々に大きな衝撃を与えた。欧米に行くと首都には必ず「人類史博物館」があって、日常的に人類の来し方行く末に興味関心を持てる機会を多くの人々に提供している。コロナウイルスの感染収束後には、こうした人たちにも北海道・北東北の地に来てもらって、SNS等で世界中にこの世界遺産の素晴らしさを伝えてほしいものである。そして、現在は皆無に等しいインバウンドの復活に向けて、欧米はもちろんのこと全世界に私たちはこの世界遺産が1万5000年の長きにわたって、連綿と文化を伝え続け、私たちにその変わらない姿を見せてくれている事実を情報発信していく必要がある。

表 2-1 「北海道と北東北の縄文遺跡群」構成遺跡一覧

	名称	概要	ステージ	場所
1	大平山元遺跡	縄文時代のはじまりを示す遺跡	Ⅰa：定住の開始・居住地の形成	青森・外ヶ浜
2	垣ノ島遺跡	居住域と墓域の分離を示す集落跡	Ⅰb：定住の開始・集落の成立	北海道・函館
3	北黄金貝塚	内浦湾に面した大規模な貝塚を伴う集落跡		北海道・伊達
4	田小屋野貝塚	古十三湖に面した貝塚を伴う集落跡	Ⅱa：定住の発展・集落施設の多様化	青森・・つがる
5	二ツ森貝塚	海水性及び汽水性の貝塚が環境の変化を表す集落跡		青森・七戸
6	三内丸山遺跡	多様な施設で構成される大規模な拠点集落		青森・青森
7	大船遺跡	祭祀場が発達した拠点集落跡	Ⅱb：定住の発展・拠点集落の出現	北海道・函館
8	御所野遺跡	墓域と祭祀場を中心とした拠点集落		岩手・一戸
9	入江・高砂貝塚（入江貝塚）	共同の祭祀場や墓地を支えた集落跡		北海道・洞爺湖
10	小牧野遺跡	複雑な配石構造を持つ大規模な環状列石	Ⅲa：定住の成熟・共同の祭祀場と墓地の進出	青森・青森
11	伊勢堂岱遺跡	4つの環状列石が集中した祭祀遺跡		秋田・北秋田
12	大湯環状列石	規則的な構造を示す2つの環状列石		秋田・鹿角
13	キウス周堤墓群	高い土手で囲まれた共同墓地		北海道・千歳
14	大森勝山遺跡	岩木山麓につくられた大規模な環状列石		青森・弘前
15	入江・高砂貝塚（高砂貝塚）	内浦湾に面した共同墓地	Ⅲb：定住の成熟・祭祀場と墓地の分離	北海道・洞爺湖
16	亀ヶ岡石器時代遺跡	芸術性豊かな土偶や多彩な副葬品が出土した共同墓地		青森・つがる
17	是川石器時代遺跡	竪穴建物・土坑墓・水場・捨て場などを伴う集落跡		青森・八戸
関連資産1	長七谷地貝塚	縄文海進期の貝塚を伴う集落跡	Ⅰb：定住の開始・集落の成立	青森・八戸
関連資産2	鷲ノ木遺跡	北海道最大規模の環状列石	Ⅱa：定住の発展・集落施設の多様化	北海道・森

出所：文化庁ホームページ

図2-8　「北海道と北東北の縄文遺跡群」構成遺跡の分布
出所：文化庁ホームページ

（2）　函館港の国際化 ─ 大型クルーズ船の来港 ─

　大型クルーズ船の来航が持つ意味の一つは、一度に多くの観光客を誘客ができる点にあり、もう一つは、誘客した多くの観光客が外国人であった場合、外国人観光入込客（インバウンド）の増加を見込める点にある。筆者は2000年から2001年にかけて滞在したカナダ・ハリファックスでその光景を目の当たりにした（奥平　2020）。図2-9は、1996年から2000年にかけてのハリファックス港の大型クルーズ船の入港数と利用者数の推移を示したものである。この図から、2000年時点ですでにハリファックス港は100隻近くの大型クルーズ船舶と約14万人の乗船者を受け入れていたことがわかる（奥

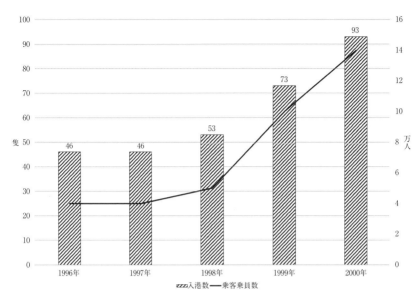

図2-9 カナダ・ハリファックス港の大型クルーズ船入港数・利用者数推移
出所：奥平（2003）

平 2003）。

　函館に目を転じよう。函館港へ本格的に大型客船が入港するようになったのは2014年である。ハリファックス港に比べると相当歴史は浅く、2021年で8年目となった。2014〜2020年の大型クルーズ船入港数と最大定員数の推移をみると、2019年が最も多く、入港数は47隻、最大定員数は約10万人を記録した（図2-10）。

　ちなみに、ハリファックス港では実乗客乗員数、函館港では最大乗客乗員数が示されているが、これはカナダと日本では統計処理が異なっているためである。しかし、これらの数値は両港への入港旅客数を意味するものであることから、これらの数値をもとに1隻あたりの入港旅客数を求め、比較した。図2-9、図2-10から客船1隻あたりの入港旅客数を求めると、2000年のハリファックス港では1,505人／隻であった。それが、2019年の函館港では2,127人／隻となり、ハリファックス港よりも1隻あたり600人増加した。こ

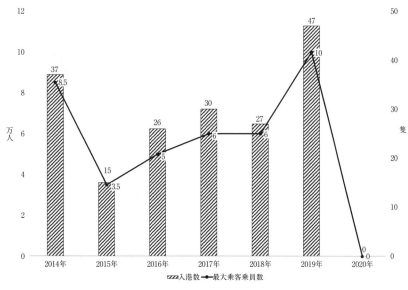

図 2-10　函館港の大型クルーズ船入港数・最大定員数推移
出所：函館市空港港湾部ホームページ

の間にクルーズ船が大型化したことが要因である。2000 年頃の日本では、ク
イーンエリザベスⅡなどの外国船籍の大型クルーズ船が寄港するだけでも大き
なニュースになったが、コロナウイルスの感染拡大による影響が出る直前の
2019 年には、函館港に 47 隻の大型クルーズ船が寄港した。それらを分類する
と外国船籍のクルーズ船と日本船籍のクルーズ船に大別される。函館港に寄港
した大型クルーズ船の入港回数をみると（表 2-2）、ロイヤル・カリビアン・
インターナショナル（アメリカ）が 14/47 回で最も多く、ついでカーニバル
（アメリカ・イギリス）が 10/47 回であった。また、日本船籍の郵船クルーズ
が 3 位に入り、日本クルーズ客船が 5 位、商船三井客船が 6 位タイにそれぞれ
入った。しかし、函館港に入港する外国船籍の入港回数は全体の 70.2%を占め
ていて、2019 年の函館港は、特に外国船籍の大型クルーズ船が比較的多く入
港する港になっていたことがわかる。また、函館港に寄港する大型クルーズ船
のグループ別の入港回数の特徴をみると（表 2-3）、上位 8 位までに日本の飛

表2-2　函館港への大型クルーズ船
　　　入港回数（上位8位）

順位	客船運行会社	回数
1	ロイヤル・カリビアン・インターナショナル（米）	14
2	カーニバル（米・英）	10
3	郵船クルーズ（日）	8
4	MSC スプレンディダ（スイス）	4
5	日本クルーズ客船（日）	3
6	ノーブル・カレドニア（英）	2
6	商船三井客船（日）	2
8	ピース・ボート（日）	1
8	ウインドスター・クルーズ（米）	1
8	ゲンティン（香港）	1
8	ノルウェージャン・クルーズ・ライン（米）	1
	計	47

出所：函館市空港港湾部ホームページ

表2-3　函館港への大型クルーズ船
　　　入港回数（上位8位）

順位	客船名	回数
1	飛鳥Ⅱ（日）	5
2	ダイヤモンド・プリンセス（米）	4
2	セレブレリティ・ミレニアム（米）	4
2	アザマラ・クエスト（米）	4
2	シルバー・ミューズ（豪）	4
2	MSC スプレンディダ（スイス）	4
7	ぱしふぃっくびいなす（日）	3
8	にっぽん丸（日）	2
	計	47

出所：函館市空港港湾部ホームページ

鳥Ⅱとにっぽん丸、ぱしふぃっくびいなすが入り、なかでも飛鳥Ⅱは5/30回で、外国船籍の大型クルーズ船を押さえて1位となった。

　おわりに

　本章では、函館の「人口と産業、観光、国際化」に絞り、さまざまなデータの分析からこれらの分野を「見える化」する取り組みを行った。

　見える化したことで、「人口」では人口減少と少子化・高齢化の進行が今後も続くことが明らかになった。そして「産業と観光」ではイカの不漁が続いてブリの生産高に抜かれたことや「観光入込客数の推移」では青函連絡船廃止や青函トンネル開業、北海道新幹線新函館北斗駅開業などの「ブーム」となるイベントやインバウンドの急増に恵まれて、順調に客数を増やしてきたことが明らかになった。さらに「北海道と北東北の縄文遺跡群」の世界遺産登録と国際

化では、世界遺産の素晴らしさを全世界にアピールしてインバウンドの復活に
結びつける努力が求められていることと函館港に大型のクルーズ船が来港する
ことで多くのインバウンドが船でも来函するようになり、いっそうの国際化が
進んだことが明らかになった。

　そして、「北海道と北東北の縄文遺跡群」の世界遺産登録決定は、コロナ禍
に見舞われた函館に一筋の光明をもたらした。本章が今後どのような取り組み
や努力を必要とするのかを考える契機となって、再び函館に活気を取り戻す一
助になれば幸いである。

引用・参考文献

奥平　理（1998）「函館市における旅館・ホテルの立地変容 ― 湯の川温泉街の事例 ―」『函館
　　工業高等専門学校紀要』第35号、133-142ページ。

奥平　理（2003）「カナダ・ハリファックス港におけるウォーターフロント開発の現状と課題」
　　『地域地理研究』第8巻、12-27ページ。

奥平　理（2019）「津軽海峡圏と函館 ― 新幹線時代を迎えて」『日刊政経』2019年夏季特集号、
　　108-114ページ。

奥平　理（2020）「クルーズツアーの変化と函館港」『日刊政経』2020年新年特集号、112-114
　　ページ。

奥平　理（2021）「函館の観光入込客数推移の分析＋本学周辺に亀田川の痕跡をみる」『日刊政
　　経』2021年夏季特集号、86-89ページ。

Webサイト

函館市ホームページ「函館市の人口（住民基本台帳人口）」、https://www.city.hakodate.
　　hokkaido.jp/docs/2015020600107/、2021年9月11日アクセス。

函館市ホームページ「函館市の人口（国勢調査結果）」、https://www.city.hakodate.hokkaido.
　　jp/bunya/gaiyo/、2021年9月15日アクセス。

国立社会保障・人口問題研究所「日本の地域別将来推計人口（2018年推計）」、http://www.
　　ipss.go.jp/pp-shicyoson/j/shicyoson18/t-page.asp、2021年9月17日アクセス。

函館市ホームページ「来函観光入込客数推計」、https://www.city.hakodate.hokkaido.jp/
　　docs/2015062500021/、2021年9月18日アクセス。

北海道ホームページ「水産統計（北海道水産現勢）」、https://www.pref.hokkaido.lg.jp/sr/
　　sum/03kanrig/sui-toukei/suitoukei.html、2021年9月25日アクセス。

文化庁ホームページ「世界遺産　北海道・北東北の縄文遺跡群」、https://jomon-japan.jp/、
　　2021年10月4日アクセス。

コラム1 ことばを知る意味

　エチオピアの農村で調査を行っていると、村の人から「日本語を教えて」と言われることが多い。ただ、彼らにとって日本という国はあまりなじみがない。調査地域では後期初等教育以降は英語で授業が行われているし、都市にでれば、看板に英語があふれている。彼らにとって、最も有用と思われる外国語は英語であろう。日本語を学んだところで、他の日本人に出会うことはほとんどないと考えられ、日本語を使う機会が訪れる可能性はかなり低い。

　「日本語を覚えて、あなたと一緒に日本に行って、日本に住む」。そう言って日本語を熱心にノートに書く子もいる（図）。ただ、これは決まり文句のようなものにすぎない。日本に行きたいと本気で考えているわけでもないし、私に日本へ連れて行ってくれと真剣に頼むことはない。あくまで建前的な宣言であり、将来、日本語を使う場面はないと考えている。それにもかかわらず、なぜ村の人たちは日本語を知りたがるのだろうか。

　2010年から、私はエチオピア西南部に暮らす少数民族マーレの社会を対象として民族誌的な調査を行ってきた。調査をはじめたころ、まわりに英語を話せる住民がいなかったこともあり、現地のことばであるマーレ語をおぼえることに全力を注いだ。とにかく目についたものを指さしては名前を聞き、ノートにメモしながら覚えていった。「指（*kello*）」「椅子（*oito*）」「鶏（*koido*）」……といった具合である。顔を合わせれば、ひたすらモノの名前

図　ノートに日本語をメモする少女
2017年　筆者撮影

を聞くので、当初、村の人は私のことを「マーレ語を学びに来た外国人」であると理解していた。ちなみに、いまだにそう思っている人も少なくない。

　さて、私のコミュニケーションのとり方には、相手のことばを知ることが含まれていた。こうした私の振る舞いをみていたからなのか、それとも単純に外国人のことばに興味があっただけなのかは定かではないが、やがて「日本語を教えて。これは日本語でなんていうの？」と、いくつかの単語について聞かれるようになった。

　「これは？」「目」

　「これは？」「歯」

　「これは？」「手」

だいたい、体の部位から始めるのがお決まりなのだが、いくつか答えると必ず笑いが起こる。「日本語は簡単だね！〈一音〉しかない」。彼らに言われるまで考えたこともなかったが、たしかに日本語には「一音」で表せる語彙が実に多い。「一音」で表せることばが多いことに気づき、適当な音を言ってはどんな意味になるのか聞いてくる人もいた。

　「チはどういう意味？」「〈血〉だね。〈地面〉の意味にもなるかな」

　「じゃあナは？」「〈名前〉のことかな」

　「キだと？」「〈木〉のことだよ」

　「qe は？」「その音はない！」

　人によって、日本語を知りたい度合いは異なる。基本的には子どもが中心ではあるが、話のタネに2、3のことばを聞いて満足する人もいれば、一生懸命に日本語をノートにメモする子もいる。調査村では文字を書ける大人は少なく、ノートに書いて覚えようとするのは子どもだけである。私がいつも滞在している家の子は、「おなかすいた？　ここに座って、ごはん食べて。…おいしい？」と日本語で言ってくれるようになった。何か用事があれば「アリ（筆者）！　こっち来て！」と日本語で私を呼ぶ。日本語を話すとき、彼らは実に楽しそうである。そして、私も楽しい。

　私たちは母語が異なる人とコミュニケーションをとるために新しい言語を学ぶ。習得した言語はコミュニケーションのためのツールである。それと同時に、言語を学ぶ過程もまた、重要なコミュニケーションとなりうるのである。

（有井　晴香）

コラム2 制度的・構造的なジェンダー問題への気づきと理解の重要性

　新型コロナウイルス感染症によって、既存の格差や排除、差別が増幅して日本社会にも現れている。ジェンダーの視点から社会をとらえ直すと、すでにあるジェンダーによる格差がますます悪化して現れていることは、すでにさまざまに指摘されている。

　本山（2020：50-51）は、国際機関等が指摘してきたコロナ禍のジェンダー問題を以下のように整理している。

- ・自宅待機策による DV やオンライン暴力の増加
- ・打撃の大きい観光業やサービス業には女性労働者が多く、低賃金・非正規も多いことから、脆弱な立場に置かれている
- ・自宅待機策や休校により家庭内の無償ケア労働が著しく増大したが、その負担は主に女性にのしかかっている
- ・医療・保健セクターへの圧迫が、従事者の7割を占める女性たちに大きな負担とリスクを負わせている
- ・全体的に見て、コロナ対応に関する意思決定者は著しくジェンダー不平等である

　これらは、社会の制度的・構造的なジェンダー不平等を改めて浮き彫りにしているものである。

　新型コロナ感染症に対するワクチン接種が国内においても進んできている現在、経済活動の再開のことがやたらと世間を賑わせている。しかし、見逃してはならないのが、コロナで増幅して現れている先の制度的・構造的なジェンダー不平等の問題である。有効なワクチンが開発され、それが行き渡りさえすれば、すべてもとどおりということでは決してない。現在増幅して現れている既存のジェンダー問題に真剣に向き合い、ジェンダーの平等の実現を、人権・家族・労働・教育・医療・福祉を貫く横断的な最重要政策と位置づけて取り組まなければ、日本社会に未来はない。コロナ危機は、ジェンダー問題への取り組みが不十分であったことを顕在化させ、問題の深刻さと解決の緊急性を世界および日本の私たちに突きつけている。

　持続可能なジェンダー平等社会に向けた日本の課題として、日本学術会議科学者委員会男女共同参画分科会ほか（2020）は、あらゆる法・政策における「ジェンダー視点の主流化」を基本方針として明示したうえで、明確なビジョンを示すべきだと提言している。そして、これに続く第2の提言として、すべての省庁・自治体および教育・研究機関等に対し、最優先施策として次

のことを求めている。1点目に、クォーター制等により指導的立場の女性比率を計画的に引き上げ、政治・経済・学術分野の意思決定過程への女性参画を図る必要があるということ、2点目に、「無意識の偏見」（アンコンシャス・バイアス）の克服を次世代育成政策として明確に位置づけ、学校や地域における啓発・教育活動を組織化する必要があることである。参考までに、第3の提言では、性的指向・性自認（SOGI）差別の解消、男性・男児のためのジェンダー平等実現、「性やジェンダーに基づく暴力」の根絶、ケアワークの適正な評価と男女対等な配分に取り組むべきであること等にも触れられている。

　第2の提言の最優先施策2点目にある「無意識の偏見」というのは、人の属性（性別、人種、経済的地位など）から、その能力や可能性について固定的な観念を持ち、相手の経験、能力、可能性を正当に評価できなくなる傾向のことをいう。典型は、固定的な性別役割分担意識である。1999年制定の「男女共同参画社会基本法」（以下、基本法）においては、この性別役割分担意識にとらわれない社会のあり方が目指されている。基本法をもとに5年ごとに策定される「男女共同参画基本計画」においても、このことは一貫した課題であり、2020年策定の「第5次男女共同参画基本計画」では、教育分野における基本的視点として、教員の「無意識の偏見」の克服の取り組みの重要性が明示された。

　「無意識の偏見」の克服が教育分野で特に目指されているのは、教育がジェンダー平等推進に係るすべての取り組みの基盤となることが期待されているからである。教員が次世代を担う子どもの自己形成に関わる役割を社会的に担うことを鑑みると、教員が自身のジェンダーの「無意識の偏見」に気づき、差別意識や偏見の克服を目指していくことは重要である。したがって、教員が「無意識の偏見」に気づくための機会や場を充実させていくことは今後の課題であろう。

　ただし、自分自身が持っている個人の「無意識の偏見」に気づき、それを取り除くだけではまったく不十分である。教育分野以外のさまざまな領域においても、「無意識の偏見」に個々人が気づくための研修が盛んに行われるようになってきたが、大切なのは、個人のなかのバイアスを取り除くとともに、制度的・構造的な差別の構造についても理解する必要があるということである（出口 2021）。制度的・構造的に生み出される差別や格差を不問にしたままでは、個人の意識の問題にすべての責任を帰すだけに過ぎず、結局、ジェンダー不平等の制度や構造は維持され続けることになるからである。

　個人の意識や認識に問題の所在を問う「自己責任論」が一般化している今日だからこそ、改めて、制度的・社会的な問題に気づき、理解する視点が必要である。ジェンダーの決めつけに敏感に気づく「ジェンダーに敏感な視点」を獲得して、個人の意識のみならず、社会的公正の問題にも理解が及ぶような学びが私たちすべてに行き届く教育のあり方が、今こそ日本社会に求められる。

参考文献

出口真紀子（2021）「みえない『特権』を可視化するダイバーシティ教育とは？」岩渕功一編著『多様性との対話 ― ダイバーシティ推進が見えなくするもの』青弓社、165-174 ページ。

本山央子（2020）「『コロナ後』に向けたフェミニストの課題とは？」アジア女性資料センター『f vision』No.2、50-51 ページ。

Web サイト

日本学術会議　科学者委員会男女共同参画分科会ほか（2020）『提言　社会と学術における男女共同参画の実現を目指して ― 2030 年に向けた課題 ―』、https://www.scj.go.jp/ja/info/kohyo/pdf/kohyo-24-t298-6.pdf、2021 年 10 月 27 日アクセス。

（木村　育恵）

第 2 部

国際地域研究　各論

【地域のチカラを活かす試み】

第 **3** 章

地域生活課題の解決に向けたワークショップの展開
― 生活支援体制整備事業と江差「まちづくりカフェ」の試み ―

齋藤　征人

はじめに

　少子高齢化の進展が加速し続け、都市部における人口集中によって、地方においては著しい人口減少が問題となっている。労働力人口の減少、経済の停滞など社会が抱える課題が多いなかにあっては、地方自治体と住民の力で地域の課題に取り組むべきとされている（原 2016：14）。そのため我が国では、団塊の世代と呼ばれる第一次ベビーブームに生まれた人が 75 歳以上となる 2025年を目標にして、誰もが住み慣れた地域で安心して暮らし続けるための生活支援体制の整備が急がれている。

　本章では、2015 年の改正介護保険法によって盛り込まれた生活支援体制整備事業に至るまでの制度的な経過を整理するとともに、住民と行政、そして大学との協働によって取り組まれている北海道江差町の「まちづくりカフェ」開始から 3 年間の試みに焦点を当て、とりわけ地域生活課題の解決に向けたワークショップ展開のポイントについて若干の考察を試みたい。

1. 生活支援体制整備事業に至るまでの経過

　まず、我が国において地域における生活支援体制の充実に向けた取り組みが加速するまでの経過を概観してみたい。

　1989年の「高齢者保健福祉推進10か年戦略（ゴールドプラン）」当時は、高齢者の保健福祉分野における公共サービスの基盤整備を進めることとし、在宅福祉、施設福祉等の事業について10年間の目標を掲げ、これらの事業の強力な推進を図ることとしていた。その5年後、1994年の「高齢者保健福祉推進10か年戦略の見直しについて（新ゴールドプラン）」では、それまでのゴールドプランを大幅に上回る高齢者保健福祉サービス整備の必要性が明らかになったことや、ゴールドプラン策定以降、各種高齢者保健福祉施策の整備・充実が図られてきたこと等を踏まえ、ゴールドプランを全面的に見直し、高齢者介護対策のさらなる充実を図ることとした。具体的には、高齢者介護サービス基盤の総合的整備や介護基盤整備のための支援施策の総合的実施などが盛り込まれ、在宅介護サービスのいっそうの充実に重点が置かれた。

　ところが、1999年の「今後5か年間の高齢者保健福祉施策の方向 ― ゴールドプラン21 ― 」では、介護サービス基盤の整備を掲げつつも、心身ともに元気で活力ある高齢者像を構築しながら、住民相互に支え合う地域社会を形成しようという意図が新たに盛り込まれた。さらに、2008年に「これからの地域福祉のあり方に関する研究会」がまとめた「地域における『新たな支え合い』を求めて ― 住民と行政の協働による新しい福祉 ― 」では、地域福祉の意義と役割として、①地域における「新たな支え合い」（共助）を確立、②地域で求められる支え合いの姿、③地域の生活課題に対応する、④住民が主体となり参加する場、⑤ネットワークで受け止める、⑥地域社会再生の軸としての福祉、などが掲げられ、住民が主体者となって地域住民相互の支え合い体制を構築するための方策が掲げられるに至った。

　そして今日、2015年の改正介護保険法施行によって、地域の実情に合わせた取り組みを市町村が中心となって進めていく「介護予防・日常生活支援総合

事業」（いわゆる「新しい総合事業」）のなかに、生活支援体制整備事業が盛り込まれた。この事業では「生活支援コーディネーター（地域支え合い推進員）」の配置や、「協議体」と呼ばれる互助を中心とした地域づくりを住民主体で進め、助け合い活動を創出させていく組織の整備が各市町村に求められた。この生活支援コーディネーターと協議体が、地域の高齢者支援のニーズと地域資源の状況を把握しながら、①地域のニーズと資源の状況の見える化、問題提起、②地縁組織等多様な主体への協力依頼などの働きかけ、③関係者のネットワーク化、④目指す地域の姿・方針の共有、意識の統一、⑤生活支援の担い手の養成やサービスの開発（担い手を養成して組織化し、担い手を支援活動につなげる機能）、⑥ニーズとサービスのマッチング、などを推進していくことになった。現在、全国各地で多様な取り組みが試行錯誤されている段階にある。

　そんななか、江差町では 2016 年から地域生活課題解決に向けたワークショップ「まちづくりカフェ」が新たに始まった。

2. 江差「まちづくりカフェ」の展開

（1）　まちづくりカフェの概要

　江差町は北海道の南西部に位置し、函館から車で 2 時間ほどの、日本海に面した町である。北海道文化発祥の地といわれ、かもめ島が有名である。人口は約 8 千人。65 歳以上の人口割合は 30％程度である。主な産業は、農業、林業、水産業などで、かつてはニシン漁に賑わった港町でもある。

　江差町で進められている「まちづくりカフェ」は、自分たちが暮らしやすい町にするためにはどうしたらよいか、地域の互助体制の強化のためには何が必要か、多様化する地域の生活課題を住民の互助によって対応していくための学習と意見交換の場である。幅広い世代の住民がさまざまなアイディアを持ち寄り、楽しみながら学ぶカフェスタイルのワークショップで、2016 年度から始まった。主催は江差町で、町直営の地域包括支援センターに配属された生活支援コーディネーターが担当。協議体（第 2 層）相当の役割もまちづくりカフェ

が果たしている。筆者はこの取り組みの企画者として、また、まちづくりカフェ開催時にはワークショップの助言者として、継続的に参画してきた。

　会場には、町役場の正面玄関近くにあるオープンスペースや保健センター等を使用。会場内にはBGMが流れ、複数の飲み物や茶菓子が用意されている。席は6～10人程度で1チームとし、それが4～6つほどの規模である。参加者数は開催回によって変わるため、チーム数も流動的である。深刻な地域生活課題であっても、リラックスした雰囲気のなかで楽しく前向きに分かち合えるようにと、語り合いやすい環境づくりに工夫が凝らされている。1回のワークショップは約90分間。冒頭20分程度で講義やそれまでの経過説明がなされ、その後60分程度のグループワーク、最後に全体でグループワークの結果を共有して終了する。参加者が少し話し足りないと感じるくらいの時間配分が長続きの秘訣である。開催できない月もあるが、概ね月1回のペースで平日の18：30～20：00頃まで定期的・継続的に開催され、開始から3年間の参加者数は、のべ700人以上にのぼる（齋藤・金・根本：2020）。

（2）　まちづくりカフェの試み

（ア）　まちづくりカフェ1年目

　第1回目は2016年6月7日に開催された。最初の約30分は、助言者としての筆者が、北海道帯広市にある廃校となった中学校を活用した「市民活動プラザ六中」における地域の支え合い体制づくりの取り組み事例について紹介した。その後、意見交換の時間を約60分間設け、これからも安心して江差町に暮らし続けるために必要と思われるものやサービスについて話し合われた。話し合いの内容は、主催者である地域包括支援センターの職員が付箋にメモし、模造紙に貼り出すことによって、会場全体でも共有した。その後、出されたニーズを質的に分析することで、地域の生活課題やニーズが顕在化した。

　第2回目では、分析結果から見えてきた地域の生活課題を提示し、これらを住民主体で解決するためのアイディアを出し合い、プロジェクトチームの形成を試みた。その際、アイディアを出した人が一方的に課題解決を担わされることにならぬよう、「他力本願」をスローガンに、自分たちができないことは得

意な誰かに頼る方針も確認された。

ところで第2回終了後、参加者から「将来の江差町を担う子どもたちも話し合いに参加したほうがよい」といった意見があがった。主催者である地域包括支援センターの職員は、町内の中学校・高校へ子どもたちの参加協力についてお願いに回り、次回以降は各学校の理解・協力が得られることになった。

第3回からは子どもたちや引率教員も参加した。子どもたちがいることで話し合いの中身は前向きになり、華やいだ雰囲気になった。第3～4回で参加者には自分が活動するチームを決めてもらい、暫定的にメンバーを固定した。

その年度最終回（第7回）の12月には、成果報告会を開催。各チームから検討したアイディアや活動成果が発表された。話し合いを重ねていくと、地域の生活課題とは関係のない観光まちづくりなどの話題も出されることがあったが、成果報告会ではそれに関連しそうな役場内の他部署や商工関係者なども招き、住民のアイディアが活かされることを狙った。最後に参加者の投票でプロジェクトに順位をつけ、昔の知恵や特技を次世代につなぐ「ものづくり」チームが1位を、食を通じた人と人とのつながりづくりを目指す「自給自足」チームが2位を獲得し、両チームのプロジェクトを次年度に「試行」することとした。また、報告会には町長も加わり、メディアの取材も入ったことで、地域の生活課題に向き合い、それらを自分たちの工夫で乗り越えるための意義ある取り組みだという参加者の自覚が高まった。

（イ）まちづくりカフェ2年目

2年目となった2017年度は、前年度から考えてきた地域の生活課題を解決するための2つのプロジェクトを実際に試行し、助け合いを強化できているか、またそれらが住民たちの主体的な行動によって進められたかについて自己評価する年であった。1年目と同様に計7回開催した。

試行したチームの一つ、「ものづくり」チームでは、ものづくりを次の世代に受け継いでいくことを構想し、いももちを作るイベントを開催。「自給自足」チームでは、無料の食堂のような試みを案出し、実際に定食を作り無料で提供した。この年新設した「江差ウォーカーズ」チームでは、自分たちの健康を促進するために何ができるかを考え、実際に町内をウォーキングした。

　また、2 年目はグループワークの会場として、町議の控室や委員会室を使用するようになった。大きな会場に複数のチームが混在すると、他のチームの声が混じってスムーズに話し合いが進まないことがある。町議の控室や委員会室は少人数での話し合いに適した広さで、会場の雰囲気から住民のモチベーションも上がった。会場の一部変更に伴い、それまで流していた BGM や、各テーブルに置かれていた話し合いの際の心得などが用意されなくなるなど、会場設営が簡略化されていったが、それでも話し合いの雰囲気や空気感は変わらなかったのは、参加者のなかにまちづくりカフェの目的や意義が浸透している証左といえる。

　さらに、参加者は自分の考えをチームのなかで発言できているか、各チームの活動が住民による互助活動の充実につながっているかを見つめ直すためのセルフチェックにも取り組んだ。行政に頼まれたからとか、専門家が高評価したから活動するのではなく、住民たちが必要だと感じたことを住民自身で工夫し、活動を継続する意識を高めてもらう狙いがあった。

　この年以降、まちづくりカフェの様子を実際に見てみたいと、毎回見学者が訪れ、グループワークにも参加するようになった。見学者の存在は参加者が活動の意義を再認識する機会となり、雰囲気もいっそう華やいだ。また見学者にとっては、世代を超えた積極的な意見交換はもちろんのこと、何よりも深刻な地域生活課題に対して幅広い世代の住民が心から楽しそうに議論する姿が印象に残ったようだ。多くの自治体が、生活支援体制整備事業において、住民主体で地域の生活課題を解決するための仕掛けづくりに頭を悩ませていることも、見学者が多数訪れた背景にはあるようだった。

（ウ）　まちづくりカフェ 3 年目

　3 年目の 2018 年度は、前年度に住民主体で試行したプロジェクトだけでは地域生活を支える基盤づくりにつながらないのではないかとの住民の声を受け、これまで以上に互助体制づくりのために何をすべきかを検討した年であった。この年も計 7 回開催した。

　3 年目の大きな特徴といえるのは、まちづくりカフェの会場を、従来の役場から皐月蔵へ変えたことである。江差町内には昔ながらの蔵があり、町が管理

している蔵の一つを活用することとした。これまでは会場が役場内であったため、トイレやテーブル、椅子も揃っており、会場設営がスムーズだったが、蔵の内部にはトイレがないため隣接している喫茶店から借りたり、駐車場を確保するため近隣住民や商店に一時的に車を置かせてもらえるよう頼んだりと、開催準備に手間がかかった。プロジェクターやパソコンも持ち込みとなり、茶菓子もこれまでと同じ量を準備できないなど、不便にはなったが、その分より広くこの活動への理解者や協力者を得るための好機にもなった。さまざまな面で参加者や近隣住民の協力を仰がざるを得なくなったことで、むしろ活動のマンネリ化を防ぎ、新鮮な気持ちで取り組むことができたようだ。

　ある程度話し合いの基盤ができてくると、大仕掛けの会場準備は不要になる。参加者のなかには、家の庭に咲いている花を摘んで生け、会場を彩る姿も見られるようになった。環境が整っていないから、不便だから話し合いができないではなく、足りないものは誰かの力を借りて補えばよいと、参加者の互助意識の底上げにもつながった。

　加えて、各チームの活動の活性化により、まちづくりカフェ開催日以外の日（別日）の活動が多くなったことも大きな変化である。毎回約90分間のまちづくりカフェのなかでできることには限りがあり、そこで出されたアイディアを整理してまとめ、さらに試行をレベルアップするとなると、それまで以上に入念な打ち合わせが必要となる。そこでチームごとに、まちづくりカフェとは別の日に再度打ち合わせの機会を設けることになり、チームのメンバー間で連絡先を交換するなど関係性の変化も見られるようになった。このように、ごく自然な形で別日を設定しようという流れができ、定着してきたことは、参加者の主体性が高まっていることを意味している。

（3）　地域課題解決に向けたワークショップ展開のポイント

　次に、まちづくりカフェにおける試行錯誤によって見えてきた、地域生活課題解決に向けたワークショップ展開の8つのポイントについて、仮説的に提示していきたい。

（ア） 主体性を尊重

地域によってはワークショップに参加する世代や属性のバランスを見て、あらかじめ受付で参加者のグループを指定するワークショップもあるが、この点をまちづくりカフェでは自由にし、参加者が入りたいチーム、やりたいと思うことを尊重するようにした。

プロジェクトごとにチーム分けするときも同様で、もし人数が多くなったらさらに細分化すればよいし、逆に人数が思うように集まらない場合にはチームが成立しないということである。あらかじめ主催者側が計画を立て、それに沿って参加者を誘導するという構図をつくらず、あくまで参加者の主体性を大事にした。また、参加者が必要だと言ったことには逃さず対応した。参加者が提案したことが誠実に検討されるとか、実現されることによって、次なる前向きな提案が引き出されるだろう。

（イ） 関係づくりが基盤

参加者が相互に同質感、連帯感を持つことでプロジェクトもスムーズに進んでいく。たとえ町内会長であっても、教員であっても、子どもたちであっても、参加者誰もが「一人の住民」として話し合いに参加する雰囲気づくりが大切である。

また、まちづくりカフェでは、互助のシステム化を急がない。参加者の馴染み感や、参加者相互の信頼感を最も重要な基盤としている。その理由は、互助の意識・文化づくりにあるわけだが、もう一つの理由は、住民相互の信頼が脆弱な互助システムは、善意がお節介に、見守りや支援も余計なお世話になりがちだからである。些細なトラブルをきっかけに、その互助システムだけでなく住民間の関係性をも壊しかねないことを十分認識しておかなければなるまい。

（ウ） ルールはシンプルに

開催時のタイムテーブルや、話し合いのルールを複雑にしない。また安易に変更しないことも重要である。まちづくりカフェは1回のワークショップは約90分間。冒頭の20分程度を使って講義やこれまでの経過説明がなされ、その後60分程度のグループワーク、最後に話し合いの結果を全体で共有して終

了とし、開催回によってそれらの配分を変えないようにした。安易な変更は、参加者の適応が困難になり、主催者側も進行に手一杯になるため、内容が空洞化してしまう。

　また、話し合いのルールについても、例えば時間によってチームを移るとか、付箋の色を指定するなどといった「決めごと」をできるだけつくらないことが、限られた時間で話し合いの中身に集中できるポイントである。

　（エ）　話し合いから試行へ

　ただ話し合っているだけでは、せっかく参加者から湧き出た課題解決へのモチベーションを維持することが難しい。その背景には、住民意識のなかに「いつも行政の話し合いだけに駆り出され、実際の課題解決には進まない」などという慢性的な徒労感のようなものがあった。課題解決への取り組みに住民たちの手で取り組んでもらい、予算ゼロでも解決への一歩が踏み出せる実感をもってもらうために、この試行段階の設定はきわめて重要なポイントである。

　試行を経ると、参加者から「次はこうしたいよね」という声が聞かれるようになる。「次は○○したい」というのは、参加者の主体性が解放された瞬間であり、このとき取り組みの主体が主催者である行政から、参加した住民の側に移ったことを意味している。互助の取り組みを安定的なものにしようとするならば、住民の側にいかに主体的な意識を持ってもらうかが重要であり、その意味においても試行段階の果たす役割は大きい。

　（オ）　速度感の見極め

　江差町のまちづくりカフェの場合には2年目で試行となったが、同様のワークショップに取り組んでいる他の地域のなかには、初年度の後半から試行に取り組む地域もあるし、開始から5年目でようやく試行に着手できた地域もある。それぞれの段階にかける時間は地域の実態や住民気質によって多様であるから、大切なのは急ぐことなく、参加者の速度感を見極めることである。

　主催者である行政側は、年度ごとに達成目標を決めがちであり、また1年ごとに目に見える成果を求めがちである。しかし、住民の気持ちは年単位で動いているわけではない。「住民に歩調を合わせる」ことは、まさに「言うは易く行うは難し」だが、住民主体の地域づくりの鉄則といえるだろう。

（カ）行政の役割の再考

　参加者たちは、言うまでもなくその地域の「専門家」であり、さまざまな分野からなる（少し前に引退した、あるいはまだ現役の）専門家集団といえる。参加者たちがそれぞれの持つ得意分野を分かち合えば、可能なことは無限に広がる。だとすれば、行政の役割について見直しが必要になる。

　地域の生活課題を中心に据え、住民と行政が立場を超えて、一人の住民としての立場でしっかりと話し合い、各々の得意なことで誰かのためになる役割を分担することができれば、行政にしかできないことは自ずと限られてくるだろう。つまり、地域住民が自らの得意なことを地域のために発揮する機会や場と、そのための仕掛けの用意をする、いわば「黒子」の役割である。

（キ）戦略としての多様性

　同じ属性の人のできる（できない）ことは似ているが、異なる属性の人のそれらは異なるため、多様な人の協力があれば支え合える可能性が広がる。まちづくりカフェでは、地域の互助活動の「主力」となっている高齢世代の参加者はもちろんだが、現役世代、子どもたちなど、できるだけ多様な住民に参加してもらえるよう動員努力を惜しまなかった。また一定の動員数を維持することは、互助の可能性を広げるためには必要不可欠である。

　どの地区からでも参加可能な多様な世代による新たな互助のコミュニティとなったまちづくりカフェ。開始から3年が経過した頃には、参加者同士には互いに支え合える関係が形成され、何か困った問題がメンバーや地域から出てきたとき、すぐにも動き出せる可能性が高まった。

（ク）多様な主体が協働で

　まちづくりカフェのようなワークショップは、主催者である地域包括支援センターと大学そして住民など、複数の主体による協働で行うことが望ましい。こうした取り組みの開始時は、例えば大学等が牽引役を担うだろう。しかし、回を重ねるごとに大学が果たしていた役割は地域包括支援センターへ、やがて地域包括支援センターから住民へと、襷が受け継がれていくことが望ましい。大学や学生が関わっているうちは盛会だったワークショップが、大学が退いた途端に衰退するような取り組みは、真の意味で地域のためにならない。

　人口が減り、財源がないなかにあっても本当に公助が必要な重度の障がいがある要支援者などにしっかりとした人手と財源を確保するためにも、たとえささやかであっても住民自身の手で地域の生活課題を解決できるよう、まちづくりカフェのなかで住民がエンパワメントされていくことが重要である。

3.　ワークショップは地域生活課題の解決につながったか

　こうした取り組みによって、実際に地域生活課題の解決につながったかというと、目に見える成果は挙げづらい。まちづくりカフェでは参加者の主体的な互助意識の醸成に注力してきたこともあり、地域生活に深刻なニーズを抱えた人の事例に触れることが少なかったことも一因であろう。そうした人の事例検討も、開始から5年目の2020年度からは取り入れ始めており、より深刻な事例に触れながら、具体的な解決策を話し合う段階にある。

　一方で、コロナ禍により、多くの地域ではワークショップなどの取り組みが見送られるなか、江差町では2020年度だけで計3回も対面でのまちづくりカフェが開催され、各プロジェクトチームも主体的に互助活動に取り組んでいる。マスクづくりに取り組むチーム、食を通じて地域との交流を図るチーム、エコバッグ集めをきっかけに町内の生活支援に取り組むチームなど多様な活動により、新たな互助のコミュニティが形成されている。なかでもラジオ体操を定期的に開催するチームは、コロナ禍においても屋外で活動を継続し、困りごとの受付・支援にも取り組んでいる。さらに、まちづくりカフェ開催日以外（別日）に行われる各チームの自主的な活動は、2020年度だけで全5チームで合計76回にものぼった。

　このように住民主体の活動を推進し、それぞれの得意なことで地域の困りごとを解決しようというまちづくりカフェの手法は、行政が勝手に課題を洗い出し、解決策だけを住民へ提案してきた従来の手法とは一線を画す。住民と行政とが地域生活課題の解決に向けて協働して取り組む手法は、長い目で見ると、より確かな方法といえよう。ただ、住民が主体的に取り組む活動において

は、ときに互助の視点や、持続可能性の高い地域生活課題の解決といった、本来の事業趣旨に引き戻す役割・機能も必要である。そのことにこそ、こうしたワークショップに大学が地域と協働する意義もまた見いだされる。

おわりに

　江差町は 2019 年から町内中心部にまちづくりカフェの新たな活動拠点（江差 BASE プラス 1）を整備したことにより、各プロジェクトチームがより安定的に活動しやすい環境が整った。まちづくりカフェの参加者を中心に、チームの打ち合わせや住民の情報交換の場として活用されている。住民主体の地域組織化を念頭に、多様な住民をエンパワメントすることで、地域生活課題の解決に向けた互助体制づくりを試みてきたまちづくりカフェ。継続して参加してきた住民に限って言えば、主体的意識の醸成には一応成功したといえるが、町全体への広がりをも狙うとすれば道半ばであろう。

　他方、まちづくりカフェの運営は、各チームの代表者からなる「代表者部会」が中心的な役割を担えるようになった。現在この代表者部会が中心となり、地域の生活ニーズの低減を図るための活動を担う「団体」の設立を目指している。名実ともに住民主体による地域生活課題解決に向けて、ハード・ソフト両面からの体制づくりが待たれる。

引用・参考文献

厚生労働省（1989）「高齢者保健福祉推進 10 か年戦略（ゴールドプラン）」。

厚生労働省（1994）「高齢者保健福祉推進 10 か年戦略の見直しについて（新ゴールドプラン）」。

厚生労働省（1999）「今後 5 か年間の高齢者保健福祉施策の方向 ― ゴールドプラン 21 ―」。

これからの地域福祉のあり方に関する研究会（2008）「地域における『新たな支え合い』を求めて ― 住民と行政の協働による新しい福祉 ― 」。

齋藤征人・金鉉善・根本直樹（2020）「まちづくりカフェの実践から考えた大学の役割」『北海道教育大学紀要（人文科学・社会科学編）』第 71 巻第 1 号、79-92 ページ。

原勝則（2016）「改正介護保険における『新しい総合事業』の創設とねらい」吉田昌司編『改正介護保険の新しい総合事業のてびき』第一法規、2-17 ページ。

【地域のチカラを活かす試み】

第 4 章
函館における方言意識と言語景観

高橋　圭介

は じ め に

　本章の考察は、「地域プロジェクト」[1] において行った、函館近郊で話されている方言[2] に対する意識調査と、函館市および青森市の言語景観[3] 調査に基づくものである。上記に類する調査活動は、これまで実施された報告がなく、大学の教育活動の一環ではあるものの、その調査結果を記すことには一定の意義があると考えられる。

　本章の考察の基礎となる調査は 2016 年から 2017 年にかけて実施された。プロジェクトそのものの目的は、観光面での方言活用がそれほど見られない北海道[4] において、方言の活用を促進するための予備調査を行うことであった。その後、コロナ禍の影響により、言語景観の調査対象の一つである函館朝市は閉店が相次ぐなど、大きく様変わりしている（2021 年 9 月時点）。その点で、観光客が制限なく訪れていた時期の様子を知る資料としても、本章の調査結果は記録にとどめておくべきであると考える。

　以下、本章の構成を述べる。まず 1 節において、本章の調査対象である方言が近年「観光資源」としてみなされるようになった経緯に触れた後、関連する研究を概観する。あわせて、本章の調査の目的と概要を述べる。続く 2 節と

3節は調査の詳細である。2節では方言意識に関する調査、3節では言語景観調査をそれぞれ取り上げる。「おわりに」では、本調査の結果を総括したうえで、今後の展望を述べる。

1. 背景と目的

　本節では、調査の背景、特に方言の社会的価値の変遷と、それに関連する研究の動向を確認した後、調査の目的とその概要について述べる。

（1）　方言の社会的価値の変遷と研究の動向

　田中（2011：40-66）によれば、1950 年代から 1960 年代においては、学校現場で方言の使用が抑制されるなど、方言を「好ましくないもの」「劣るもの」「恥ずかしいもの」として低く位置づける考え方が浸透していた。そのような価値観が 1980 年代を境に徐々に変容し、1990 年代には方言を売りにした企画などが見られるようになり、2000 年代に至って、方言に関する出版が増加するなど、「方言ブーム」期に入ったとされる。

　そのような方言に関する動向の一側面を切り取ろうとする試みに、言語景観としての方言使用（方言景観）に着目する研究（井上他 2013）がある。各地に見られる、方言を使用したポスター、看板、おみやげ品、さらには施設や店舗の名称に方言が使用される事例の観察を通して、これまで学術的にはそれほど注目されてこなかった「方言の魅力」を探ろうとする試みである。

　方言景観は大きく2つに分類されることがある（山田 2010）。1つは外来者向けの方言景観であり、「異郷演出機能」を持つとされる。以下の図4-1、図4-2のような、駅や空港、店舗の入り口などに設置されているも

図 4-1　JR 八戸駅構内の看板

のが典型例であり、「ここから異郷である」ことを明示することで、観光地に来たことを意識させる効果を持つ。図4-2は、山形県酒田市の酒田中通り商店街振興組合が作成したのれんで、中央に記されている「もっけだの」は感謝の意を表す方言語形である。

もう1つは、内部者向けの方言景観であり、「連帯感演出機能」を持つとされる。地元民が使用する施設や店舗の名称に慣れ親しんだ方言を使用することにより、つながりを演出するというものである。図4-3は道南いさりび鉄道株式会社が運航する「ながまれ号」ののぼり、図4-4はJR新函館北斗駅に隣接する建物の中にある北斗市のアンテナショップ「ほっとマルシェおがーる」の外観である。「ながまる」は「体を休める、ゆっくりする」、「おがる」は「成長する」を意味する方言語形である。いずれも「連帯感演出機能」を持つと考えられる[5]。

本章の調査で主に注目するのは1つ目の「異郷演出機能」を持つ方言景観である。このように、方言を「観光資源としてのことば」（斎藤2020）と捉えたうえで、函館（さらには比較対象としての青森）における活用の現状を把握することが本調査の目的の一つである。

図4-2　山形県酒田市内の施設に掲げられたのれん

図4-3　道南いさりび鉄道「ながまれ号」ののぼり

図4-4　「ほっとマルシェおがーる」の外観

資料提供：（一社）北斗市観光協会

（2） 調査の目的と概要

　ここで、調査全体の目的と概要について述べる。目的は2つに大別される。1つは、函館における観光面での方言活用の可能性を探ること、もう1つは、上でも述べたように、言語景観の観察を通して方言活用の現状を把握することである。これらの目的に対応した調査として、以下の2つを実施した。

　①　方言話者と観光客の双方を対象とした、方言意識に関する調査

　②　函館および青森における、主に方言の使用に着目した言語景観調査

　①の方言意識に関する調査では、「函館の方言が好きかどうか」「函館の方言に対してどのような印象を抱くか」、さらには函館の方言語彙のリストを示し、「どの語が好きか」を尋ねた。

　②の言語景観調査では、函館朝市周辺と青森駅周辺および新青森駅の言語景観を対象とし、主に方言がどの程度見られるかを調査した。青森を比較対象としたのは、（函館から近く、学生を連れて調査に行きやすいという点もあるが）各方面で積極的な活用が見られる津軽方言は、観光客が多く訪れる青森駅周辺においても盛んに使用されていると予想されたからである。

　以下、2節では①の方言意識に関する調査、3節では②の言語景観調査をより詳細に取り上げる。

2. 方言意識に関する調査

（1）　調査方法と調査対象

（ア）　予備調査

　まず、本調査で使用する語彙リストを作成するために、リストに掲載する方言語彙の絞り込みを行った。佐藤（編）（2009）、見野（編著）（2009）、さらには函館近郊の方言を紹介している複数のウェブサイト（詳細は論文末のリストを参照）を参考に候補となる語をリストアップした後、函館在住の（生え抜きかそれに近い）話者8名に「現在も使用するか（耳にするか）」という観点から評価してもらった。これは、プロジェクトの目的が（純粋な使用実態調

査ではなく）観光面での方言活用であったことによる。観光客が函館近郊を訪れた際、実際に耳にする表現を活用の対象とした方がより効果的なのではないかとの考えである。最終的に選定された語彙は以下の40語である。

あずましい、あったもでね、あめる、いずい、えふりこき、おがる、かっちゃく、きみ、きもやく、ぐだめぐ、くまる、げっぱ、こわい、こんつける、したっけ、したっけね、しばれる、しゃっこい、じょっぺんかる、だらせん、たんぱら、ちゃかし、ちゃっこい、ちょす、つっぺ、どんだりこんだり、なげる、なまら、なんも、ねっぱる、ねまる、（手袋を）はく、ばくる、はっちゃぎ、はんかくさい、へら、ほっこ、ややど、ゆるぐね（え）、わや　（五十音順）

（イ）　本調査

本調査は2回に分けて実施した。先に地元住民を対象としたアンケート調査を実施した後、質問内容を調整したうえで観光客（他地域出身者）を対象とした調査を実施した。

〈地元住民を対象とした調査〉

・主な実施場所：函館市青年センター

　　　　　　　LONGWALK　BRITISH ANTIQUES&TEA

　　　　　　　北海道教育大学函館校

・実施期間：2017年1月7日〜15日

・有効回答数：99

〈観光客（他地域出身者）を対象とした調査〉

・主な実施場所：五稜郭タワー

　　　　　　　北海道教育大学函館校

・実施期間：5月〜6月中旬

・有効回答数：130

より多くの回答を集めるため、上記の実施に加え、「雪だるま方式」により随時回答の回収に努めた。これにより回収した回答も上記の有効回答数に含まれている。また、有効回答数の内訳（表4-1、表4-2）からもわかるように、性別、年代のバランスがとれているとはいいがたい。特に観光客を対象とし

表 4-1 性別・年代別内訳（地元住民）

	10代	20代	30代	40代	50代	60代	70代	80代	計
男性	10	10	4	2	13	9	4	4	56
女性	10	7	4	4	3	5	3	2	38
性別の記載なし	0	0	0	2	1	2	0	0	5
計	20	17	8	8	17	16	7	6	99

表 4-2 性別・年代別内訳（観光客）

	10代	20代	30代	40代	50代	60代	70代	80代	計
男性	15	11	10	5	2	3	1	0	47
女性	42	16	4	5	3	1	1	0	72
性別の記載なし	0	0	0	2	0	5	2	2	11
計	57	27	14	12	5	9	4	2	130

た調査では偏りが大きいが、今回の調査で把握したい情報はある程度得られるのではないかと考える。本来であれば出身地との関連も見たいところではあるが、紙幅の都合により割愛する。

　それぞれの質問項目は以下のとおりである。

〈地元住民を対象とした調査〉

　① 属性項目（出身地、函館在住期間、性別、年齢（年代））

　② 道南方言をどう思っていますか

　　→ 選択肢：「とても好き」「好き」「嫌い」「とても嫌い」「考えたことがない」

　③ 道南方言についてどのように思っていますか（複数回答可）

　　→ 選択肢：「おもしろい」「やさしい」「かわいい」「かっこいい」「素朴」「あたたかい」「怖い」「乱暴」「上品だ」「わからない」「その他（自由記述）」[6]

　④ 方言を使用した看板や掲示物（お店の名前、施設名、キャッチコピーなど）、商品などであなたが知っているものを教えてください（自由記述）

　⑤ （上記の方言語彙リストを示し）この中から好きなものを5つ選んでください（実際に使ったことや聞いたことがなくても構いません）

〈観光客（他地域出身者）を対象とした調査〉

① 属性項目（出身地（一番長く住んでいるところ）、性別、年齢（年代））

② 北海道の方言についてどのようなイメージを持っていますか（複数回答可）

→ 選択肢：「地元住民を対象とした調査」の項目③と同様

③ もともと知っていた北海道の方言があったら教えてください

④ 函館近郊を訪れて初めて知った（聞いた、見た）方言があったらお答えください

⑤ 方言を使用した看板や掲示物（お店の名前、施設名、キャッチコピーなど）、商品などについてどう思いますか（複数回答可）

→ 選択肢：「おもしろい」「かわいい」「かっこいい」「素朴」「あたたかい」「上品」「かっこわるい」「田舎くさい」「わざとらしい」「その他（自由記述）」[7]

⑥ （上記の方言語彙リストを示し）この中から好きなものを5つ選んでください（実際に使ったことや聞いたことがなくても構いません）

　地元住民向けのアンケートでは、わかりやすさを考慮し、比較的流通している「道南方言」という名称を用いた。一方、観光客向けのアンケートでは、「道南」という名称になじみがない可能性を想定し、「北海道の方言」という表現を採用した。方言語彙リストによる質問では、各語について「語形（例：わや）」「意味、あるいは対応する共通語（例：むちゃくちゃ）」「会話の例とその共通語訳（例：山歩きしてきたけど、ゆーべの雨であしもとわやだったさ（山歩きをしてきたけど、昨夜の雨であしもとがひどかったよ））」を示した。上記の質問項目のうち、本章では主に「地元住民を対象とした調査」の②、③、⑤、「観光客を対象とした調査」の②、⑥を取り上げる。

（2）　調査結果と考察

（ア）　方言意識について

　まず、地元住民の方言に対する意識（「地元住民を対象とした調査」の質問項目②）から見ていく。井上（2011：124）は「方言自体の特徴や観光客の多

さも影響するが、住民の方言への情的プラス評価、つまり愛郷心・愛着心が方言産業の基盤をなす」と指摘している。つまり、地元住民が自分たちの方言を好ましく思っていることが、方言の活用を考えるにあたっての前提となると考えられる。調査結果は図4-5のようであった。

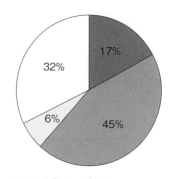

「とても好き」「好き」が全体の62%を占めたことから、地元住民は自分たちの方言を概ね好意的に捉えていることがわかった（「とても嫌い」は0%であった）。目についたのは「考えたことがない」が32%を占めた点であ

図4-5　方言に対する地元住民の意識

る。これは方言を方言として意識していないことの反映であると考えられる。田中他（2016）の大規模調査によれば、以下のように、北海道は首都圏と同じタイプに分類されている。

> 《首都圏・北海道タイプ》：方言が「ある」とは思っておらず、「共通語好き」で日頃は「共通語が多い」言語生活を送る。「方言と共通語の使い分け意識」は薄く、どのような相手にも方言を「よく使う」ことはないと思っている。（田中他 2016：141）

札幌周辺と比較すると、函館近郊の方言は東北地方の方言の特徴を残していることもあり、「方言」と認識している人の割合は高いと考えられるが、それでも無視できない割合で方言意識の希薄な層が存在することが明らかとなった。

（イ）　方言イメージについて

次に、「地元住民を対象とした調査」の質問項目③と「観光客を対象とした調査」の質問項目②の結果に基づき、地元住民と観光客それぞれが抱いている方言イメージ[8]について考察する。方言の活用を考えるうえで、地元住民だけでなく、観光客もプラスのイメージを持っていることが重要となるが、結果

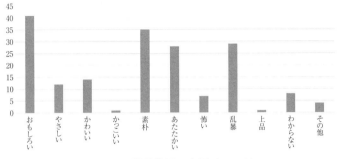

図4-6 地元住民の方言イメージ

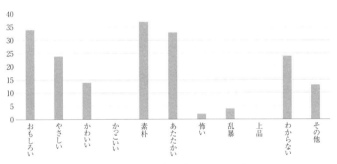

図4-7 観光客の方言イメージ

は図4-6、図4-7のようなものであった。

「おもしろい」「素朴」「あたたかい」という回答が共通して多く見られ、地元住民、観光客ともに概ねよいイメージを持っていることが明らかとなった。その一方、地元住民は「乱暴」、観光客は「やさしい」という回答が多く、認識のずれも見られた。地元住民は、日常生活の中で元来の「浜言葉」的特徴を色濃く残す話者と接する機会があるのに対し、観光客の場合、あまりそのような機会がないことが要因の一つと考えられる。また、滞在中、そもそも地元の方言をそれほど耳にしない（しなかった）観光客にとっては、北海道や東北に対する漠然としたイメージに基づいて回答した可能性もある。

（ウ） 好きな方言語彙について

　続いて「地元住民を対象とした調査」の質問項目⑤と「観光客を対象とした調査」の質問項目⑥の結果に基づき、地元住民と観光客の好きな方言語彙をリストアップする。ここでの目的は、方言を活用する際、より効果的な（地元住民にとって愛着があり、かつ観光客受けもよい）語を明らかにすることである。

　調査の結果、人気のある語は地元住民と観光客とでほぼ一致していた。順位は異なるものの、含まれる語は地元住民の「げっぱ」、観光客の「したっけね」を除き、同様であった。これらの語に共通する特徴を挙げるのは容易ではないが、形容詞・形容動詞（「あずましい」「わや」「しゃっこい」「いずい」）が比較的多く選ばれている[9]点は注目すべき特徴である（「しばれる」も典型的に

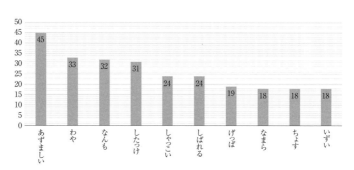

図4-8　地元住民の好きな方言語形トップ10

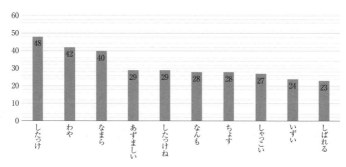

図4-9　観光客の好きな方言語形トップ10

は状態を表すために使用されることから、形容詞に近い面がある）これらの語は、共通語や他地域の方言では表現しきれない独特の感情・感覚を表す語として魅力的に感じられたのかもしれない。

　程度の高さを表す副詞「なまら」や接続表現「したっけ」のような、文法的機能を担う語も選ばれた。「なまら」は観光客にとって北海道を代表する語と認識されているであろう。「したっけ」のような接続表現は全国にさまざまな方言語形が存在し、各方言の特徴が強く感じられる語といえる。また会話の中での使用頻度が高いこともこれらの語が選ばれる要因になったのではないかと考えられる。「なんも」「したっけね」のような定型表現も日常生活において頻繁に用いられる表現であり、観光客にとっても使用場面が想起されやすく身近な表現として受け取られたのではないだろうか。また、語形（発音）のおもしろさも選択される要因になった可能性がある。例えば「ちょす」や「げっぱ」は音の響きがおもしろく感じられたのかもしれない。

　以上をまとめると、「方言独特の表現性（意味、語形）」と「親しみやすさ（使用頻度が高く、想起されやすい点）」が高い評価につながったのではないかと考えられる。

3.　言語景観調査

（1）　調査方法と調査対象

　言語景観調査は、函館の比較対象である青森の調査を先に実施し、1か月ほど後に函館の調査を行った。基本的な調査方法は、外側から目視で確認できる事例を撮影していくという方法である [10]。外から確認できないもの（商品のパッケージの中や、飲食店の店内など）は対象外とした。

〈青森駅周辺および新青森駅における調査〉
　　・調査範囲：青森駅構内、青森駅を起点としてアスパム通り ― 八甲通りを東端、国道7号線を南端とする範囲全域（ワラッセ、アスパムの館内を含む）、新青森駅構内

　　・調査日：2017 年 5 月 20 日

〈函館朝市における調査〉

　　・調査範囲：函館朝市全域、赤レンガ倉庫および周辺店舗

　　・調査日：2017 年 6 月 24 日

（2）　調査結果と考察

　今回の調査では、方言を使用した看板やポスターのような掲示物と、方言を使用した商品が調査範囲内にどの程度見られるかを調べた。結果を表 4-3 に示す。

表 4-3　観察された方言景観の内訳

	掲示物	商品	計
青森	20	18	38
函館	7	9	16
計	27	27	54

　確認できた数は、予想どおり青森が函館を上回ったが、掲示物と商品の割合については青森、函館ともに大きな差はなかった。以下、青森、函館の順に事例を紹介する。

　まず、青森は「よぐ来たねっし」（図 4-10）、「浅虫温泉によぐきてけだっきゃ〜」のような、観光客を歓迎する表現を用いた掲示物が見られた。加えて、飲食店の看板などに「め〜魚かねが〜？」「あどはだりする青森のめぇものいっぱい」のような、料理のおいしさを表現する方言が使用されている例も確認された。「わんつかお得!!（少々お得なセットでございます）」（図 4-11）のように、商品のパッケージに方言のメッセージが印刷されている例も見られ

図 4-10　飲食店の看板

図 4-11　津軽味噌醤油株式会社の
　　　　　商品パッケージ

た。また、青森の特徴として、商品名に方言が使用されているもの（方言ネーミング[11]）が非常に多い点が挙げられる。「やっこいサブレ」「じょっぱり」（日本酒、そば）、「やってまれ」（芋焼酎）、「なとわ」（お菓子）、「へばだばぁ」（青森ひばを使用した商品）、「青森ねぶた　どんだばりんごゼリー」、「あづましタオル」、「嶽きみドーナツ」、「きみようがん」など、非常に多くの商品に方言由来の名前がつけられていた。

　一方、函館でも一定数の方言使用が確認されたが、青森とは異なる傾向が見られた。まず、掲示物は青森と比較して数が少なく、種類も限られていた。青森に見られた、観光客を歓迎する表現を用いた掲示物は見られず、食べ物のおいしさを強調する「なまら～」（図 4-12）が 7 例中 5 例を占めた（残りの 2 例は「ほいどめし」（飲食店ののれん）と「なまらあずましい」（湯の川温泉のポスター））。これには、主な商品が食品であるという、函館朝市とその周辺部の特徴が表れていると考えられるが、2 節で明らかとなった地元住民の控えめな方言意識も影響している可能性がある。さらに、津軽方言と違い、方言としての知名度が低い（と地元住民が認識している）ことも、観光客が確実に知っているであろう「なまら」のみの使用にとどまっていることと関連があると考えられる。

　商品に目を移すと、青森で多く見られた「方言ネーミング」は数が少なく、ほとんどが方言 T シャツや方言エプロン、方言シールなどの「方言みやげ」であった。それらも函館近郊の方言を素材としているものは図 4-13 のみで、

図 4-12　函館朝市の手書きによる「なまら」

図 4-13　函館 T シャツ

他は北海道弁を素材としたものであった。掲示物と同様、青森のような積極的な方言使用は見られず、方言を活用する意識の薄さがあらためて確認された。

おわりに

以上、函館近郊で話されている方言の活用に関して、その可能性の検討と現状把握を試みた。調査の結果は概ね以下のようにまとめられる。

① 地元住民には自らの方言を好意的に捉えている人が多く、方言活用を推進していく素地はあるが、方言について「考えたことがない」人も一定数存在し、積極的な推進にはつながらない可能性がある。

② 地元住民、観光客ともに概ねプラスの方言イメージを持っており、方言の活用を後押しする材料といえる。

③ 具体的な方言語彙の選定においては、「方言独特の表現性」と「親しみやすさ」が重要な要因となることが明らかとなった。

④ 数、種類ともに豊富な青森の方言景観に比べ、函館は使用傾向に偏り（「なまら～」を中心とした掲示、方言ネーミングの少なさ）が見られた。

「方言みやげ」「方言グッズ」「方言ネーミング」などに代表される「方言産業」は、「言語産業」の下位区分であるが、「外国語産業」の一つである英語教育と違い、方言を活用して生計を立てることは難しい。その点で、「方言産業」は「個人または団体の義務感や自己満足のために行われる不経済な経済活動」（井上 2011：147）との指摘もある。さらに、函館は歴史的な建造物が多く、それらの建造物によって形成される景観に方言を用いた掲示がなじまないとも考えられ、その使用には一定の配慮が必要となる。

その一方、「観光客を対象とした調査」の質問項目⑤「方言を使用した看板や掲示物（お店の名前、施設名、キャッチコピーなど）、商品などについてどう思いますか」の結果を見ると、「おもしろい」が1位（69票）、「あたたかい」が2位（32票）となり、方言の使用を好意的に捉えている人の多いことがわかった（マイナス評価を含む「わざとらしい」は20票で4位、「田舎くさい」

は 10 票で 7 位であった）。これらの結果から、適切な方言の活用は観光客の満足度を高めることにつながる可能性がある。函館の特徴を踏まえた、青森とはまた異なる活用のあり方を模索することが今後の課題として挙げられる（3 節で取り上げた湯の川温泉のポスターなどはその良い例であると考えられる）。

　今回は「地域」語としての方言の活用に注目した調査であったが、言語景観調査によって明らかとなることは多岐にわたる。代表的なアプローチに使用文字種の調査があり、今回の調査でも部分的ながら事例を収集したところ、函館朝市周辺にはタイ語による表記が数多く見られた。これは、函館とタイが友好関係にあることと関連するが、こういった当該地域を取り巻くさまざまな状況が言語景観調査を通して明らかとなる場合がある。このような「国際」に関わる言語景観調査も今後の課題の一つである。

注
1) 　ここでの「地域プロジェクト」とは、北海道教育大学函館校において開講されているプロジェクト型授業の名称である。本章の考察は「函館近郊方言に対する意識と方言景観に関する調査」というプロジェクトで収集したデータに基づいている。
2) 　「函館近郊で話されている方言」は、「道南方言」、「函館方言（函館弁）」など、いくつかの呼び方がある。石垣（1982）は、函館市東部（恵山方面）、茅部郡、上磯郡（現在は北斗市）を「道南方言の地域」と呼んでいる。さらに、その西に位置する松前は津軽方言、江差は北陸・関西地方の方言の影響を受けたことばが話されていたが、近年は道南方言の色彩が濃くなってきたとのことである。このように、「道南方言」はやや広い地域で話されている方言を指す場合がある。一方、本章の調査対象者（観光客を除く）はそのほとんどが函館市中心部出身であり、「函館方言」という名称もそれほど定着したものではないことから、ややあいまいではあるが「函館近郊で話されている方言」という表現を用いている。
3) 　「言語景観」とは、以下の 4 つの特徴を持つものとして定義される（ロング 2011：3）。
　・言語景観は文字言語（看板や店に並ぶ商品のラベルなど）であり話しことば（ラジオ CM や電車内のアナウンスなど）ではない。
　・言語景観は公的な場に見られる文字言語（店舗のショーウィンドーにある看板など）であり、私的なコミュニケーション（個人間で交わされる文通や電子メールなど）ではない。
　・言語景観は不特定多数の読み手に発される物（商店街のポスターなど）であり、特定の個人宛てに書かれた物（自宅のドアにテープで貼られた言付け）ではない。
　・言語景観は自然に、受動的に視野に入る物（駅売店の雑誌の見出しに使われている語句な

ど）であり、意図的に読まなければならない物（その雑誌の中の記事など）ではない。

4)　「北海道では観光面での方言活用がそれほど見られない」というのは、あくまでプロジェクトに参加した学生が抱いていた印象である。井上（2011：149）によれば、確認された「方言みやげ」の数は沖縄、大阪、京都、青森に次いで第 5 位である。一方で、調査を進めてみると、方言みやげは多いものの、それ以外の活用方法があまり見られないこともわかってきた。これについては 3 節で取り上げる。

5)　「おがーる」は観光客が利用する店舗であることから「異郷演出機能」も併せ持っていると考えられる。また、「ながまれ号」についても、最近は観光列車「ながまれ海峡号」が道外の観光客に人気であり、こちらも従来の「連帯感演出機能」に「異郷演出機能」が追加されたとみることができる。

6)　選択肢（イメージ語）は田中（2011：70）、田中他（2016：123）の調査で使用されたものを参考にしつつ、メンバー間で議論のうえ、一部を変更した。主な変更点は、「男らしい」「女らしい」の削除、「乱暴だ」「上品だ」「その他（自由記述）」の追加である。

7)　選択肢（イメージ語）は、方言イメージの選択肢を参考にしつつも、我々が方言を使用した掲示物や商品に抱きそうなマイナスイメージの語（「かっこわるい」「田舎くさい」「わざとらしい」）を追加した。

8)　一般に、方言の好悪や使用に関する意識を「方言意識」、方言に対する感情（イメージ）を「方言イメージ」と呼び分ける。本章でも「おもしろい」「かわいい」などの語による評価を「方言イメージ」と呼ぶこととする。

9)　提示した 40 語には、形容詞（形容動詞）およびそれに準ずる語が 13 語含まれているのに対し、動詞も 15 語含まれており、決して形容詞（形容動詞）の割合が高いわけではない。

10)　以下に掲載する写真は、いずれも筆者自身が各調査日において撮影したものである。

11)　商品の名前に方言が使用されている例は「方言ネーミング」と呼ばれ、「方言みやげ」と区別される。「方言みやげ」は方言を素材として作られた土産物で、方言かるたや方言トランプ、方言 T シャツ、方言のれんなどが代表例として挙げられる。

引用・参考文献

石垣福雄（1982）「北海道沿岸部の方言」飯豊毅一・日野資純・佐藤亮一（編）『講座方言学 4 ─ 北海道・東北地方の方言 ─』国書刊行会、63-91 ページ。

井上史雄（2011）『経済言語学論考 ─ 言語・方言・敬語の値打ち ─』明治書院。

井上史雄・大橋敦夫・田中宣廣・日高貢一郎・山下暁美（2013）『魅せる方言 ─ 地域語の底力 ─』三省堂。

見野久幸（編著）（2009）「グラフで見る高校生と北海道方言 ─ 北海道方言の地理的分布と勢力の現況 ─」平成 19 年度科学研究費補助金　基盤研究（C）「日本海沿岸の新方言伝播の地理的歴史的研究」研究成果報告書。

斎藤敬太（2020）「観光資源としてのことば ― 日本国内の活用事例を中心に ―」『日本語学』
　39 巻 3 号、明治書院、118-127 ページ。

佐藤亮一（編）（2009）『都道府県別　全国方言辞典』　三省堂。

田中ゆかり（2011）『「方言コスプレ」の時代 ― ニセ関西弁から龍馬語まで ―』岩波書店。

田中ゆかり・林直樹・前田忠彦・相澤正夫（2016）「1 万人調査からみた最新の方言・共通語意
　識 ―「2015 年全国方言意識 Web 調査」の報告 ―」『国立国語研究所論集』11 号、117-145
　ページ。

ダニエル・ロング（2011）「世界の少数言語の言語景観に見られるアイデンティティの主張」
　中井精一、ダニエル・ロング（編）『世界の言語景観 ― 日本の言語景観・景色のなかのこと
　ば ―』桂書房、3-12 ページ。

山田敏弘（2010）「言語景観から見た岐阜県人の方言の捉え方」『岐阜大学教育学部研究報告
　人文科学』59 巻 1 号、25-35 ページ。

Web サイト（2021 年 9 月 10 日時点で確認できたサイトのみ掲載）

渡島総合振興局産業振興部渡島農業改良普及センター「道南方言集」、https://www.oshima.
　pref.hokkaido.lg.jp/ss/nkc/hogen/、2021 年 9 月 10 日アクセス。

函館の方言（函館ナビ ― 函館市観光エリアガイド・タウン情報）、http://www.hakonavi.
　net/archives/2007/10/post_9.html#more、2021 年 9 月 10 日アクセス。

謝辞

　本章の考察は、地域プロジェクトで収集したデータに基づいています。プロジェクトメン
バーの学生（中村圭祐、布川侑加、堀江音名、大川芙美佳、内藤淳人、高橋梓）は意欲的に活
動し、貴重なデータを残してくれました。

　アンケートの実施にあたっては、五稜郭タワーと函館市青年センターのご協力により、実
施場所をご提供いただきました。函館日本語教育研究会（JTS）、LONGWALK　BRITISH
ANTIQUES&TEA の皆様にはアンケートの収集に便宜を図っていただきました。また、函館
市近郊に在住の方々、五稜郭タワーを訪れた観光客の方々には、項目の多いアンケートにもか
かわらず丁寧にご回答いただきました。

　ここに記して感謝申し上げます。

| コラム 3 | 児童文化財と幼児教育をめぐる諸相 |

1.　紙芝居の有用性

　本学には、附属する幼稚園、小学校、中学校がある。昨年度、私は幼稚園の園長職を拝命し、附属函館幼稚園の第 12 代目の園長となった。園舎に響く子どもたちの楽しげな声が、大学とはまた違った雰囲気であり、新鮮で心地よく感じられた。

　園にはさまざまな遊具や教材が揃えられているが、とりわけ私の目を引いたのはキャビネットに収められていたたくさんの紙芝居だった。私自身の思い出を振り返ると、最初に紙芝居に出会ったのは、4 〜 5 歳の頃に通っていた幼稚園でのことだった。そのため、園のキャビネットに収容されている紙芝居を最初に見かけたときは、当時のことを思い出し懐かしさがこみ上げてきた。幼い頃、絵本を読むのも好きだったが、先生が目の前でしてくれる紙芝居はもっと好きだった。

　その頃の私のお気に入りは、今思えばイソップ童話であった。擬人化された動物たちが、ときに間が抜けていたり、ときに賢い振る舞いをみせたり、とりわけそれらの物語の中で鋭い知恵とそれを明瞭に表す言葉を発する場面などに夢中になっていた。寓話としてなじみやすい設定とわかりやすい内容、それに絵の楽しさが加わって、子ども心にも「紙芝居っていうのは、おもしろくてためになるな〜」と思っていた。

　子どもにとっておもしろくてためになる紙芝居ではあるが、幼児教育のあり方を示す『幼稚園教育要領』に、「紙芝居」という文言はない。いや、正確にいうと、最初はあった。幼稚園教育要領は、幼児の発達の側面から教育内容の指導事項が「領域」に分けられており、「紙芝居」という文言はかつて言語に関する領域「言葉」の中に示されていた。その内容は次のように変遷している。

●最初の『幼稚園教育要領』(1956 年)
　「絵本・紙しばい・劇・幻燈・映画などを楽しむ。」

●改訂された『幼稚園教育要領』(1964 年)
　「絵本、紙しばいなどに親しみ、想像力を豊かにする。」

●さらに改訂された『幼稚園教育要領』(1989 年)
　「絵本や物語などに親しみ、興味をもって聞き想像をする楽しさを味わう。」

　1989 年の改訂によって、「紙しばい」という文言は「物語」というくくりに一括され、それは 2017 年の改訂にも引き継がれて現在に至っている。

　紙芝居が「物語」という文言に置き換えられる形となったが、子どもに与える影響は健在である。紙芝居には、物語の「娯楽性」、その内容に含まれる「教育性」、絵と実演による「芸術性」、紙芝居をする側とそれを楽しむ側との双方向のやり取りによる「対話性」などの効用がある。

　紙芝居は、園児の言語活動と創造性を育む文化財として、今も昔もその有用性に変わりはない。

2.　児童文化財の保護と再生の道のり

　紙芝居の有用性を改めて見直すことにより、園にある紙芝居を自分でもやってみたくなった。紙芝居が収容されているキャビネットから適当にひとつふたつ抜きだして中身を確認した後、他の紙芝居にも目をやり、ふと思った。このキャビネットにはいったいどんな紙芝居があるのだろうかと。紙芝居をやるにしても、そもそもどんな紙芝居があるのかわからなければ選びようもない。

　園には、所蔵している紙芝居のリストがないようなので、時間を見つけながら作成してみることにした。一つひとつタイトルを確かめ、パソコンに入力する。最初はそれほど大変な作業とも思わず、気軽な気持ちで取りかかった。ちなみに、それぞれの紙芝居が収められている厚紙仕様のケースには、その紙芝居の内容の概要が記載されている。私は紙芝居というのは、昔話やおとぎ話のような「物語」しかないのだろうと思っていたが、その認識は甘かった。

　リストを作成しながらケースに記載されている概要にも何気なく目を通すうち、紙芝居には、「交通安全」や「保健衛生」など、生活に関連するさまざまな理解や啓発を促す内容のものがあることに気がついた。私は少しあせった。パソコンにはもうかなりの量のタイトルを入力している。ここにきて、見たり見なかったりさほど重要視していなかった紙芝居ケース記載の概要をもう一度確かめ、分類する必要性が生じたのである。

　ほぼ半分やり直しのような状態に肩を落としながら、それでもコツコツと園にある紙芝居のリストを作成していったところ、総数は約 330 冊となった。内容ごとにジャンル分けを行い、それぞれアイウエオ順に並べ直し、キャビネットの棚を整理した。夏に始めた作業だったが、季節は秋を過ぎ、いつのまにか冬になっていた。次は、一つひとつの紙芝居の内容を確かめる作業が待っている。思っていたより道のりは長い。

概要が記載されている紙芝居ケース

3. 園児の示す利他的行動

　夏に始めた紙芝居のリスト作成作業と分類整理に思いのほか時間がかかった。紙芝居が収められているキャビネットは、園の玄関からまっすぐ突き当りにある年長組の保育室までの廊下の途中、ちょうど年中組の保育室の入り口あたりにある。そのキャビネットに向かってがさごそと作業をしている私の後ろで、園児たちが積み木を並べてドミノ倒しをしていたり、冬に入る頃にはこま回しの練習をしていたりした。

　そのような様子を背中で感じながら作業に取り組む私を、園児たちは放ってはおかない。「園長先生、何してるの？」から始まり、廊下の壁に貼られている絵やロッカーの上に置かれている工作物の所に私を連れていき「あれ、私が描いたやつ」「これ、僕が作ったの」と教えてくれたり、「園長先生も一緒にやろう」とドミノやこま回しなどの遊びに誘ってくれたり……、いっこうに紙芝居関連の作業は進まないのである。

　しかし、そんな私を気遣う園児も次第に現れはじめた。作業中、遊びに誘われている場面で「園長先生はお仕事してるんだから、じゃましちゃだめ」と友だちを制止し私の仕事環境を整えようとしてくれたり、ブロックや折り紙などを手ごろな大きさの空き箱に入れお弁当に見立て、それをコップと一緒にトレーにのせ、「これ、食べてください」と"差し入れ"を持ってきて、労をねぎらってくれたりするのである。

　ある日、園児がとことこやってきて私にある物を手渡してくれた。それは、長方形の紙の両端に輪ゴムをセロテープで貼ったものであった。手作りマスクである。「つくってくれたの？　ありがとう。大切に使うね」とお礼を伝え

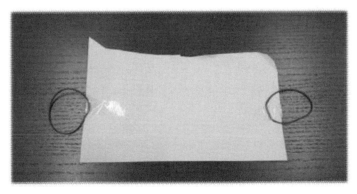

園児からのプレゼント 手作りマスク

たら、くるりと踵を返して自分の保育室に向かって走っていった。園児たちが示してくれる心遣いは、そして目に映るすべてのことは、一つひとつ大事なメッセージである。

4. 原点回帰

　春から、園の毎月の行事であるお誕生会に「園長先生の紙芝居」の時間を設けた。園にある紙芝居を半年がかりですべて分類・整理し終え、いよいよ実演に向けてその第一歩を踏み出したのである。事前に紙芝居を選び園長室で一人、練習した。そして迎えた本番。紙芝居の舞台（紙芝居をセットし抜き差しする観音開きの木枠）を用いて、初舞台を踏んだ。

　お誕生会は遊戯室で実施するが、紙芝居を行うとき、それを観る園児および保護者との間にはコロナウイルス対策のためソーシャルディスタンスを保った。遊戯室という広さの空間で、紙芝居を観る側との間に距離をとると、実演する側の実感としては紙芝居自体のサイズが小さく感じられた。園長室では大きく感じられたが、遊戯室では想像していたほどの迫力がないように思えた。「ちゃんと見えてるかな、見づらくないかな……」と心配になった。

　大きさに不安を覚えたため、次からは遊戯室にある 42 インチのモニターを使うことにした。そのため、紙芝居を 1 枚 1 枚、スキャナーで取り込み、それをプレゼンテーションソフトに貼り付け、アニメーション処理を施した。モニターを使うことによって紙芝居の裏側に書かれている場面ごとの台本を見るということができないため、それも 1 枚 1 枚ワープロソフトで入力し、手元の原稿を作成した。1 回ごとに膨大な手間暇はかかるが、大きさの

問題は解消できた気がした。

　そうこうするうち、コロナウイルスが息を吹き返し、お誕生会も遊戯室に園児全員が集まって行うということをやめ、代わりに、各保育室のモニターに遊戯室でのお誕生会の様子をオンラインでライブ配信することにした。いわゆる無観客の会場でカメラに向かっての紙芝居である。しかし、ライブ配信に伴って今度は音声が聞き取りにくかったり、途切れたり、聞こえなかったりというトラブルに見舞われた。

　そこで、今度はライブ配信をやめ、あらかじめ紙芝居の実演の動画を撮り、それを各保育室で再生する方法に変更した。しかし、何か釈然としない。アナログの紙芝居をやっているつもりが、それをモニターで行えるようデジタル化し、さらにライブ配信というIT化・ICT化へと移行、いつのまにか「紙芝居やってみた」的な動画配信を行うユーチューバーになりかけているのではないか。しかも、再生回数は、年少組・年中組・年長組の3回である。

　ここに至って我に返った。原点に返ろうと、ネット検索し、紙芝居を研究している団体を見つけ、そこの研修会に参加した。研修会では園の遊戯室の3倍ほどの広さの会場で紙芝居の実演を見ることになったが、空間的な広さや距離はあってもかえってその分、紙芝居の絵を集中して見るため、サイズ感はまったく気にならなかった。紙芝居はあの大きさで問題はなかったのだ。むしろ、大きな問題は実演する私の腕のほうなのであった……。

紙芝居の舞台

（外崎　紅馬）

【地域のチカラを活かす試み】

第 5 章

北海道の森林資源と企業、地域
― 王子グリーンエナジー江別株式会社と
紋別バイオマス発電株式会社 ―

淺木　洋祐

は じ め に

　今日、豪雨の頻発や台風の巨大化といった異常気象や、農林水産業への悪影
響など、地球温暖化との関連が指摘される問題が続出している。こうした問題
を背景に、その原因である温室効果ガスの大幅な削減を求める声は世界的に急
速に高まりつつある。温暖化対策として化石燃料に代わる再生可能エネルギー
の拡充の必要性が認められ、世界的にその導入が進められている。

　日本では、2012（平成24）年から実施された再生可能エネルギーの固定価
格買い取り制度によって、太陽光発電や風力発電、バイオマス発電などの再生
可能エネルギーの導入が急速に拡大している。なかでも北海道は再生可能エネ
ルギーの賦存量が大きく、その導入拡大による地域活性化や温暖化対策の推進
などが期待できる。本章では再生可能エネルギーのうち、特に北海道で木質バ
イオマス発電事業を推進する企業について、その事業内容および地域との関係
を歴史的な観点から検討していくことにしたい。

　北海道の森林面積は、総面積の約71パーセント（％）にあたる554万ヘク
タール（ha）であり、これは全国の森林面積の約22％である。明治期の開拓
以来、北海道では豊富な森林資源を活用した製紙業や林業などが盛んであっ

た。木質バイオマス発電は、こうした北海道の森林資源に基づいて新たに推進されている事業である。本章では、北海道で木質バイオマス発電に取り組む企業のうち、王子グリーンエナジー江別株式会社と紋別バイオマス発電株式会社を取り上げる。これらの企業はそのルーツから北海道の森林資源および地域と深い関わりがある。

1.　固定価格買い取り制度と木質バイオマス発電 [1]

　再生可能エネルギーの固定価格買い取り制度（Feed In Tarif、FIT）とは、再生可能エネルギーで発電した電力を、電力会社が一定の価格で一定の期間にわたって買い取ることを義務づける制度である。2011（平成23）年に成立した「電気事業者による再生可能エネルギー電気の調達に関する特別措置法」に基づいて実施されている。FIT による買い取り価格と売電価格の差は「再生可能エネルギー発電促進賦課金」として電気料金に上乗せされるかたちで国民の負担に転嫁される。この FIT は、そもそも電力市場での価格競争力を持っていなかったために普及が期待できないでいた再生可能エネルギー事業を、高めの買い取り価格を一定期間、保証することによって採算性を確保し、その普及を推進しようとするものである。FIT によって、技術革新などによる再生可能エネルギーのコストの引き下げが期待される。

　FIT の対象となっている再生可能エネルギーは、太陽光、風力、地熱、バイオマスである。木質バイオマス発電を推進するメリットは、二酸化炭素の排出削減や森林の整備促進といった環境効果、林業や地域への経済効果、さらにはエネルギー自給率の向上効果や分散型で災害に強いといったエネルギー安全保障の改善効果などがある。他方、木質バイオマス発電にも課題が存在しており、木質バイオマスの用途間の競合や、収集・運搬・貯留に関する問題などが、それである。FIT のもと、木質バイオマス発電に取り組む企業は、これらの課題を克服しながら、いかに事業を効率的に進めていくかということになる。

2.　王子グリーンエナジー江別株式会社

　王子グリーンエナジー江別株式会社は、道央地方の江別市に位置している。江別市の人口は道央地方では隣接する札幌市に次いで多い約 11 万 9,000 人である。江別市は明治時代から窯業が盛んであり、特にれんがの生産で有名だが、製紙業との関わりも深い町である。江別市でれんがの生産が始まったのは 1891（明治 24）年とされるが、江別市で製紙工場が稼働したのは 1908（明治 41）年である。石狩川と千歳川の合流地点に位置するこの工場は現在の王子エフテックス株式会社の江別工場であり、北海道で最も古い製紙工場である [2]。その敷地に王子グリーンエナジー江別は位置している。

（1）　王子グリーンエナジー江別の木質バイオマス発電 [3]

　王子グリーンエナジー江別株式会社は、2016（平成 28）年 1 月に営業運転を開始した。同社は王子グリーンリソース株式会社の 100%出資会社である。王子グループの木質バイオマス発電は、王子グリーンエナジー江別のほかにも、王子グリーンエナジー日南株式会社、MPM 王子エコエネルギー株式会社がある（表 5-1 参照）。

　王子グリーンエナジー江別の発電規模は 2 万 5,400 キロワット（kW）である。同社の特徴の一つは王子グループの保有するインフラや技術を有効活用して事業を推進していることであり、具体的には次の 3 点を挙げている。

①　土地（事業用地、チップヤード等）、用排水設備等、製紙工場が保有する既存インフラを活用している。

②　製紙工場で培った発電設備の操業のノウハウをバイオマス発電に活用している。

③　これまでの製紙業で築いてきた木材チップの集荷ルートやノウハウを利用して、燃料を安定的に集荷する [4]。

これらの点は、後に取り上げるように北海道での事業に長い歴史をもつ王子グループならではといえよう。

表 5-1 王子グループのバイオマス発電所

会社名	王子グリーンエナジー 日南	王子グリーンエナジー 江別	MPM 王子エコエネルギー
場所	宮崎県日南市	北海道江別市	青森県八戸市
蒸発量	100t/h	105t/h	235t/h
ボイラー	循環流動層式（CFB）	循環流動層式（CFB）	循環流動層式（CFB）
発電能力	25,400kW	25,400kW	75,000kW
使用燃料	木質チップ・PKS・石炭	木質チップ・PKS・石炭	木質チップ・PKS・石炭
稼働開始	2015 年 4 月	2016 年 1 月	2019 年 9 月
出資会社	王子グリーンリソース株式会社 100%	王子グリーンリソース株式会社 100%	王子グリーンリソース株式会社 55%、三菱製紙株式会社 45%

出所：王子グリーンエナジー江別株式会社提供資料に加筆して転載。

　また、筆者が北海道で行った木質バイオマス発電に関するヒアリング調査において、王子グループをはじめとする製紙会社に関連した人材が、北海道における木質バイオマス発電事業の推進に陰になり日向になりながら貢献しているという情報をしばしば入手することができた。

　使用する燃料は木質バイオマス（一般木材、未利用木材）と PKS（Palm Kernel Shell）である。PKS とは、アブラヤシの実からパーム油をしぼった後の残渣（殻）である。従来、PKS は廃棄されていたが、水分が少なく油分を含んで発熱量が大きいため、バイオマスエネルギーとして近年注目されている。同社では主にインドネシアとマレーシアなどの東南アジアから輸入している。同社では、以前、石炭も燃料として使用していたが、2018（平成 30）年 4 月から、特別な場合を除いてその使用を中止した。石炭の利用を止めた理由は温暖化問題への配慮や、FIT が適用されないことによる売電価格の低さなどである。同社が使用する木質バイオマスは年間約 20 万トンであり、発生する灰の 8 割以上をセメント原料としてセメント会社に引き取ってもらってリサイクルをしている。

　2018（平成 30）年 9 月の北海道胆振東部地震の際に道内では大規模停電が発生したが、王子グリーンエナジー江別はいち早く復旧・稼働することができ

た。燃料の供給も３日後には通常どおりとなったが、それまでの間、緊急事態というべき状況を考慮して、発電を優先するために石炭も使用したという。この件で、同社は経済産業省から感謝状を授与されている。このことは同社が堅実かつ効果的に事業を推進してきた結果であるが、再生可能エネルギーのメリットの一つである、地域分散型で災害に強いエネルギーという長所を実証したといえよう。

　北海道胆振東部地震においては多くの倒木が発生した。こうした災害による倒木は製紙原料やバイオマス燃料として引き取られている。この取り組みによって、災害時における廃棄物の削減や早期復旧、資源の有効利用などの地域貢献をしているといえる。

　同社では、枝条から生産したチップを積極的に燃料として使用している。枝条チップは、土砂などが含まれるといった問題があり、燃料としてはそれほど好ましいとはいえない。しかし、その利用は木質バイオマスの有効利用や、不足が懸念されている木質バイオマスの確保などの点から好ましいため、同社はさまざまな工夫をしてその導入を拡大してきた。同社は周辺市町村からの剪定枝の受け入れも推進している。

（2）　北海道と製紙業

　王子グリーンエナジー江別は、王子グループの企業である。王子グループはもともと製紙業から始まるが、現在では製紙業だけではなく、パルプ事業やパッケージング事業、再生可能エネルギーである水力発電やバイオマス発電などの電力事業など、さまざまな事業を推進している[5]。

　日本で洋紙の製造への取り組みが始まったのは近代以降である。1870年代から民間企業を中心に国内での洋紙の製造への取り組みが始まった。王子グループの歴史は、1873（明治6）年に創業した抄紙会社に始まる。この抄紙会社は大蔵省の高官であった渋沢栄一の主導のもと、東京の有力金融業者であった三井組、小野組、島田組の出資により、東京の王子村に設立された。抄紙会社は、その後、1876（明治9）年に製紙会社に改称し、さらに1893（明治26）年に王子製紙株式会社と改称した。1896（明治29）年から三井[6]が王子製紙

の経営に参加するようになり、それに伴って会長職にあった渋沢栄一が退任するなど経営陣が一新された。

　北海道と樺太には、製紙原料となる針葉樹資源が豊富なことから、1900年代から有力企業が相次いで進出した。すでに述べた北海道における最初の製紙工場は、1908（明治41）年に江別村（現在の江別市）で操業を開始した富士製紙株式会社の第5工場である。富士製紙は1887（明治20）年に設立され、当時、王子製紙と業界の首位を争う有力企業であった。この第5工場は、その後規模を拡大して最新鋭の装置を導入していき、富士製紙の主力工場となる。現在、王子グリーンエナジー江別が立地する、王子エフテックス株式会社の江別工場が、この第5工場である。

　王子製紙は1910（明治43）年に苫小牧工場の操業を開始した。当時、王子製紙は富士製紙に対して劣勢であったが、この苫小牧工場が王子製紙の新たな主力工場となり、王子製紙の製紙業界における優位を揺るぎないものにしていった（四宮 1997：37）。この苫小牧工場は、以降、王子製紙の主力工場であり続ける。樺太には三井物産などとともに王子製紙が進出し、また、1913（明治46）年に樺太工業株式会社が設立された。

　1933（昭和8）年、王子製紙と富士製紙、樺太工業は合併した。これらの企業は当時の業界上位の3社であり、合併の結果、国内の洋紙製造の80%以上を占める巨大企業となる王子製紙株式会社が誕生した。しかし、第二次世界大戦後、王子製紙株式会社は、連合国軍最高司令官総司令部（GHQ）による解体指示によって苫小牧製紙株式会社、十條製紙株式会社、本州製紙株式会社の3社に解体・分離されることとなった（表5-2参照）。王子製紙が3社に解体される以前に、工場を分離させて別に発足した企業に北日本製紙株式会社、神崎製紙株式会社、千住製紙株式会社などがあり、傍系企業から独立させたものとしては、日本パルプ工業株式会社、東北振興パルプ株式会社、山陽パルプ株式会社などがある（産業学会編 1995：230）。

　1952年（昭和27）年に苫小牧製紙株式会社は、王子製紙工業株式会社に改称し、さらに1960（昭和35）年に王子製紙株式会社に改称した。

表5-2 王子製紙解体後の新生3社

会社名	苫小牧製紙株式会社	十條製紙株式会社	本州製紙株式会社
資本金、総資産	4億円、12億3,000万円	2億8,000万円、11億1,000万円	2億5,000万円、8億4,000万円
工場	苫小牧工場	十條・釧路・伏木・小倉・八代・坂本工場	江戸川・富士・岩淵・中津・淀川・熊野・名古屋化学工場
従業員数	3,949名	5,650名	4,340名
パルプ・紙生産能力対全国比	16.8%・13.7%	11.7%・10.6%	7.1%・7.0%

出所：王子製紙株式会社（2001a）76、77ページより作成。

（3） 江別と製紙工場

　富士製紙の第5工場として操業を開始した江別工場であるが、その進出は江別を大いに活気づけた[7]。当時の職員、工員などの総数は500人とされる大規模な工場であり、その経済効果も大きなものが期待され、江別市街の活況にも弾みがついたとされる。富士製紙の江別進出は、経済効果にとどまらず、江別における教育、文化、スポーツなどを含めた市民生活全般にわたり、大きな影響を及ぼした（江別市総務部編 2005：228）。例えば、大正期の町民の最大の楽しみが富士の祭りであったとされる。以下では江別市史から当時の祭りの様子について引用する。

　　大正七（一九一八）年六月一五日、工場敷地内に稲荷神社が創建、祭典と職工慰安会が行われた。慰安行事は素人芝居、神楽、相撲、撃剣、活動写真など盛り沢山。なかでも祭典のあと、市街をねり歩く仮装行列は近傍（ママ）近在からも見物客が押しよせ、祭りは最高潮に達する。…… 祭りは仮装行列でおわったわけではない。このあと、飛鳥山グランドで従業員の大運動会が開かれる「彼の広大なグランドも周囲の人の山を築き、驚くばかりの意気がみえた」（大正一〇年六月二三日付北海タイムス）。(江別市総務部編 2005：226-227)

（ア） 王子航空機株式会社江別工場

　上述した 1933（昭和8）年の合併によって、富士製紙江別工場は王子製紙江別工場となり、この合併によって王子製紙は国内に 34 工場を持つことになる。江別工場は、苫小牧工場、樺太の恵須取工場に次ぐ王子製紙で 3 番目の規模となる。しかし、戦時下の 1944（昭和19）年に軍の要請によって、江別工場は王子製紙から独立して新たに王子航空機株式会社江別製作所として発足した。

　江別製作所では、陸軍四式戦闘機「疾風」の木製化・組立てを指示された [8]。当時は、アルミニウムなどの資材が不足したため、機体の一部を木製化することによって問題を回避しようとしたのである。この木製飛行機の製作に、江別町は町をあげて協力をした。江別製作所では 3 機の試作機を製作して試験飛行も行ったが、実用機としては採用されないまま終戦を迎えた。

　終戦時に江別製作所で働いていたのは 4,000 人余りであり、これに協力会社の従業員と家族を加えると 1 万人に達したとされる。1943（昭和18）年度の江別町の人口は 2 万 853 人であることを考えれば、約半数の町民が関わっていたといえる（王子製紙株式会社 2001b：15）。江別製作所と江別町について、下記のような指摘がある。

　　　北海道最初の飛行機製作工場は、こうして僅か二年の短命で終わった。だが、その二年間は江別一円の住民を巻込んだ、壮大な戦争ドラマだった。とりわけ製作にたずさわった人達の心の中には、それは歴史の一コマとして強烈に焼き付いているだろう…。（田中 1992：8-9）

（イ） 戦後の江別工場

　終戦後、王子航空機は、王子製紙からクラフト紙専門工場への転換を提案されて、会社の再建を進める。しかし、軍需工場であったことなどから、GHQ から製紙業への転換を認められず、有志による新会社を設立してクラフト紙の生産を目指した。1947（昭和22）年に、北日本製紙産業株式会社が新たに発足する。同社は 1949（昭和24）年に北日本製紙株式会社に改称する。

　1952（昭和27）年度上期にはクラフト紙の生産量で全国 1 位になるが、

競争の激化などによって次第に業績が悪化していく。経営体質の改善に向けて1960（昭和35）年に王子製紙による資本・経営参加を受ける。1968（昭和43）年に王子製紙と業務提携を締結し、その後、1970（昭和45）年に合併した。北日本製紙は解散して、江別工場は王子製紙江別工場となった。その後、2004（平成16）年に江別工場は王子製紙から王子特殊紙株式会社（現・王子エフテックス株式会社）に移管した。

3. 紋別バイオマス発電株式会社

　紋別バイオマス発電株式会社は、道北地方の紋別市に位置している。雄大な流氷でも有名な紋別市はオホーツク海沿岸のほぼ中央に位置しており、紋別港は重要港湾に指定されている。紋別市の人口は約2万1,000人であり、オホーツク地方では北見市、網走市に次いで3番目に多く、農林水産業が盛んな町である。オホーツク地方は森林資源が豊富であり、また、かつて東洋一と称された鴻之舞金山が存在した。

（1）　紋別バイオマス発電株式会社の木質バイオマス発電[9]
　紋別バイオマス発電株式会社は、2016（平成28）年12月に営業運転を開始した。同社は住友共同電力株式会社と住友林業株式会社の出資によって設立されており[10]、発電規模は5万kWである。紋別バイオマス発電以前に、両社は神奈川県川崎市に川崎バイオマス発電株式会社を設立している[11]。川崎バイオマス発電の発電規模は3万3,000kWであり、2011（平成23）年2月から稼働している。この発電所では、主に建設廃材由来の木質バイオマスを燃料として発電している。

　紋別バイオマス発電は、燃料の収集やチップの生産なども含めて、年間約39億円の経済効果を地域に与えていると試算されている[12]。雇用は発電所で20名のほか、燃料の収集や木質チップの生産などを含めると全体で約60名である。そのうち約7割を地元から採用している。年に2回の定期点検は道内外

から 100 名近い職人を呼び 2 〜 3 週間ほどかけて行い、日常的なメンテナンスは地元の業者に依頼している。

　同社の使用する燃料の熱量割合は、間伐材・未利用木材 60%、PKS 25%、石炭 15%である（2019 年 12 月時点）。当初の計画では間伐材・未利用木材 50%、PKS 20%、石炭 30%であったが、地球温暖化問題への配慮から石炭の使用量を削減した。PKS と石炭を混焼する理由は、未利用木材よりも熱量が高く、品質が安定しているため発電出力の維持や調整がしやすいからである。PKS と石炭は輸入しているため、立地する紋別港を有効に活用しているといえる。

　間伐材・未利用木材は年間約 22 万トン利用しており、主にオホーツク圏内から収集している。同じ紋別港湾地域にオホーツクバイオエナジー株式会社を設立し、そこからチップを製造・供給しているほか、外部の工場からも木質チップを収集している。

　オホーツク地方の面積は 106 万 9,100ha であり、そのうち森林面積は約 76 万 9,000ha で約 6 割を占めている。オホーツク地域の森林面積は、全道森林面積の 14%を占めており、道内の主要な木材生産地となっている（北海道オホーツク総合振興局地域創生部地域政策課 2021）。紋別バイオマス発電では、オホーツク地方の豊富な森林資源を中心に活用している。木質バイオマス発電を行う際に未利用木材などの燃料の収集が問題になることが多いが、同社では問題なく収集できているという。出資企業である住友林業の社有林は全国に 4 万 7,967ha であるが、そのうち北海道には紋別市・稚内市に全体の 4 割弱にあたる 1 万 8,199ha の社有林がある [13]。

（2）　紋別と住友

　紋別バイオマス発電は、すでに述べたとおり、住友林業と住友共同電力の共同出資によって設立されている。紋別地域と住友グループ [14] の関係は北海道の開拓時代にさかのぼることができる。1917（大正 6）年 2 月に住友総本店によって紋別市の鴻之舞金山が買収され、同年 12 月に住友総本店は北海道庁から北見国紋別郡紋別町の国有林野 809 町歩 [15] の払い下げを受けた。

（ア） 鴻之舞金山

鴻之舞金山は1916（大正5）年に発見された[16]。翌年，住友総本店によって買収されて以降，当初は探鉱の不調や物価上昇などの影響から経営は苦しかったものの，1921（大正10）年から黒字経営となり，産出量も増大し大金山へと発展していく。金山の発展とともに周辺に鉱山街が形成され，最盛期の1942（昭和17）年に鴻之舞金山の従業員数は4,552人，人口は1万4,460人となる。製錬所や選鉱所などの鉱山施設以外にも従業員倶楽部や、物品配給所、市場、浴場、鉱山病院、郵便局、小学校、旅館や従業員住宅などが建ち並んで、相当な賑わいをみせていた。その一方で、住友の方針で鴻之舞にはカフェやバーはなく、市街の路上では喫煙もはばかられたという。住友が福利厚生に力を入れていたことについて、例えば紋別市史に下記のような記述がある。

> 小学校に多額の寄付をつづけてその充実を図り、私立青年学校を設け、病院を二倍にして充実し、社宅・合宿所の増築、浴場を設け、社宅、浴場・電灯料を無料とし、配給所の充実と新設、修養・慰安の場として倶楽部や鉱夫集会所の設置、体育の奨励に努め、約四〇〇〇坪（約一万三〇〇〇平方メートル）のグラウンドを設けるほか、鉱夫集会所（約一四〇平方メートル）を屋内スポーツに利用するなど、見るべきものが多い[17]。

戦時下の影響から1943（昭和18）年4月に休山となる。第二次世界大戦後の1948（昭和23）年にGHQより再開の許可がおりて事業を再開する。しかし、金鉱石の品位の低下や金価格の相対的下落、人件費の高騰などによって経営は悪化し、1973（昭和48）年に閉山となった。

現在、鴻之舞は無人となっており、住友金属鉱山株式会社による鉱山廃水の処理が継続して実施されている。1926（大正15）年に官設の駅逓所として建てられた上藻別駅逓所が有志によって復元され、開拓資料や鴻之舞金山資料などが展示されている。上藻別駅逓所は2008（平成20）年に国の登録有形文化財（建造物）になっている。

（イ） 紋別における住友の林業[18]

すでに述べたとおり、住友総本店は紋別の国有林の払い下げを受けたが、

これは鴻之舞金山の坑木などのために周辺に鉱山備林が必要であったからだとされる。当時、すでに北海道の国有未開地と不要林の払い下げ事務の大半が終了していたが、幸運にも北見紋別地方には未処分地が相当残されていた。北見紋別地方では 1911（明治 44）年に発生した大規模な山火事によって大きな被害を受けており、焼け跡はシラカバやヤマナラシなどによる二次林となっていた。その後、住友は紋別の沼の上方面と沙流方面の山林・農地を取得していき、1942（昭和 17）年には累計で 1 万 5,000 町歩を超えた。

　第二次世界大戦後、住友本社林業所は GHQ によって兵庫林業株式会社、東海農林株式会社、扶桑林業株式会社、北海農林株式会社、九州農林株式会社、四国林業株式会社の 6 社に分割された。その後、1948（昭和 23）年、近畿・東海地域の 3 社は経営難から合併を認められ扶桑農林株式会社となる。しかし、経営状況は厳しく、扶桑農林、北海農林、九州農林の 3 社が合併し 1951（昭和 26）年に東邦農林株式会社が発足する。1952（昭和 27）年 4 月の講和条約の発効に伴い、旧財閥の商号禁止に関する政令が失効した。これを契機に住友グループの各社も住友の旧名に復帰するなど、産業界では急速に系列の再編が推進された。1955（昭和 30）年に四国林業株式会社と東邦農業株式会社は合併し、住友林業株式会社となったのである。

　　おわりに

　本章では、北海道で木質バイオマス発電に取り組む王子グリーンエナジー江別株式会社と紋別バイオマス発電株式会社の 2 社を取り上げた。両社の木質バイオマス発電事業を検討したうえで、両社と江別、紋別地域との関係を歴史的な観点から検討した。これらの企業のルーツは開拓時代にさかのぼり、北海道の森林資源などを活用して事業を推進してきた。こうした歴史的背景を備える企業が、現代の北海道で森林資源を活用して木質バイオマス発電を推進していることは興味深い。そこには有形無形の地域とのつながりが形成されてきた歴史があり、その上に今日の事業が存在しているといってよい。

　抄紙会社を設立する際，渋沢は三井組，小野組，島田組に対して，以下のように語り，賛同を得たという。

　　　製紙事業というものは，西洋学問を応用しなければならぬ事業で，目前の利益は少なかろうし又十分な資力も伴わなければならぬ。其の上，勇気と見識とが必要である。故に諸君のような人々が資本を集めて本気になって，国家社会の為に此の事業を起こすようにして貰いたい。(王子製紙株式会社 2001a：30)

　住友で最初に大規模な植林事業を推進したとされる2代目総理事の伊庭貞剛は，別子銅山の煙害や乱伐で荒れ果てた山林を再生すべく，採算を度外視して実施したという[19]。また，3代目総理事の鈴木馬左也は，林業の事業としての可能性だけではなく，国家や社会への貢献を考慮して林業経営に進出したとされる。

　木質バイオマス発電に取り組む2社へのヒアリング調査を通じて，さまざまな問題を克服しながら，現在は順調に発電事業を進めているという話を聞くことができた。木質バイオマス発電は，FIT制度のもとで事業として成立しているが，同時に地球温暖化対策や，地域の森林環境の保全，地域活性化など，地球や地域の持続可能性を高める社会性の高い事業である。今後も継続して事業を推進して，地域における新たな歴史を築いていくことを願う。

注
1)　FIT制度や木質バイオマス発電については，『国際地域研究 Ⅱ』「第3章　北海道における木質バイオマスの可能性と課題」も参照。
2)　小規模事業所をのぞけば，北海道で最も古い工場となる。王子製紙株式会社（2001b）5ページ。
3)　以下については，2019年に実施したヒアリング調査と，王子グリーンエナジー江別提供資料および古俣（2018）などを参照した。
4)　以上，王子グリーンエナジー江別提供資料による。
5)　王子ホールディングス株式会社ホームページ参照。https://www.ojiholdings.co.jp/（2021年9月14日アクセス）。
6)　三井財閥は江戸時代の三井高利を開祖とする戦前の日本で最大の財閥であり，現在の三井グループである。三井財閥は，三菱，住友とともに総合財閥，3大財閥といわれた。

7)　江別と製紙工場の関係については、主に江別市総務部編（2005）を参照した。

8)　全金属製の疾風をキ 84、木製の疾風をキ 106 とよんだ。

9)　以下については、2019 年に実施したヒアリング調査と、紋別バイオマス発電提供資料およ び古俣（2018）などを参照した。

10)　出資比率は住友林業 51%、住友共同電力 49%である。

11)　出資比率は住友共同電力 53.0%、住友林業 34.0%、フルハシ EPO 株式会社 13.0%である。

12)　住友共同電力株式会社ホームページ参照。https://www.sumikyo.co.jp/recruiting/ project/project02.html（2021 年 9 月 21 日アクセス）。

13)　住友林業ホームページ参照。https://sfc.jp/information/company/jigyou/sanrin/ detail.html　（2020 年 9 月 3 日アクセス）。

14)　住友グループは、家祖を住友政友、業祖を曽我理右衛門として江戸時代からの歴史を持 つ。戦前は住友財閥である。

15)　町歩は田畑や山林の面積を測る単位である。1 町歩は 9,917.36 平方メートル（m^2）であ り、約 1ha である。

16)　発見者については諸説があるようである。浅田（1999）7-9 ページ。以下、鴻之舞金山に ついては、主に同書を参照した。

17)　昭和の好況期における取り組みである。紋別市史編さん委員会（1979）806 ページ。

18)　以下については、住友林業株式会社社史編纂委員会（1999ab）を参照した。

19)　別子銅山では銅の製錬に伴って大規模な公害問題が発生した。しかし、別子銅山の問題 への取り組みは、今日から考えても先駆的であり、日本企業による環境経営の草分けといっ てよい。

引用・参考文献

浅田政広（1999）『北海道金鉱山史研究』北海道大学図書刊行会。

江別市総務部編（2005）『新江別市史（本編）』江別市。

王子製紙株式会社（2001a）『王子製紙社史　本編』王子製紙株式会社。

王子製紙株式会社（2001b）『王子製紙社史　合併各社編』王子製紙株式会社。

産業学会編（1995）『戦後日本産業史』東洋経済新報社。

四宮俊之（1997）『近代日本製紙業の競争と協調 ― 王子製紙、富士製紙、樺太工業の成長とカ ルテル活動の変遷』日本経済評論社。

住友林業株式会社社史編纂委員会（1999a）『住友林業社史 上巻』住友林業株式会社。

住友林業株式会社社史編纂委員会（1999b）『住友林業社史 下巻』住友林業株式会社。

田中和夫（1992）『叢書・江別に生きる 4　木製戦闘機キ106』江別市。

古俣寛隆（2018）「北海道における木質バイオマス発電所の実際」『北方林業』Vol.69、No.1、 15-19 ページ。

北海道オホーツク総合振興局地域創生部地域政策課（2021）『オホーツク 2021（管内概要）』オホーツク総合振興局地域創生部地域政策課。
紋別市編さん委員会（1979）『紋別市史　上巻』紋別市役所。

謝辞

　本章の執筆に際して、ヒアリング調査と見学に対応をしていただいた王子グリーンエナジー江別株式会社と紋別バイオマス発電株式会社には、この場を借りて厚く御礼申し上げたい。

┌─ コラム4 日本人らしさってどういうこと？ ─┐

　高画質・高音質でリアルタイム配信されるとあって、一年遅れで開催された今年（2021年）のショパンコンクールに思わず見入った人は多かったのではないだろうか。そういう私もその一人で、視聴しながら、中学生時代のある記憶が甦ってきた。今では笑い話だが、私が歌ったナポリ民謡〈サンタ・ルチア〉がまるで演歌だと酷評されたのだ。せっかく気持ちを込めて歌ったつもりだったのに、ナポリの歌には聞こえず、演歌にしか聞こえなかったらしい。当時はひどく落ち込んだ。

　高校時代の音楽史の授業では、バロック、古典派、ロマン派、近現代といった様式ごとに、その時代の作曲家の生涯や代表曲について順を追って習った。そして、ロマン派の終わりあたりから、クラシック音楽でありながら「民族」とか「国民主義」とか「愛国心」といったキーワードが出てきた。例えば、リムスキー＝コルサコフらロシア5人組などである。チェコやハンガリーの作曲家についても、自国の民謡を採取し、その旋律をモチーフにして作曲したことなど、民族音楽との関連が深いことを習った。そういえば、ロマン派を代表するショパンも、帰りたくても帰ることが叶わなかった祖国ポーランドの民族舞踊に基づいたマズルカやポロネーズといった楽曲をたくさん残している。それやこれやで、クラシック音楽の作曲家たちも、自身の民族的ルーツと無関係に作曲しているわけではないということを理解したわけである。

　日本を代表するピアニストで世界的なコンクールの審査もした中村紘子（1944-2016）は著書『ピアニストという蛮族がいる』（1995年、文藝春秋）で、1990年に行われたチャイコフスキーコンクールの審査員をしたときの、ある上海出身ピアニストのエピソードを残している。その演奏は、まるで京劇の「よく響くカン高いしかし明るく澄んだ愛らしい声でさえずっている」ようで、"中国的に響いた"というのだ。そして「彼女の中に眠る民族の血とでもいうべきなにかが（中略）音楽に共鳴してしまったのではないか」と述べている。

　コンクールに限らずクラシック音楽の演奏では、作曲家の意図を十分に理解した演奏であることを厳しく要求される。"ベートーヴェンの音"とか、"チャイコフスキーらしい表現"でなければならない。そこでは、演奏家自身の民族的アイデンティティを出した表現は求められていない。そして演奏家は日々それが演奏に思わずにじみ出ないように修練する。できるだけ忠実

にショパンならショパンの意図、ショパンの音を再現しようとするのだ。

先の例で中村紘子は、その演奏が妙に魅力的だったと評価しているものの、「コンクールの場における採点の問題はさておき、根本的には単純な良し悪しの判断になじまない種類の演奏」としている。それから30年経た近年のコンクールでは、そうしたことが変わりつつあるのではないかと感じている。もちろん説得力のある魅力的なパフォーマンスになっていることが前提ではあるものの、独特な民族的表現も演奏の魅力として評価されつつあるように思ったのだ。今回のショパンコンクールで3位に入賞し、同時にコンチェルト賞を獲ったスペイン出身のマルティン・ガルシア・ガルシア氏の演奏では"ラテン的な響き"とでもいうべき、リズムの伸びやかさを感ぜずにはいられなかった。それまでに聞き慣れたショパンとは一味違った演奏に魅了された人も多かっただろう。

だからなのか、素晴らしい成績を獲得した日本人演奏家を賞賛しながらも、その一方でどこか物足りなさを感じていたのも本当なのだ。「日本人らしさってどういうことだろう？」という疑問が頭を持ち上げたのだ。ガルシア氏の演奏にはラテンらしさがはっきりと感じられた。でも日本人の演奏家たちの素晴らしい演奏にはそうしたものがほとんど感じられなかった。

何を日本人の民族的音楽的アイデンティティの表れと見るのかについては、正直私も説明に困るのだが、日本の演奏教育では「日本人らしさ」を排除、それも徹底的にしてきた。演歌のように歌ってはいけないのだ。そこには西洋音楽をまるごと受容して、それとはまるで違う日本の音楽から完全に距離をとらなければいけなかった歴史が関係している。その結果が、今回のショパンコンクールのように、日本人が世界の名だたるコンクールで、毎年のように挙げている好成績だ。それをメディアがそうしているように素直に自慢すればよいのだろう。

ところで、現代の若者たちは日々、世界中の音楽に触れている。日本でいえば、K-POPがメディアを賑わせているが、テレビ離れをした若者は、ベトナムやタイなどのアジア圏をはじめとしてYouTubeを通して、本当に多くの、世界中の音楽に触れている。日本に限らず、世界の、自由にインターネットが使える国々では似たような現象だろう。インターネットの世界はまさにボーダーレスだ。そして、作り手であるアーティストは、そういった世界の音楽に影響され、また影響を及ぼしていくのだろう。自身の表現にも、さまざまな民族的表現を取り入れて、融合させていく。こういったことは、当たり前の流れであろう。現に、日本のポップスにはすでにアフリカのリズム

がごく自然に取り込まれているが、こういったことは、今後、さらに加速していくだろう。

こうした時代において、はたしてクラシック音楽界で日本人はどのような表現をしていくのだろうか。日本独特の"民族的な響き"が魅力的な演奏となっていくのだろうか。それとも、ボーダレスのインターネット世界と共に生きている若者たちには、もとからそんなものはなく、いずれ消えていくのだろうか。

一年遅れで開催されたショパンコンクールでは、日本人演奏家たちの素晴らしいショパンを聞くことができた。彼らの演奏はショパンを、ショパンの音楽を深く研究し、真に理解した演奏だった。心から感動することとなったわけだが、一方で、本当に余計なことだと思いつつも、私たちの日本人としての民族性、音楽的アイデンティティがどうなっていくのか、そんな不安もふと感じたわけである。そして、そのうち私の歌う「演歌みたいなサンタルチア」が貴重なものになっていくのではなかろうか……なんて妄想に、思わず失笑した。

（長尾　智絵）

【教育の可能性】

第 **6** 章

「スペキュラティヴ・デザイン」の視点から見た 「日本遺産普及に向けたプロモーションフラグシップ制 作事業」が有する「未来への思索」の可能性について

橋本　忠和

は じ め に

　現在、北海道や東北をはじめ全国では、定期的に開催される芸術祭によっ て地域を活性化させようとする動きが興っている。

　それらの地域においては従前から市民と芸術家、さらに諸団体が相互に連 携して、地域環境を素材としたさまざまなイベント・作品が作り出されてき た。実際に、観光客の増加をもたらして地域経済を活性化させる役割を果たし ている例も少なくない。そうした制作プロセスに参加する市民にとっては、地 域の明日を議論する過程が、地域の課題を発見し、よりよい未来に向けて自分 が「どのような活動・運動を展開していけるか」について「思索」する場になっ てもいると思われる。

　本章では、筆者がアドバイザーとして参画した北海道江差町の「日本遺産普 及に向けたプロモーションフラグシップ制作事業」（以下、「フラグシップ制作 事業」と略記）が、地域住民にとって地域の将来への関わり方を考える「未来 への思索」の場となる可能性について検討していく。そして、フラグシップ制 作における意図・意義が、未来のあり方をデザインする「スペキュラティヴ・ デザイン」にも通じる理念であることを明らかにする。また、フラグシップ制

作の実践過程を分析して不十分だったと思われる取り組みを抽出することにより、今後の政策事業の改善につなげることにしたい。

1. 「フラグシップ制作事業」が意図したもの

（1） フラグシップ制作事業の起点

2017年4月28日、文化庁が2015年度から登録を開始した「日本遺産」に、江差町が申請していた「江差の五月は江戸にもない ― ニシンの繁栄が息づく町 ―」というタイトルのストーリーが認定された。日本遺産認定ストーリーとして、全国では38番目、北海道では最初の登録だった。これを契機に、フラグシップ制作事業が始まった。

> 江差の海岸線に沿った段丘の下側を通っている町並みの表通りに、切妻屋根の建物が建ち並び、暖簾・看板・壁にはその家ごとの屋号が掲げられている。緩やかに海側へ下っている地形にあわせて蔵が階段状に連なり、海と共に生きてきた地域であることがうかがえる。この町並みは、江戸時代から明治時代にかけてのニシン漁とその加工品の交易によって形成されたもので、その様は「江差の五月は江戸にもない」と謳われるほどであった。ニシンによる繁栄は、江戸時代から伝承されている文化とともに、今でもこの地域に色濃く連綿と息づいている。（江差町 2021：2）

文化庁が認定する日本遺産は、地域社会が長年にわたって伝承してきた魅力溢れる有形・無形の文化財群を、地域が主体となって総合的に整備・活用していき、国内のみならず海外へも戦略的に発信していこうというものだ。日本遺産に関するさまざまな取り組みを実施することによって、地域住民のアイデンティティの再確認や地域のブランド化等にも貢献できるし、ひいては地方創生に大いに資するものとなると期待されている（文化庁 2015：1）。

江差町では、日本遺産認定を機に、そのプロモーション（普及）の一環として目玉となるフラグシップの制作に着手した。そのフラグシップ制作の意図は、江差町の有形・無形のさまざまな文化財群を総合的に活用する取り組みを

発信し、地域の独自性やブランド力を磨き、江差町ならではの多彩な価値や魅力を高めていくところにある。同時に、言うまでもなく地域経済の活性化につながる観光振興推進の一翼を担うものであった。

　江差町のフラグシップ制作事業は、照井誉之助（てるい　よのすけ）町長が町内小学生との交流の際、ある児童から「かもめ島に、『こいのぼり』でなく、巨大な『ニシンのぼり』あればいいのに」というアイデアを聞いていたことが端緒となった（函館新聞　2018：14）。こうして、小学生が口にした「巨大な『ニシンのぼり』」は、フラグシップとして具現化することになった。まさに日本遺産に認定されたストーリー、「江差の五月は江戸にもない ― ニシンの繁栄が息づく町 ― 」にふさわしい内容と言えた。

（2）　フラグシップ制作事業の概要

　筆者は、北海道江差町役場追分観光課の依頼で、フラグシップ制作事業には主として助言する立場から、コーディネーターとして参画した。そこで事業の概要（制作プロセスも含む）について、（ア）「企画」、（イ）「掲揚準備」、（ウ）「初回フラグシップ掲揚」、（エ）「2019 年以降のフラグシップ掲揚」に整理して示してみた。

　まず、本事業に関わる各アクター（関係者）とその役割を以下に記す。

【北海道江差町役場追分観光課】＝フラグシップの基本計画立案、制作統括、
　　関連機関との連絡調整、関連イベント推進統括、関連予算立案・執行、
　　関連組織・企業等との交渉、広報。

【江差観光みらい機構】＝フラグシップ制作と関連イベント推進。2019 年よ
　　り本事業の観光面を充実させるため推進統括（広報、イベント等も含め）
　　を町役場から引き継ぐ。

【株式会社サインランド】＝企画。江差町業務委託契約を結び、本事業におけ
　　るニシンのぼり本体のデザインも含め、コンセプト等もまとめた企画書
　　を作成、「手形収集イベント」の企画・実施も担当。

【筆者】＝フラグシップのデザインへの助言、設置場所等への助言、関連イベ
　　ント提案・助言、イベントで行うワークショップ企画・推進担当。

（ア）　企画

① 第 1 回「フラグシップ制作」打ち合わせ（2017 年 7 月 6 日）

フラグシップ制作の意図やこの事業予算 556 万 2,000 円等を確認。筆者より、住民が作成に参画し、ニシンの町という地域住民のアイデンティティを高めるため「腹部分に将来の町へのメッセージを書き込んではどうか」と提案。その後フラグシップ完成時のイベント等について協議した。

② 第 2 回「フラグシップ制作」打ち合わせ（2017 年 10 月 6 日）

10 月より事業委託を受けたサインランドからフラグシップ制作企画案を提示される。テーマ「多くの人と人が繋がるように、結びつくように」に基づく提案を受け、ニシンのぼりのデザイン、大きさ、設置場所を決定。さらに筆者からワークショップ案を提示した。

デザイン

ニシンは、ぬくもり、やさしさ、素朴さ、力強さを醸し出す完全オリジナルの水彩画で描き上げる。札幌の高校書道部に依頼してニシンのぼりの背に文字を書き込んでもらうよう依頼するのが当初の構想だった。（町の遺産のストーリーを広く伝えてくれる彼らの情報発信力に期待）。

のぼりの大きさと設置場所

ニシンの大きさについて、①長さ 25 メートル（m）、幅 5m、口金の直径 1.6m の超巨大ニシンのぼりと②長さ 15m、全幅約 3.5m、口金の直径 1.2m の大のぼりの 2 案。①のメリットは、その大きさのインパクトだが、高さに換算すると高層ビル 8 階建ての大きさにも匹敵し、常時掲揚がなかなか難しく、②は設置場所の選択肢の幅が広がるメリットが見いだされた。当初、①と②の 2 体を同時に制作する案もあったが、町中や遠方からも見え、さらには、かもめ島を映すお天気カメラに映った際にインパクトのある大きさにしたいということで、25m の制作を決定した。

フラグシップ制作に伴うワークショップ

筆者から、ニシンのぼりの「鱗（うろこ）」制作ワークショップ実施を提案。腹部に江差町民の手形を押して、さらに名前およびメッセージを書き込むワークショップである。江差町の将来を担う子どもたち、江差町を支える大人た

ち、歴史を見てきたおじいさんおばあさんに、将来の夢や江差町への想い、感謝などそれぞれの想いを込めたメッセージを自由に書き込んでもらう。

③　ニシンのぼり設置予定地の下見（2017年10月27日）

ニシンのぼり設置予定場所、設置後のイベントの箇所、お天気カメラ設置を確認する下見を実施。当初の設置予定地はかもめ島の中の広場だったが、環境保全のために開陽丸広場の前の駐車スペースにポールの掲揚台をつくることとした。しかし、全長25mのフラグシップの重量に耐える固定の支柱を設置する予算の負担が大きく、また湾岸部に長い固定ポールを立てれば港の作業の邪魔になる可能性もあって廃案となった。

第2案として、かもめ島周遊用の遊歩道にあるアーチ型の橋につける案も出たが、これも強度計算をしたところ風が吹いた時にフラグシップの重さに欄干が耐えきれないことがわかって廃案となった。

④　第3回打ち合わせ（2018年1月18日）

ニシンのぼりの最終構造を確認した。それは図6-1のように口に輪っかをつけ、掲揚した際に口から空気が入り、フラグシップが立体的になる構造と、背中上部3カ所にレザーのハトメがついており、背中を上にしてイベント等で壁面に飾ることができる構造になっていた。背中につける予定の文字は入れ

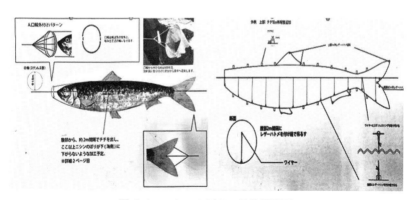

図6-1　ニシンのぼりの最終構造図
出所：「江差町日本遺産プロモーションフラグシップ制作業務、『江差の五月は江戸にもない』フラッグシップ制作企画書、2版（2018年1月）」

ず、代わりに筆者が提案した手形とメッセージを書き込むことを確認した。そしてニシンのぼり本体の完成は 2 月中旬、搬入は 3 月上旬との予定が示され、その時に合わせて、次のような意図で、数色のスタンプインクを用意して鱗のように見せる手形を地域住民が押すことを確認した。

　　　空を泳いでいる時にメッセージは鱗の模様にしかみえないが、そこには確実に
　　江差町を想う気持ちが堂々と描かれており、それを見上げる子どもたちの心には
　　感慨深い何かが刻み込まれる。これこそが、「江差町」の歴史を継承し、またこ
　　の先の「江差町」の発展の原動力になる。(サインランド株式会社　2017：2-3)

（イ）　掲揚準備

①　手形押し・メッセージ収集の開始（2017 年 3 月 6 日）

　教育委員会と連携して、江差北小学校を皮切りに町内の学校園（幼稚園から中学校）で、幼児・児童・生徒の手形とメッセージの収集を開始した。この取り組みは、3 月 8 日付けの函館新聞に「でっかい！　ニシンのぼり」と報道された。

②　巨大ニシンのぼりワークショップ（2017 年 3 月 11 日、江差町文化会館）

　町民に参加を呼びかけ、手形採取とニシンにちなんだ「おもちゃものづくり」を行うワークショップを実施した。児童等のほか、数カ月の乳児を伴った親子連れが参加して、にぎやかに、微笑ましい採取風景が見受けられた。

図 6-2　ニシンのぼり手形採取ワークショップのチラシと活動の様子
提供：江差町追分観光課「巨大ニシンのぼりワークショップチラシ」。写真は筆者撮影

（ウ）「初回フラグシップ掲揚」

① 江差町議会がニシンのぼり掲揚方策を承認（2018年4月23日）

2018年4月23日に江差町議会で日本遺産魅力発信事業を財源に制作した「ニシンのぼり」を町民に披露するための下記の方策が議会に示され、承認された。

・披露の方法……大型クレーンを利用し遊泳させる

・実施する日……5月3日、13日、20日、27日

※3日は午前10時30分から遊泳セレモニーとして掲揚。

・遊泳させる時間……11時30分から13時30分

・実施する場所……江差港南埠頭

・実施判断基準

① 前日判断……明らかに雨天の場合や前日に風速10m／秒の予報がある場合は中止。

② 当日判断……北風は中止。風速5.5m／秒以上は中止（地上風速）。また、クレーン荷重が380キログラム（kg）以上となった場合は下げる。

② 初回掲揚の状況とその後のイベント

残念ながら、5月3日・4日・5日は天候不順で順延となり、初回掲揚は5月13日。当日はイベントも開催され、翌日の函館新聞に報道された。その後、20日・27日に実施された（図6-3）。なお、このとき掲揚されたニシンのぼりは、同年10月27日・28日に札幌市"チ・カ・ホ"（札幌駅前通、地下歩

図6-3　5月の掲揚と「ニシンロケット」ワークショップの様子

筆者撮影

行空間）での日本遺産等のPRイベントでも展示された。

（エ）　2019年以降のフラグシップ掲揚

①　2019年巨大ニシンのぼり掲揚とイベントの打ち合わせ（2019年4月）

フラグシップの活用について、掲揚に合わせて観光PRや物販なども含めたイベントとして実施する必要があるとして、江差町から北海道江差観光みらい機構への業務委託として今後も実施することとなったと報告があった。そして、2019年は5月2日・5日・12日・19日・26日の5日間掲揚を行うこと、また雨天や強風等の悪天の場合は順延せず中止とすることとされた。加えて19日と26日に筆者が中心となってワークショップを開催することとなり、後日、実施場所の検討も含め江差で会合を開くこととなった。

②　ワークショップの内容に関する打ち合わせ（2019年5月）

19日と26日に開陽丸青少年センター前の公園で「ニシンロケット」をつくり、フラグシップを背景に飛ばす活動を行うこととした。同時開催として巨大ニシンのぼりをバックに子どもの写真を撮る「ニシン工作フォトコンテスト」を開催することとなった。さらに、筆者が参加者に、「開催情報をどのように知ったか」「誰と参加したか」「参加した感想」「今後のフラグシップを用いたイベント希望」を尋ねるアンケートを実施することとなった。

③　ニシンロケットワークショップ（2019年5月19・26日）

好天下、2日間で47個のニシンロケットを制作し飛ばすことができた（図6-3）。同時にニシン工作フォトコンテストを実施した。参加者の多くが家族連れで仲良くロケットを制作し、フラグシップを背景に写真を撮影していた。この模様は5月30日NHKの地域ニュースで放映された。

④　2020年のフラグシップ掲揚

新型コロナウイルス感染拡大に伴い、中止となった。

⑤　2021年のフラグシップ掲揚

参観者が密にならぬよう配慮しながら、5月14日（金）・18日（火）・24日（月）と平日にフラグシップ掲揚が実施された。筆者は18日の掲揚を参観した。また、港において江差の海の生き物をチョークで描くイベントを企画しており、そのイベントスペースの場所（60m×10m）を確認した。

2.「スペキュラティヴ・デザイン」の視点から見た「日本遺産普及に向けたプロモーションフラグシップ制作事業」の可能性

（1）　フラグシップ制作の意図や意義を可視化する視点としてのスペキュラティヴ・デザイン

　前節で、その活動の概要を整理したフラグシップ制作事業であるが、どうしても、その事業が「地域経済の活性化や観光振興を推進したのか」という視点の一面で評価されがちである。ただ、地域のアートプロジェクトの研究者である谷口文保は、本事業のように公共政策におけるアートプロジェクトが展開された場合、経済効果にとどまらず、図6-4のように「共創表現」「共生作用」「地域再編」を誘発し、参加者や地域社会にさらなる3つの効果ももたらすとしている。

　谷口は、次のようにその3つの効果を説明している（下線は筆者補足）。

①　領域横断（<u>組織等の枠を越えた</u>）によって生まれた表現は、芸術の機能性を活性化し、新たな創造領域を開拓する。それは、専門性を超えた多様な共働と共振によって創出される共創表現である。
②　作品制作を通して他者を想像することや作業を通して触れ合うことを促進する。そのことによって違いを超えてお互いを認め合う、ゆるやかな結びつきと

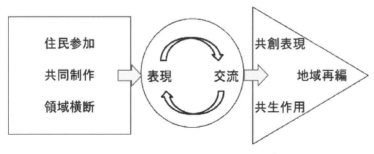

図6-4　芸術創造と公共政策の共創を誘発するアートプロジェクトの仕組み
出所：谷口文保『アートプロジェクトの可能性　芸術創造と公共政策の共創』（2019 年 10月）159 ページの図 6-3 をもとに筆者が作成。

協力が成立していく。それはアートプロジェクトによってもたらされる共生作
用である。

③ 表現と交流の循環によって共創の場を生みだし、地域に新たな出来事や関係
を創出する。地域住民、地域景観、地域文化、地域産業などの地域資源を再構
成することによって成立する。アートプロジェクトがもたらす地域再編は、地
域の潜在的可能性に関しての住民の気づきを促進し、新しい地域ビジョンの創
出につながっていく。(谷口 2019：158-159)

　芸術創造と公共政策の共創による一例と考えられる本フラグシップ制作
は、谷口の指摘する3つの効果を生み出していたと思われる。それは、日本一
巨大な「にしんのぼり」を行政と市民の共創で生み出した点で「共創表現」で
あるし、その制作・展示鑑賞とワークショップの中でゆるやかな結びつきを生
み「共生作用」を展開していた。さらに、伝統産業の「ニシン漁」や「かもめ
島の自然・文化施設」「地域のイベント」等がフラグシップ制作・展示のプロ
セスの中で再編成され、それにより身近な5月のかもめ島の風景が変容し、新
しい出会いや交流が生まれることにつながっていた。特に注目すべきは、谷口
も指摘していたが、その胴体に手形と共に「いつまでも残って江差町」や「ニ
シンがたくさんとれますように」という「未来への町の願い」が書き込まれ、
地域の潜在化可能性に気づいたり、地域ビジョンを考えたりする場になってい
たことと思われる。

　本節では、フラグシップ制作が、そのねらいである地域の観光等に関わる
経済効果や知名度の向上と共に、参加した市民等にとって地域のよりよい「未
来＝ビジョン」を思索し、交流する場となっていたかどうかを、その取り組み
の意図や意義を可視化することで明らかにする。その手立てとして着目したの
が下記のような効果を提起する「スペキュラティヴ・デザイン」である。

　　スペキュラティヴ・デザインは、想像力を駆使して「厄介な問題」に対する新
　しい見方を切り開く。従来と違うあり方について話し合ったり検討したりする場
　を生みだし、人々が自由自在に想像を巡らせられるよう刺激する。(ダン＆レイ
　ビー　2015：27)

　この効果にある「新しい見方を切り開く」は、谷口の指摘したアートプロ

ジェクトの「地域再編」の効果に通じ、さらに「話し合ったり検討したりする場を生みだし」は「共生作用」に通じると考えられる。そこで、本節では、人々の想像力を刺激し、問題の新しい見方を切り開き、「望ましい未来」のデザインを志向する「スペキュラティヴ・デザイン」と通じるフラグシップ制作の意図や活動内容を抽出し、市民・参加者にとっての「未来への思索」の場としての可能性を探る。

（2）　スペキュラティヴ・デザインとは

　スペキュラティヴ・デザインについて最初に提案したロンドンのロイヤル・カレッジ・オブ・アート出身のアンソニー・ダンとフィオナ・レイビーは、著書『スペキュラティヴ・デザイン』において、このデザインの特徴を下記のように述べている。

> 　デザインと聞くとほとんどの人は、問題解決のためのデザインを思いうかべる。より表現性の高いデザインでさえ、その目的は審美的な問題解決と思われている。（略）デザインには別の可能性がある。デザインを、物事を思索「speculate」するために用いるのだ。これが、スペキュラティヴ・デザインである。（ダン＆レイビー　2015：27）

　コピーライター・建築家として活躍し、ダンらのデザインに対する考え方に着目している各務太郎は、デザインは想像力を駆使して、身の回りにある多様で難しい問題をただ単に解決するだけでなく、「物事は、こうなっていたかもしれない」と思索するための手段になるという（各務　2018：103）。

　そして、各務は、ダンとレイビーが示した「PPPP図」（図6-5）を「Future Cone（未来の三角形）」と呼び、その図は無意識的に、未来は1本のレールと思い込んでいて、その上を受動的に流されていきがちである私たちに、未来は一本道ではなく、「ほぼ確実に起こる未来」から「理論上起こりうる未来」[1]まで、時間軸の近い方から幅のあるスペクトラムになっていることを気づかせるもの、と評価している（各務　2015：105）。

　なお、ダンとレイビーは、その未来のうち「望ましい未来」とデザインの関

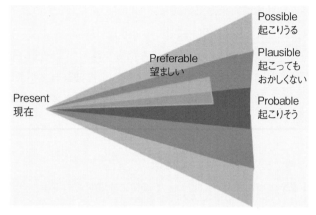

図 6-5 PPPP

出所：ダンとレイビーの「PPPP 図」（ダン＆レイビー 2015：31）を参照に筆者が作図

係に着目し、それを手助けするスペキュラティヴ・デザインに下記のような可能性を見いだしている。

> 未来予測は不可能だが、より望ましい未来が実現する確率を高めるような芽を、今のうちに植えておくことができる。同時にそれは望ましくない未来へと成長しそうな芽を早めに見つけ出し、その芽を摘んだり、少なくとも成長を抑えたりすることにつながる。（ダン＆レイビー 2015：32）

（3） スペキュラティヴ・デザインから見たフラグシップ制作の意図と意義

「望ましい未来が実現する確率を高めるような芽を植え」、「望ましくない未来へと成長しそうな芽を早めに摘む」という思索と取り組みを参加者に促すスペキュラティヴ・デザインの特徴と、江差町のフラグシップ制作事業とを比べてみた。すると、フラグシップ制作は、小学生が町長との対話で口にした、町の伝統的な「ニシン」というブランドを活用した「未来への発想」が、「望ましい未来が実現する確率を高める芽」に位置づけられると思われる。

続いて、幼児から大人まで広く巻き込んで「地域の独自性やブランド力を磨き、江差町ならではの多彩な価値や魅力を高めていく」というコンセプトでフラグシップ制作やワークショップを実践したことは、ダンとレイビーが、「望

ましい未来について全員で話し合うきっかけとなる」(ダン&レイビー　2015：32)ことをそのデザインで重視したように、参加者が自分の立場で江差の未来を話し合い、思索する場を創出していたと考えられる。

　例えば、図6-6の手形採取ワークショップでは、「江差の海がニシンだらけになりますように」や「花屋さんになりたい」等のメッセージを書き込みながら、その想いを語り合っていた。

　また、胴体には幼児から大人まで一人ひとりの手形と共に「将来の夢」が書き込まれ、そこには「大工さん、スポーツ選手、保母さんになりたい」という将来の夢と共に、「ニシンが江差の海にもどってきて！」という江戸の賑わいの礎だったニシンという生き物と地域の再生の願いも見受けられた。

　そして、住民が巨大なニシンの胴体に「未来への願い」を書き込むことは、各務(2018：107)が「デザインは、未来は『どうなるか』という受動的姿勢で向き合うものではなく、『どうしたいか』という能動的な個人の願望に基づいて提示されるべきである」と述べているように、市民の「将来どうしたいか」という個人の能動的な意志を提示する機会になっていたとともに、自らのアイデンティティ＝存在意義を再確認する場にもなっていたと思われる。

　さらに、2019年5月に実施したフラグシップ掲揚下のワークショップのアンケート(回答数16)には、「空を泳ぐ巨大ニシンのぼり」にかける声として、「がんばれー」(6人)、「風にのり元気に泳げ」(4人)が記されていた。そこには、少数の地域住民の声とはいえ、5月の町の空に泳ぐフラグシップを町

図6-6　ニシンのぼり手形採取ワークショップの様子と採取した手形・言葉
筆者撮影

のために「成長しそうな芽」として捉え、それを羽ばたかせようとする願いが読み取れる。

このように、巨大なニシンのぼりというフラグシップを、住民が日常的に見慣れているかもめ島の風景の一部として出現させることは、ダンとレイビーが「その想像物を日常的な状況の中に置き、共同でさらなる思索を凝らすための土台を与える」（ダン＆レイビー　2015：32）というスペキュラティヴ・デザインの持つ特徴と通じる意義が見いだせた。また、フラグシップ制作の意図にあった未来の「江差の地域振興」を思索する場を住民はじめ、制作やワークショップ・イベントの参加者に提供していたと考えられる。

3. さらなる「未来への思索」への誘いを生むプロジェクトデザインとは

フラグシップ制作のプロジェクトデザインとその実践が、今後、望ましい「未来のシナリオ」を提示し、「どうしたいか」という個人や共同の思索を促す取り組みになるためにはどうすればよいのか。「未来への思索」への誘いを生むようになるには、どのようなプロジェクトデザインを描けばよいか考察する必要がある。

そこで、本章が着目したのが、ドナルド・ショーンが著書『専門家の知恵』で下記のように説明している「行為の中の省察」である。

> 個人が扱おうとする現象は、当惑したり厄介だったり興味深いものだったりする。その人が現象を理解しようとするときには、行為の中で暗黙になっていたものへの理解を明るみにし、批判し再構造化し、引き続く行為の中で具体化する理解もまた省察することになる。不確実性、不安定性、独自性、そして価値の葛藤という状況で実践者が対処する技法の中心を成すものは「行為の中の省察」という過程全体である。（ショーン　2001：78）

暗黙なものを理解し批判し再構造化し、省察するという「行為の中の省察」

に通じるように、フラグシップ制作でも、専門家と町民・観光客等が「どうすれば日本遺産として江差の素晴らしさを再確認し発信できるのか」と、フラグシップ制作（行為）の中で「江差の活性化」に関する省察を行っていたと思われる。

　また、彼が「直感的な行為が驚きや喜び、希望や思いがけないことへと導く時、私たちは行為の中の省察によってそれに応える」（ショーン　2001：91）と述べているように、児童の直感的な思いつきから展開した行為であるフラグシップ制作では、その巨大さや手描きのデザイン等が驚きや喜び・希望を参加者にもたらし、「省察」の起点になっていたと考えられる。

　さらに、コロナ禍で観光客が減少する中での観光の活性化という厳しい課題解決に関しても、ショーンが「行為の中の省察」において下記のように対処不可能と気づいたとき、新たなやり方を構成するとするように、本プロジェクトで、江差の未来を思索し、省察しながら行動した経験が、観光客を増加させるための新たな手立てを生み出す際に役立つと思われる。

　　対処可能な問題へと容易に起きかけることができない問題状況に自分が陥っていることに気づいた時、実践者は問題を特定する新たなやり方、つまり新たな（フレーム：筆者注）を構成する。（ショーン　2001：108）

　そこで、本節では、フラグシップ制作の活動プロセスをショーンの「行為の中の省察」視点で振り返ることで、どのような点がすでにその省察ができており、どの点ができていないのかを明らかにし、今後のプロジェクトデザインの方向性を探っていく。

　まず、表6-1は、ドナルド・ショーンを研究する木村優がショーンの「行為の中の省察」モデルである専門職[2]の特徴を一覧にまとめたものである。なお、表6-1では、「行為の中の省察」モデルの実践理論一覧のうち、フラグシップ制作で「未来への思索」を促していたと思われる箇所を色付けし、できていない箇所を無地で表現している。

表6-1　「行為の中の省察」モデルの専門職の実践理論の一覧

行為の特質	妥当な情報提示	自由で通知的な選択を提案する	クライアントの選択に専念する	
行為のストラテジー	クライアント中心の環境デザイン	クライアントと協働して課題に取り組む	互恵的成長志向	互恵的な擁護
行為世界への結果	非防衛的（協働者・ファシリテーター）	開かれた関係	学習志向	
学習の結果	検証可能なプロセス	ダブル・ループラーニング	公的な理論検証	
効果	長期的な効果が増す			

出所：木村優の「ドナルド・ショーン『行為の中の省察』モデルの専門職の実践理論」一覧（木村　2015：192）をもとに筆者作成。

（1）　フラグシップ制作で「行為の中の省察」が実践できていた取り組み

　ここでは、表6-1を参照にモデルの各実践理論に「フラグシップ制作」の意図や取り組みが該当するかを整理したうえで、「省察＝未来の思索」を促す要素として機能しているところと、していないところを抽出する（「　　」はモデルの観点）。

　○「自由で通知的な選択を提案する」

　　フラグシップ制作への参加に関しては、その意図を関係方面や町民に説明したり、告知したりして、参加するかどうかは、個人に委ねられていた。

　○「クライアントの選択に専念する」

　　クライアントは江差町とその住民であり、その制作は、江差町日本遺産プロモーションのコンセプトにあり、その意図に沿って制作された。ゆえにフラグシップ制作は、住民が主体となって江差のさまざまな文化財群を整備・活用し、国内と海外へ戦略的に発信して手立てを省察するよい機会になっていた。

　○「クライアントと協働して課題に取り組む、開かれた関係、学習志向、互恵的成長志向」

　　制作プロセスのワークショップに多くの町民が関与できるようにして

あり、観光課・みらい機構も町民の意見の反映を意識して、企画の立案を行っていた。そして、完成後のワークショップの参加は町民以外にも開かれていた。こうして、巨大ニシン制作に関わる造形をすることで、「ニシンがたくさんとれますように」という児童の手形の言葉が示すとおり、江差の未来を考える学びの場が形成されていた。

〇「非防衛的（協働者・ファシリテーター）、互恵的な擁護」

　企画の当初、推進母体は、町の観光課やみらい機構、委託企業であったが、制作プロセスにおいては、教員・ボランティアが互恵的に支え合う、ファシリテーターの役割を果たしていた。

以上のように、表6-1のモデルの観点から見ると、市民というクライアントのプロジェクトへの参加に留意した丁寧な情報提供による、町と市民が協働で取り組むフラグシップの制作は、手形や将来の願いを描くというワークショップ等を通して、町の「未来を思索」する機会になっていたと思われる。

（2）　フラグシップ制作で「行為の中の省察」の実践が不十分と思われる取り
　　　組み

〇「妥当な情報提示」

　図6-1の日本遺産認定のパンフレット等でフラグシップ制作の内容・プロセスに関する住民への情報が提示されていた。また、イベントの住民参加については、防災無線などでの広報、道の駅などにポスター掲示など、多様な告知方法が実施されていた。ただ、2019年の5月のニシンロケットのワークショップに参加した16人（1〜5歳：5人、6〜10歳：7人、30歳以上：4人）へのアンケートからは、そのうち15人がパンフレットによるイベント認知で、個人間SNSが1人だった。機構のホームページ等の情報発信の充実により住民以外のイベント参加率を高める必要が見いだせた。

〇「クライアント中心の環境デザイン」

　当初は児童の意思を反映して、かもめ島の中に設置予定だったが、環境保護の観点で場所・方法が変更された。町民がスケジュール等の都合で設置に関する検討に参加することは難しく、企画段階等で多くの市民意見を反映

するための手立てについて課題が残った。

○「検証可能なプロセス、ダブル・ループラーニング[3]、公的な理論検証」

　筆者が、自身のワークショップでアンケートを実施したり、観光課等にも掲揚に関する市民の意見が寄せられたりしているようだが、このプロジェクトはまだ、推進中である。したがって、このコンセプトや制作プロセスに関する検証として、住民やイベント参加者等を対象とした調査を今後も継続的に実施する必要がある。

　このフラグシップ制作が、住民が「未来を思索」することが「行為の中の省察」としてできる場になるためには、そのプロジェクトデザインが企画案の作成・修正・広報に市民が参画できる運営環境のデザインになっていたかどうか等を検証する必要があると思われる。

　そうすることで、一部の専門家（行政やデザイン事務所）が自身の専門領域の中でフラグシップ制作を回帰しているのではなく、市民や観光客が中心となって江差の「未来を思索」しながら、日本遺産のプロモーションとして巨大ニシンのぼりを生かす方法を考えていく「ダブル・ループラーニング」の学習構造を、そのプロセスの中に設定する必要があると思われる。

　さらに木村（2015：190）は、「教師は問題状況に主体的に関与して子どもとの関係づくりに努め、子どもと共に問題を分析し、その解決策を選択し判断する人になる」と「行為の中の省察」の教育を教師に求めている。したがって、このフラグシップ制作も、その「未来への思索」のプロセス等を地域学習の教材とし、子どもたちや市民が江差の未来を考える地域学習等に活用するとよいと考えられる。

　できれば、5月のかもめ島の空に泳ぐ巨大ニシンのぼりの下で、地域の明日を語る子どもたちの学び合い＝「未来への思索」がもたれることを願っている。

注

1）「起こりそうな［probable］な未来」とは、世の中の大半のデザインの方法論、プロセス、ツール、慣行、さらに教育までもがこの領域を念頭に創られている。続いて「起こってもおかしくない［plausible］未来」について考える目的とは、未来を予言することではなく、組織がさまざまな未来に対して備え、その中で繁栄が続けられるように今とは違う経済や政治

の未来を思い描くこととされる。そして「起こりうる［possible］未来」とは、現在の世界と想定上の世界を結びつけることをさす。最後に［望ましい［preferable］未来］とは「起こりそうな未来」と「起こってもおかしくない」ことが交わる部分にある。（略）もっと社会に有益な核の未来を作れると仮定するならば、デザインは人々が消費者市民としてより積極的に未来づくりに参加する手助けができないだろうか？（ダン&レイビー　2015：29-31）。

2）　このモデルの専門職はクライアントのいる場面の問題状況に心する。そのためクライアントに問題状況の妥当な情報を示しつつ、そこでの問題解決策をいくつか示してクライアントを尊重し、クライアントが中心となる環境をデザインし協働で問題解決に取り組む。その結果、専門職はクライアントにとって協働者やファシリテーターとなり、両者は互恵的な成長志向をもった「開かれた関係」を構築することになる。また、専門職の学習は自身の専門領域と実践の場での「行為の中の省察」により生成した新たな知とを往還して進められ、その知は公的に理論検証され、実践の効果は長期的に増していく（木村　2015：191-192）。

3）　既存の枠組みや前提そのものに疑いの目を向け、新しい考え方や行動の枠組みを取り込む学習プロセス。

引用・参考文献

各務太郎（2018）『DESIGN THE FUTURE　デザイン思考の先を行くもの　―ハーバード・デザインスクールが教える最先端の事業創造メソッド』クロスメディア・パブリッシング。

木村優（2015）「ドナルド・ショーン」上条晴夫編著『教師教育―いま、考えるべき教師の成長とは』さくら社、188-193ページ。

サインランド株式会社（2017）「江差町日本遺産プロモーションフラグシップ制作業務『江差の五月は江戸にもない』フラグシップ制作企画書　初版」。

サインランド株式会社（2017）「江差町日本遺産プロモーションフラグシップ制作業務『江差の五月は江戸にもない』フラグシップ制作企画書　第2版」。

山口文保（2019）『アートプロジェクトの可能性：芸術創造と公共政策の共創』九州大学出版会。

Dunne, A. and Raby, F.［ダン&レイビー］（2013）*Speculative Everything: Design, Fiction, and Social Dreaming*, The MIT Press.（久保田晃弘監修、千葉敏生訳（2015）『スペキュラティヴ・デザイン　問題解決から、問題提起へ。―未来を思索するためにデザインができること』ビー・エヌ・エヌ新社）

Schön, D. A.［ショーン］（1984）*The Reflective Practitioner: How Professionals Think In Action*, Basic Books.（佐藤学・秋田喜代美訳（2001）『専門家の知恵―反省的実践家は行為しながら考える』ゆみる出版）

Webサイト

江差町（2021）、「日本遺産パンフレット：日本遺産のまち　北海道江差町観光情報ポータルサイト」、https://esashi.town/pamphlet/page.php?id=151/、2021年8月20日アクセス。

文化庁（2015）「日本遺産（Japan Heritage）」事業について、https://www.bunka.go.jp/seisaku/bunkazai/nihon_isan/pdf/nihon_isan_gaiyo.pdf/、2021年8月3日アクセス。

【教育の可能性】

第7章

特別な教育的ニーズのある子どもを対象とした学習支援活動

細谷　一博・五十嵐　靖夫・北村　博幸

は じ め に

　2007年4月より、我が国は「特別支援教育」へと大きな制度の転換を図った。その背景には、これまで特殊教育の対象としてきた、いわゆる障害のある幼児児童生徒への支援に加えて、特別な教育的ニーズのある子どもに対する支援の必要性が述べられた。そもそも、「特別な教育的ニーズ」とは、1978年イギリスのウォーノック報告において「障害のカテゴリーをこえる特別な教育的ニーズ」という概念が出された。その後、1994年にユネスコとスペイン政府によって組織された会議において、サラマンカ宣言が採択され、「広く特別な教育的ニーズの教育的施策を進める特別ニーズ教育の理念・原則」を世界各国に求めることとなった。そのため、特別な教育的ニーズのある子どもたちへの支援の充実が国際的に喫緊の課題である。

　我が国においても幼稚園や小学校、中学校、高等学校など、通常の学級に在籍している幼児児童生徒の中には、学習面や行動面などで困難を抱えている子どもが少なからず在籍しており、その割合は約6.5パーセント（％）であることが報告されている（文部科学省 2012）。このような子どもたちに対して、北海道教育大学函館校の特別支援教育を担当している教員3名は教育相談を実

施しており、その結果、個別の指導を希望した場合に、大学の授業の一環として臨床指導を行っている。

　函館校では、国際的な流れや地域の教育課題を踏まえて、児童生徒の特別な教育的ニーズに応えるべく、大学における臨床指導を重要視してきた。本章では、3 人の教員による特別な教育的ニーズのある幼児児童生徒を対象とした臨床事例のうち 4 例を取り上げる。

1.　支援事例 1：対人関係や集団参加に困難の見られる幼児を対象とした他者と協同するための小集団指導の実践

（1）　問題と目的

　発達障害者支援法の施行に伴い、障害のある子ども（中でも発達障害）に対する早期からの支援の必要性が指摘されている。しかし、幼稚園や保育園・認定こども園など、保育の場においては、診断を受けていないが気になる幼児が多く在園しており、早期からの適切な支援を受けていない幼児が多くみられる。このような幼児の行動上の問題として、対人関係の形成や集団活動への参加に困難が見られる事例が多く報告されている（細谷　2014）。このような子どもたちに対して、子ども同士が比較的容易に関わることができ、さらには協同的な学習の機会を意図的・計画的に設定することができる小集団活動を活用する方法を挙げることができる。「早期幼児支援教室（細谷ら、2012）」を週 1回実施しており、その中で小集団活動を実施し、他者と意図的に関わる課題場面を設定した。小集団活動の意義について、大庭ら（2012）は人間社会の枠組みの中で、特別なニーズのある子どもの学習を支援していくための「他者」と「事物」を意図的、計画的に組織できる点にあると指摘している。さらに、他者と関わる技法として、協同学習の視点が重要であると考えた。Johnson, Johnson, & Holubec（2002）は、協同とは、共有された目標を達成するために一緒に取り組むことであるとしたうえで、最も大切な構成要素として、「互恵的な協力関係（肯定的相互依存）」を挙げている。また、吉利（2004）は、

協同学習の経験を通して子ども間の積極的な関係が築かれ、友好的な対人関係が促進されることを指摘している。

　そこで本節では、小集団活動における他者と意図的に関わる課題場面を設定した取り組みについて紹介する。

（2）早期幼児支援教室の概要

　早期幼児支援教室は、2010 年 1 月から細谷研究室と北海道教育大学附属特別支援学校の共同事業として開設した教室（早期幼児支援教室：きりのめキッズくらぶ）である。現在は大学の授業（障害児地域支援臨床Ⅰ、Ⅱ）に位置づいており、毎週 1 回の臨床指導を実施している。

　本教室に参加している児童は、函館市内の A 幼稚園に在籍している園児の中で、医学的診断を受けていないが保護者や保育教諭からみて、言葉や発達、対人関係の形成が気になる園児や自閉症、ASD（自閉スペクトラム症）等の児童などが参加してきている。

　早期幼児支援教室の具体的な流れを表 7-1 に示す。集団指導および個別指導は、保護者からの聞き取りをもとに、子どもの行動観察と各種発達検査（新版 S-M 社会生活能力検査、TK 式幼児発達検査、CHEDY 等）から主訴（子どもの困り感や学習上・生活上の困難など）を把握し、目標を立てて指導を行っている。

表 7-1　早期幼児支援教室の流れ

時間	活動内容
	児童・保護者が来学／自由遊び
15：00	お片付け
15：05	みんなの会（集団指導）
	・挨拶
	・出席の確認（呼名に対する返事）
	・お天気の確認
	・今日の遊び
	・挨拶
15：25	個別のお勉強（個別指導）
15：55	帰宅

（3）課題事例

　2021 年度前期の取り組みとして表 7-2 に示す全 11 回の課題場面を設定した。早期幼児支援教室では、2021 年度は最大で 6 名の幼児が参加しており、毎回、2〜3 名のグループを編成し、意図的に他者と関わる活動を設定している。すべての活動の目的を「MT（Main Teacher）の指示や ST（Sub Teacher）の声がけによって、友達と協力しながら、活動に参加することができる」ことを基本とした。

表 7-2　実施した課題名

実施回	課題名
1 回目	協力パズル
2 回目	こいのぼりを作ろう
3 回目	フラフープくぐり
4 回目	動物当てゲーム（動物顔パズル）
5 回目	動物園を作ろう
6 回目	悪者を倒せ！ 玉入れゲーム
7 回目	誰と運ぶ？ ボール運びゲーム
8 回目	ネコさんにご飯を届けよう
9 回目	織姫と彦星を助けよう
10 回目	お魚を釣ってネコさんにご飯を届けよう
11 回目	フラフープ渡りリレー

（ア）〈事例 1〉　課題名：「悪者を倒せ！ 玉入れゲーム」

①　目的

　本課題は、対面している他者の存在を意識し、協力をしてボールを落とさずにゴールまで運ぶことができることを目的とした。

②　方法

　対象児は年長児 3 名、年中児 1 名の合計 4 名を対象とした。参加している児童はすべて対人関係の形成または、集団活動への参加に対する支援の必要性が指摘されていた。

　具体的な方法として、「①子どもが 2 色に塗られている棒を引き、自分と同じ色の友だちとペアになる」「②子どもを 2 組（赤・青）に分けてグループを

作る」「③スタート地点で棒の両端を持ち、支援者が棒の中心にボールを置く」「④ゴール地点に設置してあるバイキンマンの袋まで、ボールを落とさないように互いに協力をしながらボールを運ぶ」「⑤ゴール地点に設置してあるバイキンマンの袋にボールを入れる」の流れで実施した。

③　結果と考察

本活動における子どもの動作としては、棒を持ってボールを落とさずゴールまで運ぶといった、幼児でも比較的理解がしやすく、大きな運動を要しないため、活動に対する参加しやすい様子が見られた。そのため、相手の手や足の動きに合わせて自分の動きを調整する様子が見られた。また、本課題を実施する際に、クッション性の棒とゴムボールを採用したため、危険度も低く、他者を意識するための道具として有効に機能した。

その一方、ボールをゴールまで運ぶことが主たる目的になってしまい、STは他者を意識するための声がけなどの支援を行ったが、相手を意識する表出は見られなかった。

これらの結果から、他者を意識させるための活動内容と支援の実際を組み合わせて検討することが必要であると考えられた。参加した児童の発達段階を考えると、活動に夢中になるため、本活動のねらいとしている「他者の存在を意識する」ことの難しさはあるが、「友だちと協力して」のイメージをどのように具現化するのかについては、今後の検討課題である。

図7-1　「悪者を倒せ！　玉入れゲーム」の様子

（イ）〈事例 2〉課題名：「動物園を作ろう」

① 目的

本課題は、動物園を完成させるために友達に質問をしたり、ヒントを出し、それに対して答えたりすることができることを目的とした。

② 方法

対象児童は年長児 3 名である。参加した児童は、対人関係の形成に対する支援の必要性が指摘されていた。

具体的な方法として、「①意図的に 2 人組を作り、机を挟んで向かい合うように着席」「②1 人に動物カード、もう 1 人にはヒントカードを配布」「③ヒントカードを見て、相手に質問し、聞かれた子どもはその質問に答える」「④正解したら自分の動物を相手に渡す」の流れで実施した。これをお互いに実施し、正解した動物を正面にあるホワイトボードに貼る。具体的には、以下のような流れである。

・「A：色は何色ですか？」　→　「B：ピンクです」
・「A：鳴き声は何ですか？」　→　「B：ブーブーと鳴きます」
・「A：ブタですか？」　→　「B：正解です」

③ 結果と考察

最初に ST による見本を見せて実施したが、動物カードを見るとすぐに答えを声に出して言ってしまう様子が見られた。そのため、子ども同士の関わりが、「ヒントを聞く人」「答える人」と言った単調な関係になってしまい、子ども同士が十分に関わる様子は見られなかった。そこで、カードを配られても「動物の名前は言ったらダメ」と教示するのではなく、「動物の名前は内緒にしてね」といった、活動のルールに必然性をもたせることが必要であった。さらに、自分に与えられた役割の理解が難しい様子も見られ、「動物を答える人」「ヒントを出す人」など、役割の視覚化が必要であった。また、ヒントカードはひらがなで書かれていたが、ひらがなの読めない子どもが存在した。そのため、ヒントカードは個々の実態に合わせた作成が必要であった。

その一方、ヒントに対する答えを聞いた際に、ST と一緒に「何だろう」と

考える様子も見られ、ST はヒントを復唱し、子どもが考えやすいように支援を行った。さらに、相手に対してどのように質問をすればよいのかについて、見本を示すなどの支援も行った。

　以上のような支援を行うことにより、当初は他者に対してどのように質問をするのか、質問をされたらどのように答えるのかについて不安であった子どもたちが、ST の支援を受けなくても他者と物のやり取りや、他者の存在を意識することができるようになってきた。そして、一連の流れを学習することで、活動に対して意欲的に取り組む姿が見られ、この学習経験が子ども同士の相互交渉の契機となったと考えられる。

図 7-2　動物園を作ろう

2. 支援事例 2：英単語習得を苦手とする LD が疑われる中学生に対する個別指導の実践

（1）問題と目的

　第1回中学英語に関する基本調査（ベネッセ総合研究所　2009）において、生徒調査では中学生の多くが英語を読み書きすることに難しさを感じており、教員調査では英単語を覚えることが難しいために英語の学習につまずいている生徒がいることがわかった。一般的に英単語を覚える方法について村上ら

（2010）は、何度も書いて覚える、それでも覚えられなかったら無理やり音をつけて覚える、ローマ字読みで覚えるが何度も書いているうちに何も考えなくても書けるようになるなどの方法を挙げている。ほかにも多くの方法があるが、多くの感覚を使って英単語を覚えるマルチセンソリーメソッドという方法がある。マルチセンソリーメソッドとは、池田（2014）によると視覚・聴覚・運動感覚・触感覚等の感覚を複数同時に用いた指導法であり、文字の読み書きへの指導にも効果があると考えられる。しかし、マルチセンソリーメソッドでは英単語の読みと書きを一致させて理解するのには効果的であるが、読み・書きと意味を結び付けることへの効果は期待できない。英単語の意味を理解することに関して松家・山中（2016）は、タスク活動を取り入れた英単語学習を行った。松家・山中（2016）のタスク活動は、ペアで単語の問題を出し合うというものであるが、英単語の意味を理解することに有効であったと述べている。

　そこで本節では、英単語習得を苦手とする中学生を対象に、マルチセンソリーメソッドによる指導とタスク活動による指導を組み合わせ、英単語の書き・意味・読みを合わせて理解するための指導について紹介する。

（2）　方　法

（ア）　対象児

　A市内中学校通常学級に在籍する3年生B児。小学6年生の時にアスペルガー症候群の診断を受けており、中学1年生の時にLDの疑いがあると診断されている。

（イ）　対象児の実態

　英語に関してB児は「苦手であり授業についていけない、英単語を覚えるのが苦手である」と話している。認知特性と習得度を把握するために実施したKABC-Ⅱの結果から、認知総合尺度は82で平均より低い範囲であり、習得総合尺度は97で平均の範囲であった。下位検査「語の学習」の評価点が4、「語の学習遅延」の評価点が2であることから、対連合学習が苦手であり、対連合を保持する能力が弱いと考えられる。しかし「手の動作」は、継次尺度の

下位検査の中で最も高い評価点12であったことから、視覚−運動経路を活用する短期記憶は、やや強いと考えられる。

（ウ） 指導の手続き

指導は、C大学において201X年8月から201X＋1年1月まで週1回、20分程度行う。

① 指導前テスト

指導前テストとして、書きテスト、意味テスト、読みテストを行い、これらのテストのいずれか1つでも誤答であった単語を50単語程度選定する。対象児が使用する教科書（NEW HORIZON English Course、東京書籍）の単語総数1,376単語の品詞の割合を分析した結果、1,376単語中、名詞は約59％、動詞は約22％、形容詞は約19％であった。この割合から、1回の指導前テストで出題する単語の数を、名詞6割、動詞2割、形容詞2割とすることにした。また、出題する単語を書記素によって分類したところ、5書記素以下の単語が約53％、6書記素以上の単語が約47％であったことから、5書記素以下の単語と6書記素以上の単語を分けて出題することとした。

② 指導

指導は、選定された英単語を対象にマルチセンソリーメソッドとタスク活動を組み合わせて行う。1回の指導は5単語以内とし、①マルチセンソリーメソッド、②直後再生、③タスク活動、④指導後テストの順で行う。

マルチセンソリーメソッドの指導として、英単語を読みながら砂に書くという活動を行う。この活動は、砂を触る「触感覚」、指を動かす「運動感覚」、書いたものを目にする「視覚」、自分で書いた単語を読んで聞く「聴覚」の4つの感覚を活用する。砂は触った感触が良い熱帯魚の飼育用の白砂を使用し、横63cm、縦30cm、高さ10.5cmの箱に、厚さ1cmになるように約3リットル入れてB児の前に提示する。B児は、英単語が書かれている単語カードを見て、読みをつぶやきながら砂の上に単語を書き、その後に砂をならす活動を3回繰り返す。さらに、目をつぶって読みをつぶやきながら砂の上に単語を書く活動を3回繰り返す。B児が砂に書いた単語が誤っている場合は、筆者が声をかけ、もう一度正しい単語を砂の上に書くこととする。マルチセンソリーメ

ソッドの指導後、iPad の黒板アプリを利用し、画面上に直接指で単語を書いて、直後に再生を行う。

　マルチセンソリーメソッドの指導後、指導した単語を対象としたタスク活動を行う。松家・山中（2016）の指導をもとに、B 児と指導者がペアになり、英単語の問題を出し合う。問題の内容としては英単語の意味を聞くものや意味を聞いて意味に合う英単語を答えるものの 2 種類とするが、それ以外の問題を B 児が作成してもよいこととする。

　毎回の指導の最後に、その日に指導した英単語の書き、意味、読みの指導後テストを実施する。テストの様式は指導前テストで使用したものと同様とする。さらに、指導後約 2 週間後に保持テストとして、指導後テストと同様のテストを実施する。

（3）　結　果

（ア）　指導前テストの結果

　11 回の指導前テストにおいて、書き、意味、読みの各テストのいずれか 1 つでも誤答となった 45 単語を指導の対象とする。書きテストのみが誤答であったのは 24 単語、意味テストのみが誤答であったのは 1 単語、読みテストのみが誤答であったのは 1 単語であった。また、書きテストと意味テストが誤答であったのは 9 単語、書きテストと読みテストが誤答であった単語は 3 単語、意味テストと読みテストが誤答であったのは 0 であった。また、書きテスト、意味テスト、読みテストのすべてが誤答であった語は 7 単語であった。また、指導対象とする 5 書記素以下の単語は 14 単語であり、6 書記素以上の単語は 31 単語であった。指導対象単語を表 7-3 に示す。

表 7-3 指導対象単語

5 書記素以下			6 書記素以上			
名詞	動詞	形容詞	名詞		動詞	形容詞
cow	greet	every	facility	parent	spread	public
comic	take	sick	september	weather	continue	strange
earth		sweet	stationery	church	celebrate	beautiful
smoke			advice	forest	compare	necessary
price			holiday	station	remember	traditional
area			newspaper	umbrella	understand	
hair			scientist		choose	
kind			sightseeing		believe	
cause			finger		answer	
			museum		become	
9 単語	2 単語	3 単語	16 単語		10 単語	5 単語

（イ） 指導の結果

指導前テスト、指導後テスト、保持テストの正答率を表 7-4 に示す。5 書記素以下の単語の書きでは、指導前テストでの正答率が 0%であったが、指導後テストは、100%であった。意味と読みに関しても、指導前テストの正答率よりも指導後テストの正答率の方が高く、指導後テストと保持テスト共に 100%の正答率であった。しかし、書きに関しては、指導後テストの正答率は 100%であるが、保持テストの正答率は 64%であった。

6 書記素以上の単語も、書き、意味、読みのすべてにおいて、指導前テストよりも指導後テストの正答率が高かった。指導後テストと保持テストの正答率を比べると、意味、読みでは、指導後テストが 100%であり、保持テストの正答率も 9 割以上となっている。しかし、書きにおいては、指導後テストの正答

表 7-4 指導前テスト、指導後テスト、保持テストの正答率

（%）

	5 書記素以下			6 書記素以上		
	指導前テスト	指導後テスト	保持テスト	指導前テスト	指導後テスト	保持テスト
書き	0	100	64	6	74	58
意味	64	100	100	61	100	94
読み	93	100	100	68	100	90

率が74％であり、保持テストでは58％となった。

　5書記素以下の単語と6書記素以上の単語を比べると、6書記素以上の単語の書きにおいて、指導後テストと保持テストの正答率が低くなっている。

（4）考　察

　マルチセンソリーメソッドの指導として、砂に英単語を書く活動に取り組む中でB児は、「読みながら書いているから、間違いに気づけた」「砂の効果ってすごい」と発言していた。このことから、B児には適した活動であったと考えられる。KABC-Ⅱの結果から、視覚-運動経路を活用する短期記憶がやや強いと考えたが、砂に英単語を書く活動は、この能力を活用できた可能性があると思われる。

　ペアで単語の問題を出し合うタスク活動で、B児が指導者に出題した問題は全部で43問、8種類の問題であったが、単語の意味を問う問題を多く出題した。指導者がB児の単語の意味を問う問題に答えると、B児は「正解です」と言い、その後「なるほど」や「そうだ、そういう意味だった」などの発言が見られ、うなずく様子が多く見られた。このことから、B児は、自分の答えに確信がもてない問題を指導者に出題し、確かめていた可能性が考えられる。このようなB児の様子は、単語の読みを問う問題を指導者に出題したときにも見られた。このことから、タスク活動はB児が確信をもてない部分を確認できる活動となっていたことがわかる。B児が作成した問題の多くは、単語の意味と読みを問うものであったことから、タスク活動においてB児は意味と読みを確認しようとしていたと思われる。

　書きについての各テストにおける無解答の出現率は、指導前テストで58％、指導後テストで4％、保持テストで22％であった。指導前テストから指導後テストにかけて無解答の出現率が大幅に減少している。このことから、書きテストでまったくわからない単語が減ったと考えられ、さらに確信がもてなくても書こうとするようになったのではないかと思われる。

　英単語習得を苦手とするB児に対して、マルチセンソリーメソッドとタスク活動を組み合わせた指導は、特に英単語の意味と読みの理解については有効

だったと思われる。B児は6書記素以上の単語の習得が5書記素以下の単語より苦手であったことから、今後は6書記素以上の単語を学習する場合、2つに分けて覚える方法が有効である可能性があると思われる。

3. 支援事例3：英語学習に不安感と困難を示す自閉症スペクトラム中学生への指導

（1） 問題と目的

　文部科学省（2016）は、社会の急速なグローバル化の進展の中で、英語力のいっそうの充実は我が国にとってきわめて重要な課題であるとして、小学校・中学校・高校を通じた英語教育の充実・強化を進め、高校卒業時には「聞く」「話す」「読む」「書く」の4技能について使える力を身につけることを目指すとしている。

　しかし、英語の学習につまずきや困難を見せる子どもも多いことが指摘されている（上野・篁・海津　2013）。英語につまずきを見せる子どもの中に発達障害の子どももいる（文部科学省　2012）。藤田・熊谷・青山（2000）は学習面に困難を示す子どもの支援には本人の得意な認知特性に応じた支援が効果的であるとしている。そして、同時処理が得意な子どもに対しては構成反応見本合わせ課題が有効であるとしている。構成反応見本合わせ課題とは、見本刺激が提示された後に、複数の比較刺激が提示され、ルールに従ってマッチングさせる方法である（丹治・野呂　2010）。また、英語の学習には記憶も大きく関与している。森・中條（2005）は、短期記憶に保持された情報を長期記憶に移すためにはリハーサル（復唱等）を行わなければならないとしている。

　そこで本節では、英語学習に不安感と困難を示す自閉症スペクトラムの中学校1年生に対し、英単語の意味と読みの習得を目指して行った、同時処理優位型の認知特性に応じた見本合わせ法の指導と、記憶の保持と再生の促進のためのリハーサル法の指導を紹介する。

（2）方　法

（ア）対象

　対象は、公立中学校通常学級1年生に在籍する男子生徒1名であった。4歳8カ月時に医療機関において、自閉症スペクトラムの診断をされているが、自閉症スペクトラムの障害特性である対人コミュニケーションや社会性に関する困難さは見られない。

　一方で、国語の学習に強い苦手意識と困難を示しており、大学での教育相談を経て小学校1年生から個別指導を受けている。これまでに、ひらがな、カタカナ、漢字に続き文章読解、作文の指導を受けてきた。小学校6年生時には、外国語活動につまずきが見られ、ローマ字と英単語を混同してしまうようになった。中学校1年生から始まった英語に関しては、アルファベット一文字ごとの読みと書きはできるものの、英単語や英文の読み書きと意味理解には強い困難を示している。ただ、英語学習に対する不安感と苦手意識はあるものの「英語ができるようになりたい」との意欲も示していた。

　認知検査であるKABC-Ⅱの結果は、認知総合尺度は96（信頼区間90％：90〜100）であり平均に分類された。また、継次尺度は87（81〜97）であり有意に弱い力、同時尺度は112（103〜109）であり有意に強い力と判断された。

（イ）手続き

　事前テストとして、対象生徒の通う中学校で使用されている教科書に記載されている重要単語名詞197語の読みと意味について解答させた。

　事前テストにおいて読みと意味の両方に誤答した40単語を指導単語とした。

　指導は指導1期（見本合わせ法）と指導2期（リハーサル法）の順に行った。

　指導1期では、目標を「英単語の意味と読みを記憶でき、選択肢のヒントをもとに記憶を再生できる」こととした。1回のセッションで10の単語（指導単語40語から抽出した）について見本合わせ法による意味と読みの指導を行った。まず、英単語の意味の指導では、英単語カードを提示し、対応する意

味を3枚の意味カードから選択させた。対応する意味カードを選択することを正答とし、それ以外のカードを選択することを誤答とした。誤った意味カードを選択した場合は、そのカードを取り除いて2枚のカードから再選択させ、正答を確認した。次に、英単語の読みの指導では、英単語の発音（電子辞書の音声）を聞かせ模倣させた。再び発音を聞かせ、対応する意味を3枚の意味カードから選択させた。誤った意味カードを選択した場合は、そのカードを取り除いて2枚のカードから再選択させ、正答を確認した。

　指導2期では、目標を「記憶した英単語の意味と読みを選択肢のヒントがなくても記憶を再生できる」こととした。1回のセッションで40の単語（指導単語40語すべて）についてリハーサル法による意味と読みの指導を行った。左から、英単語・読み（カタカナで表記）・意味が記載された単語カードを使用した。単語カード内の英単語・読み・意味のそれぞれの間には折り目がついており、折ったままの状態からスタートさせた。スタートの状態では、英単語だけが見えており、読みと意味は折り目に隠れていて見えていなかった。

　まず、英単語を見て読みを答えさせた。無答や誤答の場合は、援助カード（発音を間違えやすい綴りである「er」「th」「ght」「tion」等について発音の際に注意しなければならないポイントが記載されている）を使用させた後、再度読みを答えさせた。単語カードの折り目を一つ開いて読みの正答を確かめさせた。次に、英単語の読みに対応する意味を答えさせた。単語カードの折り目をもう一つ開いて意味の正答を確かめさせた。

　目標が達成できたと判断する基準は、1回のセッションの指導単語について、指導1期では選択肢のヒントをもとに回答するという条件で10単語、指導2期ではヒントなしで回答するという条件で40単語のすべてを正答できたセッションが2回続くこととした。

　指導2期の終了後に、事後テストとして重要単語名詞197語の読みと意味について解答させた（事前テストと同様の手続き）。

　指導2期が終了してから1カ月後に、指導の効果を証明するために指導単語40語を含んだ英文を読んで和訳する確認テストを行った。

（3）　結果と考察

（ア）　結果

　事前テストの結果は、英単語197語中、読みの正答15語（正答率8%）、意味の正答14語（正答率7%）、読み意味とも正答13語（正答率7%）であった。

　指導1期は8回のセッション、指導2期は9回のセッション、計17回のセッションを行った。

　指導1期の結果は、選択肢のヒントをもとに回答するという条件において、セッション1では読みの正答6語、意味の正答6語であった。セッション1からセッション4までは、読みの正答6語（±1正答）、意味の正答6語（±1正答）で推移した。指導単語が2巡目に入ったセッション5からセッション6までは、読みの正答9語（±1正答）、意味の正答9語（±1正答）で推移した。セッション7とセッション8では、意味と読みともに正答が10語となり、指導1期の目標を達成できた。

　指導2期の結果は、ヒントなしで回答するという条件において、セッション9では読みの正答16語、意味の正答16語であった。セッション10では読みの正答24語、意味の正答24語であった。セッション11からセッション15まで読みの正答36語（±4正答）、意味の正答36語（±4正答）で推移した。セッション16とセッション17では、意味と読みともに正答が40語となり、指導2期の目標を達成できた。

　事後テストの結果は、英単語197語中、読みの正答121語（正答率61%）、意味の正答123語（正答率62%）、読み意味とも正答117語（正答率59%）であった。なお、指導単語40語については、読み意味とも正答40語（正答率100%）であった。

　確認テストの結果は、指導単語40語については、意味と読みすべてで正答していた。

　対象生徒の様子は、セッションが進むにつれて指導1期では見本合わせに対する反応時間が短くなっていき、指導2期ではリハーサルを行うスピードが速くなっていった。対象生徒も学習効果を実感しているようで、「前はあんな

に時間がかかっていたのに、今は○分で終わった」などと達成感も感じながら取り組んでいた。

（イ）考察

英語学習に不安感と困難を示す自閉症スペクトラムの中学1年生に対し、英単語の意味と読みの習得を目指し、見本合わせ法とリハーサル法の指導を行った。結果、指導後テストや確認テストにおいても指導単語40語のすべての意味と読みが正答であった。

指導1期では、選択肢があれば正答を導き出すことができた。これは指導1期において見本合わせ法により英単語の意味と読みの記憶の仕方を覚え、選択肢をヒントに記憶を再生することができるようになったためと考えられた。また、指導2期では、ヒントがなくても正答できるようになった。これは指導2期においてリハーサル法により記憶の定着がより促進され、選択肢などのヒントがない状態でも記憶を再生することができるようになったためと考えられた。

以上のことから、指導1期（見本合わせ法）→指導2期（リハーサル法）という順序の指導は、英語学習に不安感と困難を示す自閉症スペクトラムの中学生に対して、英単語の意味と読みの習得に有効であったと考えられた。

併せて、対象生徒が「英語をがんばりたい」との気持ちを持って取り組んでくれたことが、英単語の意味と読みの習得に効果が見られた要因の一つと考えられた。

おわりに

本章では3名の教員による臨床指導の4事例について報告をしたが、いずれも子どもたちの主訴に基づいて指導を展開している。しかしながら、子どもたちが抱えている特別なニーズは、そのニーズのみを支援するだけでは解決することはできない。また、主訴が及ぼす影響についても多面的に検討が必要である。例えば、言葉の発達が遅れていることが社会性の発達や人間関係の形成

に与える影響は大きい。さらに、個別や小集団でできていたことが学校生活といった大きな集団になると、その力を発揮することが難しい様子も見られる。このことからも、この臨床指導の方法や成果を学校現場と共有することで、子どもの困り感にさまざまな視点からアプローチをしていくことが求められる。特別支援教育は「教員や関係者らが各領域の個人的専門性と連携・協力に基づいた組織的専門性（支援体制）による、個々のニーズに応じた適切な教育」であることから、今後もさまざまな機関と連携を取っていく必要がある。

　2020 年度の入学生から、北海道教育大学函館校地域教育専攻では、2 年次に「初等教育分野」と「特別支援教育分野」に分かれて、特別支援教育を専門に学ぶ組織が確立された。学生たちがこの臨床指導で学んだ「臨床力」を卒業後の教育現場で発揮することを期待している。

引用・参考文献

池田康子（2014）「算数におけるマルチセンソリーメソッドの成果と課題」『早稲田大学大学院教育学研究科紀要別冊』22、71-82 ページ。

上野一彦・篁倫子・海津亜希子（2013）『LDI-R LD 判断のための調査票手引』日本文化科学社。

大庭重治・葉石光一・八島猛・山本詩織・菅野泉・長谷川桂（2012）「小集団を活用した特別な教育的ニーズのある子どもの学習支援」『上越教育大学特別支援教育実践研究センター紀要』18、29-31 ページ。

丹治敬之・野呂文行（2010）「自閉性障害児における平仮名－片仮名文字間の等価関係の成立―構成見本合わせ課題を用いた片仮名文字指導―」『障害児学研究』34、87-97 ページ。

藤田和弘監修、熊谷恵子・青山真二編著（2000）『長所活用型指導で子どもが変わる Part2』図書文化。

細谷一博（2014）「保育者が感じる『気になる』子どもの行動特性に関する調査研究」『日本保育学会第 67 回大会発表論文集』P142064C。

細谷一博・永長明之・鳴海さちみ・木原美桜・村田穂佳・成田実香子・菊池美絵・根市ひかる・大橋桃子・髙橋彩子（2012）「大学と附属特別支援学校における『早期幼児支援教室』の取組」『上越教育大学特別支援教育実践研究センター紀要』18、45-46 ページ。

松家鮎美・山中マーガレット（2016）「タスク活動を取り入れた英単語学習と実践」『岐阜女子大学紀要』45、75-81 ページ。

村上直子・松尾砂織・柳瀬陽介・中尾佳行（2010）「生徒の学習ストラテジーのきめ細かな記

述と分析 ― 特に英単語習得と文法理解の改善を目指して ― 」『広島大学学部・附属学校共同研究機構研究紀要』38、361-365 ページ。

森敏照・中條和光（2005）『認知心理学キーワード』有斐閣。

文部科学省（2012）「通常の学級に在籍する発達障害の可能性のある特別な教育的支援を必要とする児童生徒に関する調査結果について」。

文部科学省（2016）「今後の英語教育の改善・充実方策について」。

吉利宗久（2004）「アメリカ合衆国のインクルージョンにおける協同学習モデルとその成果」『発達障害研究』26（2）、128-138 ページ。

Johnson, D. W., Johnson, R. T. & Holubec, E. J.（2002）"Circles of Learning: Cooperation in the Classroom（5thed.）"（石田裕久・梅原巳代子訳（2010）『学習の輪 改訂新版 ― 学び合いの協同学習入門 ― 』二瓶社）

Web サイト

ベネッセ教育総合研究所（2009）「第 1 回 中学校英語に関する基本調査報告書【教員調査・生徒調査】」、https://berd.benesse.jp/global/research/detail1.php?id=3186、2021 年 8 月 27 日アクセス。

付記　2021 年度前期の「早期幼児支援教室（きりのめキッズくらぶ）」は 4 年生（4 名）、3 年生（5 名）が参加しており、本報告は三瓶夏希、松田優香の実践と事後カンファレンスでの協議をまとめたものである。なお、掲載写真はすべて保護者の承諾を得たうえで使用している。

謝辞

　本研究にご協力いただいた B 児と保護者、事例をご提供いただいた及川琴美先生（遠野市立遠野北小学校）に心より感謝申し上げます。

　また、本臨床指導にご協力いただいた対象生徒と本臨床指導を行った竹節美貴教諭（札幌市立平和小学校）にも感謝申し上げます。

【教育の可能性】

第 **8** 章

算数科における地域素材を活用した問題作成
― 学生の問題作成能力に着目して ―

石井　洋

は じ め に

　2020年度より完全実施された『小学校学習指導要領解説算数編』において、日常生活や社会の事象から問題を見いだし、社会のあり方と結びつけて理解することで、生涯にわたって能動的に学び続けることができるようにすることが目指されるようになった。この背景として、TIMSS 等の国際比較調査において、日本の児童生徒が算数・数学の学習に有用性を感じていないことが指摘されており、特に学年が上がるにつれてその割合が高くなっていることが挙げられる。

　本学の学生が教育実習等で関わる渡島管内の児童に目を向けると、全国学力・学習状況調査の結果より、算数の活用問題に対する正答率が全国と比べて低く、日常生活における数学的な見方・考え方に課題があることが明らかとなっている。加えて、函館市教育振興基本計画より函館への愛着や誇りを育む教育の推進が掲げられ、地域素材を活用した教育活動を推進していくことが求められている。

　児童にとって身近な函館地域に関する算数の問題作成に取り組むことで、児童の学力向上を図るとともに、地域への愛着をもたせることにつながる。そ

ういったことを今後教師として、地域の担い手を育成する学生に実感させることが重要であると考える。そこで本章では、2019年度の講義「初等算数」（小学校免許取得のための必修科目）において、学生46名が作成した函館地域を題材とした地域問題の傾向を分析し、その可能性を考察する。

1. 日常生活や社会の事象の数学化

2017年告示の『学習指導要領解説算数編』においては、算数・数学の問題発見・解決の過程として以下の2つの方向性が示されている。

① 日常生活や社会の事象を数理的に捉え、数学的に表現・処理し、問題を解決し、解決過程を振り返り得られた結果の意味を考察する過程

② 数学の事象から問題を見いだし、数学的な推論などによって問題を解決し、解決の過程や結果を振り返って統合的・発展的に考察する過程

図8-1のイメージ図にあるようにこれら2つの過程は相互に関わりあって展開する学習過程としてモデル化されている。

これまでの学習指導要領においても、日常事象を数理的に捉えることは述べられてきたが、今回、実生活・実社会との関わりと算数・数学を統合的・発展的に構成していくことの両面の意識がより明確に示されるようになった。

芳沢（2019）は我が国の算数・数学教育の問題点として、試験対策を中心

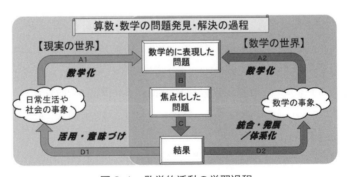

図8-1　数学的活動の学習過程

とした条件反射丸暗記教育が横行し、処理能力に特化した学力形成がなされている点を指摘している。そこでは、児童生徒の意識が答えの正誤に焦点化され、結論のみに目が向けられる傾向にあるため、試行錯誤しながら粘り強く考えることや論理的に説明する能力の育成が不可欠であることが述べられている。学校で学習する数学が社会生活に役立っているか否かという議論がよくなされるように、社会的な要請としても、算数・数学教育による汎用的な資質・能力の形成が求められている。

2. 地域素材の教材化

　佐野（2005）は「かつての地域は、社会規範や生活体験、集団活動を学習させる、いわゆる地域の教育力を有していたが、戦後の経済や社会構造の変化から地域の共同・交流機会の場が減少し、その結果、子どもたちの自然体験、労働体験また子ども会行事、地域行事等の縮小がその機能を衰退させてしまった」と述べている。地域の教育力は年々衰退しており、今後は教育をとおして、いかに地域に愛着を抱かせるかということを真剣に議論していかなければならない。

　そういった背景から、近年地域素材の教材化が注目されている。地域素材の教材化とは「子どもが生活する地域社会の社会・自然の事物・現象を学習教材化して、主体的で科学的な認識と地域に対する理解を育てる学習を目指す教育内容及び方法（碓氷 2003：507）」とされる。その意義について、中野（2002）は、以下の3点を挙げている。

　①　身近な地域を扱うことにより、子どもの主体的、意欲的な学習活動が組織できること
　②　地域に教材を求めることにより、学習過程に見学の実施を組み入れることが可能となり、直接の観察や調査などの体験活動が取り入れられること
　③　地域教材を学習材料にすることにより、地域に生きる人々に接することで、自分の問題として切実に考え、地域に生きるひとりとして自分を意識できること

このように地域の教材化は、学習効果が期待できるだけではなく、地域への愛着にもつながる可能性を秘めている。しかしながら、身近な地域を扱う科目として、社会科や生活科、総合的な学習の時間等が中心であり、算数・数学教育においては、その実践例が非常に少ないのが現状である。算数科において、地域教材を開発していく必要性について、岸本（2014）は以下の3点を挙げている。

① 地域教材は児童にとって身近なことから、算数学習に対する興味関心を高める。
② 児童は現実問題を解決することから、算数を活用する能力を伸ばすことができる。
③ 児童は、自分が住む地域をより深く知ることができる。

このように、現代の算数・数学教育で求められている活用力の育成にもつながることが示唆されており、授業の中で地域教材を取り上げる意義は高いと言える。しかし、先述したように、算数・数学においては、他教科に比べて地域教材が少ないという背景があり、取り入れるには教師が課題を自作する必要性が出てくる。

そこで本章では、地域問題の作問について、教師に必要な能力と位置づけ、教員養成段階にある学生の現状を明らかにする。そこでは、教員志望学生の問題作成能力を把握するために地域素材を活用した問題の作成に取り組ませ、その結果を分析することで、今後の課題を考察することを目的とする。

3. 調査の概要

（1） 調査の概要

本章で取り上げるデータは、2019 年度後期に本校で行われた講義において、受講者から収集したものである。受講者と収集したデータの概要は表 8-1 のとおりである。

表 8-1　受講者と収集したデータの概要

講義名	初等算数
受講者の概要	小学校教員免許取得希望者で大多数が 1 年生
受講者数	46 名
講義内容	小学校算数科の教科内容
収集データ	小学生（1～6 年生）を対象とした地域問題

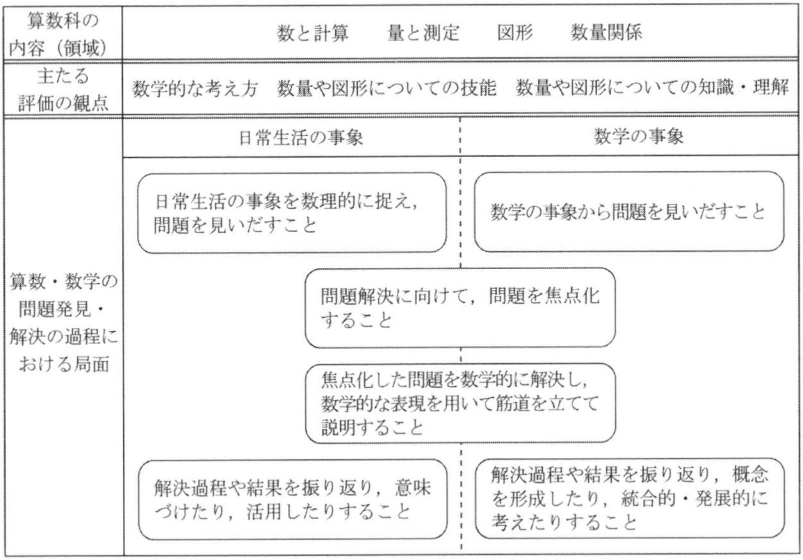

図 8-2　調査問題の枠組み

出所：国立教育政策研究所教育課程研究センター（2019）7 ページ

　講義は、小学校の教員免許取得者にとって教科内容を学ぶ最初の科目であり、初歩的な内容となっている。受講者の大多数が 1 年時後期ということで、教職の理解が十分ではない学生が作問した地域問題となっている。作成させる地域問題は、講義の中間課題の一つとして位置づけて実施した。地域問題を作成させる際に全国の小中学校で毎年実施されている全国学力・学習状況調査の活用問題を例として示し、その特徴として図 8-2 を用いて説明した。

　地域問題の作成にあたっては、図の左側にある「日常生活の事象」について

(3) 次は、米について考えます。

　A町の1970年と2000年の米の生産額について、ひろしさんは、次のように言いました。

　米の割合が、60％から40％に減っているから、米の生産額は、減っています。

ひろし

　ひろしさんの言っていることは、正しいですか。「正しい」か「正しくない」かのどちらかを○で囲みましょう。また、そのわけを、言葉や式を使って書きましょう。

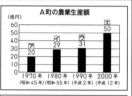

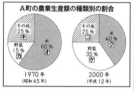

図8-3　問題作成の一例

考えるように促した。そして、その具体的な問題の例として、図8-3のように全国学力・学習状況調査の活用問題を挙げている。

（2）　分析の枠組み

　本章では、学生が作成した地域問題の特徴と問題作成能力を捉えるために、地域問題の分析を行う。その際、先述した地域素材の教材化に関わる先行研究をもとに分析項目を表8-2のとおりに設定した。

　基本的事項として、作成した地域問題には算数の領域や単元、内容、対象学年等を明示させている。この結果から学生の作問の傾向を捉える。また、算数問題の作問に用いた函館に関わる地域素材とその社会的文脈について分析する。そこでは、学生に自由に作問させることにより、どのような傾向が見られるのかを明らかにする。

　全国学力・学習状況調査の出題傾向を踏まえて、解答形式として選択式、短答式（式・解答、数値、用語等）、記述式（長文）のどれに該当するのかを分析する。活用問題では、思考力・表現力を評価できるよう、ある程度長い記述が求められるため、その点について理解できているかどうかを把握する。

　また、全国学力・学習状況調査では、思考力・判断力・表現力等を捉えるために、即答できない水準の難易度が必要である。ここでは教科書の問題と比較

表8-2　地域問題の分析項目

(1) 基本的事項	作成した地域問題の算数科の内容（領域）、単元、対象学年等の基本情報
(2) 地域素材	使用した函館地域の素材
(3) 社会的文脈	算数を扱う社会的文脈
(4) 解答形式	選択式、短答式（式・解答、数値、用語等）、記述式（説明）
(5) 解法の多様性	解法が多様であるか
(6) 難易度	教科書の問題の水準をCとする。 A（該当学年の上位3割程度しか正答できない水準）、B（該当学年の過半数は正答できる水準）
(7) 情報量	問題解決に必要のない数値や情報が含まれているか否か（情報過多）
(8) 評価観点	A 知識・技能、B 思考・判断・表現、C 主体的に学習に取り組む態度

した質的な分析を行う。その際、日常事象を扱うと問題解決に必要のない数値や情報が含まれていることが多くなるため、この点が見られるかどうかについても分析する。

　そして、評価観点として知識・技能にとどまらず、通常のペーパーテストの問題では評価しにくい、思考・判断・表現、主体的に学習に取り組む態度が評価できるものになっているかについても確認する。

4.　調査結果の分析

　ここから、調査対象者である46名が作成した地域問題の分析結果を示す。

（1）　基本的事項

　まず46名の学生が作成した地域問題の算数科の内容領域についてまとめると表8-3のとおりとなった。なお、一つの大問につき複数の小問を設定している問題もあることから、それらは複数回カウントし、全部で66問としている。

　表8-3を見ると、今回の調査対象者が作成した地域問題の領域は、A領域

表 8-3　各領域の問題数

	A 数と計算	B 図形	C 測定、変化と関係	D データの活用
問題数	33	1	25	7
%	50%	2%	38%	11%

表 8-4　作成された問題で多かった単元および内容

	領域	単元・内容
15 題	C 変化と関係	異種の 2 つの量の割合
13 題	A 数と計算	数量の関係を表す式
9 題	C 変化と関係	割合
6 題	A 数と計算	概数
	A 数と計算	加法・減法
5 題	D データの活用	測定値の平均

の「数と計算」、C 領域の「変化と関係」の問題がそれぞれ 3 割を超え、他の 2 領域と比べて多く作成されたのが明らかとなった。作問にあたっては、日常生活の事象と関連させることを求めたため、それを意識すると B 領域の「図形」の問題は作成しにくかったことが推測できる。そして、その単元・内容で多かったものを挙げると表 8-4 のようになった。

　表 8-4 を見ると、今回の調査対象者が作成した地域問題の単元および内容は、表 C 領域の「異種の 2 つの量の割合」が 15 題と最も多く、次いで多かった A 領域の「数量の関係を表す式」など、計算が中心の作問となっていた。図 8-4 はその一例である。

　図 8-4 の問題は、人口密度を求める問題で「異種の 2 つの量の割合」についての典型的な学習内容である。函館独自の特色はないが、どの地域でも作成できる汎用性の高い問題である。このことから、算数の問題作成においては、地域の特性を考慮する前に、児童の学習内容に適した問題を作成しようとすることに学生の意識が向いていることが推測できる。

　次に作成された地域問題の該当学年を見ていく。

　今回の調査では、表 8-5 のとおり、作成された問題の半数が 5 年生の題材

問題

函館市に住んでいるあやこちゃんは、北斗市にお引っ越ししたゆきこちゃんの家に遊びに行きます。北斗市は函館市の隣りにあります。あやこちゃんは北斗市はどんな所か調べることにしました。下の表は、函館市と北斗市の面積と人口を表しています。

	面積（km²）	人口（人）
函館市	677.9	256,222
北斗市	397.3	46,054

（1）函館市の人口密度を求め、上から2ケタのがい数で表しましょう。

（2）函館市と北斗市を比べると、どちらの方が混んでいるでしょうか。

図 8-4　Ｃ領域「異種の２つの量の割合」の問題の一例

表 8-5　地域問題の該当学年

	1 年	2 年	3 年	4 年	5 年	6 年
問題数	0	2	7	19	33	5
％	0%	3%	11%	29%	50%	8%

であった。相対的に低学年に対応した問題は少なく、その背景として日常生活の事象を想定した思考を促す問題作成が難しいことが考えられる。

　ここまでは、作成された地域問題の基本的事項について見てきたが、第５学年の題材やＡ領域「数と計算」とＣ領域「変化と関係」の作問をした学生が多かったなど、大きな偏りがあることが明らかとなった。

（2）地域素材

　次に、児童にとって身近な地域問題にするため、どのような地域素材を扱っているかについて見ていく。学生が作成した算数問題の地域素材についての結果が表8-6である。

表 8-6　作成された問題の地域素材

	地域素材
9題	函館市および近郊の人口
8題	五稜郭公園、五稜郭タワー
7題	ロープウェイ
5題	イカ、イカ釣り
4題	路面電車
3題	函館朝市
	ラッキーピエロ

ひろしさんは修学旅行で五稜郭タワーに行くことになりました。下の表は大人1人、子ども1人にかかる料金の表です。ひろしさんの学年は1クラス28人おり、合計112人の児童がいます。また6人の先生が引率しています。

入場料	一般（いっぱん）	団体(30名様以上)
大人	900円	810円
小人	450円	410円

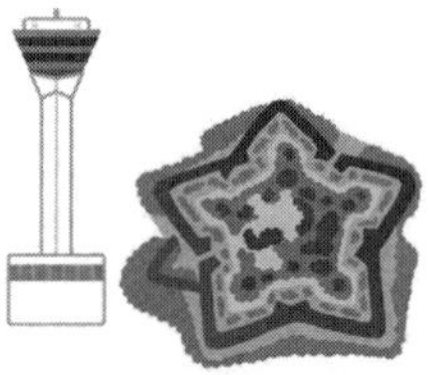

(1)学年全体で行くとき、五稜郭タワーの入場料は合計でいくらかかるでしょうか。

(2)学年全体で行くと混雑してしまうため、1クラスずつ行くことにしました。引率の先生は各クラス1人です。各クラスが別々に行った場合、学年全体の入場料の合計金額はいくらになるでしょうか。また、学年全体で行くときと各クラス別々に行くときの合計金額の差はいくらでしょうか。

図 8-5　函館の地域の特徴を生かした問題の一例

今回の調査では、表 8-6 のとおり「函館市および近郊の人口」を題材として作問した学生が多く、次いで「五稜郭公園、五稜郭タワー」「ロープウェイ」「イカ」など、函館の観光資源に関わるものが多くなっていた。函館地域の特徴として、多様な観光資源が挙げられ、児童が身近に感じやすい内容を取り入れることで、日常で算数を活かしていくことにもつながると考えていることが推測される。その具体的な問題の一例は図 8-5 のとおりである。

この問題は、修学旅行で五稜郭タワーを訪れ、その際のクラスの入場料の合計を求めるものである。このように、入場料や買い物場面の計算等、日常の生活に活かせる要素を盛り込んだ問題が多く見られた。ただし、地域素材として

は函館の観光資源を用いているものの、実際には他の地域の施設でも代替可能な問題設定であり、函館地域ならではの特色を生かした問題は見られなかった。

（3）社会的文脈

そして、作成された問題で多かった社会的文脈を挙げると表 8-7 のとおりとなった。

表 8-7　作成された問題で多かった社会的文脈

	社会的文脈
17 題	買い物、乗車料、入場料
14 題	時間、距離、速さ
9 題	人口、人口密度

今回の調査では、表 8-7 のとおり「買い物」「乗車料」「入場料」といった文脈を題材として作問した学生が多く、日常との関連性が図られた問題となっていた。算数の問題作成において、お金の計算に置き換えることが、児童の理解を促し、今後の生活に活かしていくことにもつながると学生たちは考えていることが推測される。

ほかには、「時間、距離、速さ」「人口、人口密度」など、高学年の割合に関する作問が多く見られた。このように、算数科の問題作成において、その社会的な文脈は児童の社会経験の少なさから、非常に限定的にならざるを得ない状況が明らかとなった。

（4）解答形式

次に、学生が作成した地域問題の解答形式について見ていく。選択式、短答式（式・解答、数値、用語等）、記述式（説明）の 3 分類で整理した結果が表 8-8 である。

地域問題は、全国学力・学習状況調査の活用問題を想定して作成させたため、思考力・表現力を質的に評価するという特性から、選択式の問題を作成した学生はいなかった。一方で、解答や解法の説明を書かせるなど、記述を求め

表 8-8　地域問題の解答形式

	選択式	短答式	記述式
問題数	0	61	5
％	0%	92%	8%

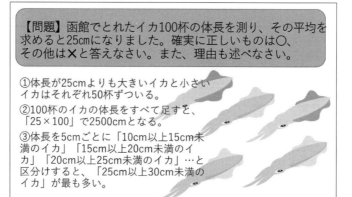

【問題】函館でとれたイカ100杯の体長を測り、その平均を求めると25cmになりました。確実に正しいものは○、その他は✕と答えなさい。また、理由も述べなさい。

①体長が25cmよりも大きいイカと小さいイカはそれぞれ50杯ずついる。

②100杯のイカの体長をすべて足すと、「25×100」で2500cmとなる。

③体長を5cmごとに「10cm以上15cm未満のイカ」「15cm以上20cm未満のイカ」「20cm以上25cm未満のイカ」…と区分けすると、「25cm以上30cm未満のイカ」が最も多い。

図 8-6　記述式の問題の一例

る問題はわずかではあるが見られた。中でも図 8-6 のように理由を問う「記述式」があり、児童の表現力を記述から評価しようとしていることが推察される。

（5）解法の多様性

　次に、学生が作成した地域問題の解法の多様性について見ていく。算数の問題は、解答が一つに定まるものがほとんどであるが、日常事象の問題解決においては、解法に多様性がある問題の設定も可能である。

　しかしながら、表 8-9 のように多様な解法が考えられる問題を作成した学生は少なかった。現実の問題解決においては、解法が一義的にならない事象も多くあることを考慮すると、解法の多様性を意識した作問の必要性が指摘できる。

表 8-9　解法の多様性の有無

	多様性有	多様性無
問題数	3	63
%	5%	95%

（6）　難易度

　次に、学生が作成した地域問題の難易度について見ていく。難易度については、教科書の問題の水準を C とし、A は該当学年の上位 3 割程度しか正答できない水準、B は該当学年の過半数は正答できる水準として分析した。結果は表 8-10 のとおりである。

表 8-10　問題の難易度

	A	B	C
問題数	14	37	15
%	21%	56%	23%

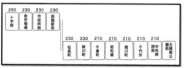

初等算数　レポート課題
【問】
ひろし君は、修学旅行で函館にやってきました。
五稜郭公園前駅を出発し、同じ場所に再集合しなければなりません。
おこづかいは 2500 円あります。
以下のスケジュールで行動するとき、おみやげ代にはいくらかけられるでしょうか。
かけ算を使った式で求めてみよう。

時間	行動
11：32	五稜郭公園前駅（市電）出発
11：48	十字街（市電）到着
	移動
12：00	ラッキーピエロでチャイニーズチキンバーガー（350円）を食べる
13：20	おみやげを買う
13：50	移動
14：05	十字街（市電）出発
14：22	五稜郭公園前駅（市電）到着
14：30	集合

＜五稜郭公園前駅からの料金＞

図 8-7　水準 A に該当する問題

水準 B の問題を作成した学生が過半数を超え、多数を占めた。一方、教科書レベルの問題を作成していた学生もいたが、水準 A に該当する問題は約 2 割にとどまった。

図 8-7 の問題は、時間表と運賃表という種類の異なる 2 つの情報を提示することで、日常生活で必要となる買い物の計算ができるかどうかを評価するものである。教科書に掲載されている問題にはこのように複数の情報を用いて問題解決をする内容はほとんど見当たらないため、児童にとって難易度が高いものである。児童に思考を要求するためには、ふだん目にする教科書レベルの問題ではよくないという意識が学生にはあったのではないかと推測できる。

（7） 情報過多

次に作成された地域問題の情報過多の有無について見ていく。教科書や業者テストの問題には、立式に使用する数値の情報しか問題文に取り上げられていないなど、情報量が制限された問題が設定されていることがほとんどである。しかしながら、現実場面においては、あらゆる情報から選択して数的処理を行うことが必要である。そのため、地域問題においても問題解決に必要のない数値や情報を含んでいくことが求められる。ここでは、含まれているか否かを整理した結果、表 8-11 のとおりとなった。

表 8-11　情報過多の有無

	有	無
問題数	30	36
％	45%	55%

情報過多の問題は過半数に届かない結果となった。図 8-8 は情報過多の問題の一例である。

図 8-8 の問題では、解答を導くのに必要な商品は「チャイニーズチキンバーガー」「アイスティー」「ラッキーシェイク」だけであるが、解答にまったく使用しない商品の情報が記載されている。児童がふだん目にする算数の問題には、このような不要な情報はほとんどないが、日常で算数を活用する際には、

下記の表はラッキーピエロで売られているメニューの一部と日付別キャンペーンを表した表である。

メニュー	価格	メニュー	価格	
チャイニーズチキンバーガー	385	チャイニーズチキンカレー	770	
ラッキーエッグバーガー	429	ラッキーカツ丼	572	
トンカツバーガー	418	ラッキーシェイク	230	
ラッキーチーズバーガー	429	アイスティー	150	（税込）

日時	キャンペーン内容	対象店舗
毎月1日	カレールー（2人前）30%OFF	全店
毎月8日	シルク・ミックスソフト 半額	全店
毎月15日	フレンチフライポテト 半額	全店
毎月22日	ラッキーシェイク 半額	全店

(1) 何のキャンペーンにも該当しない日に行った場合、
チャイニーズチキンバーガーとアイスティーを注文して1000円を出す場合のおつりはいくらですか？

(2) 22日にラッキーシェイクを注文する場合、支払う金額はいくらですか？

図8-8　情報過多の問題の一例

膨大な情報の中から必要な情報を選択するという過程が不可欠となる。従来型の算数の問題に慣れている学生にとっては、必要のない情報を問題文に入れることに抵抗があり、必要な情報以外は入れないようにするという意識があったと推測される。

（8）評価観点

　次に作成された地域問題の評価の観点について見ていく。それぞれの問題について、どのような評価を設定しているのかを分析した。なお、一つの問題につき重複している観点もあることから、それらは複数回カウントしている。現行の観点別評価に従って、A 知識・技能、B 思考・判断・表現、C 主体的に学習に取り組む態度に分けて整理した。表8-12がその結果である。

表8-12　評価の観点

	知識・技能	思考・判断・表現	主体的に学習に取り組む態度
問題数	65	27	1
％	98%	41%	2%

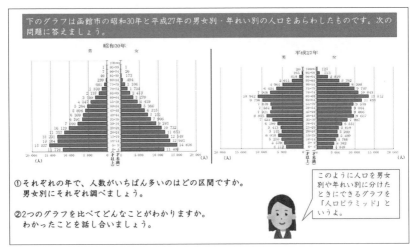

図8-9　態度に関する評価の観点を含めた問題の一例

　ほぼ、すべての問題が、「知識・理解」を評価する問題であった。また、同時に「思考・判断・表現」を評価する問題も4割程度あり、その2つの評価項目を設定している問題が多く見られた。一方、態度までを射程にしている問題は1問に留まった。態度に関する評価の観点を含めた問題の一例は図8-9のとおりである。

　図8-9の問題は、2つのグラフを比較して話し合うという問題であり、多様な解答が可能な問題となっている。情報を適切に読み取るだけではなく、自らの言葉で説明する力を育てる機会にもなっており、主体的に学習に取り組む態度を評価できる問題としている。学習に取り組む態度等を工夫次第で捉えられることから、このような作問に目を向けさせていくことが今後の課題といえる。

5. 考　　察

　本調査の結果から、多くの学生が函館地域の素材を活用して出題をしており、思考・表現の評価を意識したり、日常生活に活かせる汎用性のある問題にしたりするなど全国学力・学習状況調査の特徴を踏まえて作問できていた点が確認された。

　しかしながら、課題として次の4点が明らかとなった。

① 　作成された問題の学年、単元、内容の偏り
② 　函館地域ならではの特色を生かした問題設定
③ 　社会的文脈の限定化
④ 　情報過多の問題設定の少なさ

以下、それぞれの点について述べる。

　まず、作成された問題の学年、単元、内容に偏りがある点については、第5学年の題材やA領域「数と計算」とC領域「変化と関係」、その中でも「割合（百分率）」と「単位量当たりの大きさ」の作問をした学生が多かった。一方で、低学年の題材やB領域「図形」など日常事象に即したオーセンティックな問題が作成されなかった。これらの作成が困難な学年や領域について、今後の検討が必要である。

　次に、函館地域ならではの特色を生かした問題設定が少なかった点が挙げられる。地域素材としては函館の観光資源を用いているものの、実際には他の地域の素材でも代替可能な問題設定であり、五稜郭の面積を求めるなど、函館地域ならではの特色を生かした問題は見られなかった。

　そして、社会的文脈の限定化という問題点も浮き彫りになった。「買い物、乗車料、入場料」といった金銭的な問題や「時間、距離、速さ」「人口、人口密度」など、割合に関する作問がほとんどであり、算数科の問題作成において、その社会的な文脈が限られている点が明らかとなった。これは児童の社会経験の少なさも影響していると考えられる。

　最後に、情報過多の問題の設定が少なく、条件を考察対象としない問題が多かった点が挙げられる。従来の算数の問題には、日常事象にある多様な条件が予め捨象されていることが一般的であり、そのことが、直接的に算数を日常場面で使用することへの障壁となっている可能性が考えられる。そこで、情報過多の問題設定を意識していく必要性が指摘できる。

おわりに

　本章では、教員志望学生の問題作成能力を把握するために地域素材を活用した問題の作成に取り組ませ、その結果を分析することで、今後の課題を考察することを目的とした。

　まず、地域素材の教材化に関する先行研究にあたり、その捉え方を確認した。地域の教材化は、学習効果が期待できるだけではなく、地域への愛着にもつながる可能性を秘めているが、算数・数学教育においては、その実践例が非常に少ない現状を確認した。しかしながら、地域素材の活用は、現代の算数・数学教育で求められている活用力の育成にもつながることが示唆されており、授業の中で地域教材を取り上げる意義は大きいことを確認した。

　本調査の結果から、多くの学生が函館地域の素材を活用して出題をしており、思考・表現の評価を意識したり、日常生活に活かせる汎用性のある問題にしたりするなど全国学力・学習状況調査の特徴を踏まえて作問できていた点が確認された。

　一方で、函館地域ならではの特色を生かした問題設定が少なかった点が課題として挙げられる。函館地域ならではの特色を生かした問題作成をさせるためには、学生自身が日常を数学的に捉える能力が必要となる。理系教科に苦手意識のある学生が多く、数学的な資質・能力の育成が今後の課題となる。そして、思考・判断・表現を評価する問題は多く見られた一方で、主体的に学習に取り組む態度の評価までには至らない問題が多くあり、今後は、認知的な側面だけではなく、情意的な側面を捉える問題作成の方法を検討していく必要性が

明らかとなった。

　本章では、「問題作成側」の視点を中心にまとめたが、実際に児童に作成した問題を解いてもらうことで検証するなど、「問題を解答する側」の視点についても踏み込んで分析していくことが今後の課題である。

引用・参考文献

碓氷岑夫 (2003)「地域の教材化」今野喜清・新井郁男・児島邦宏編『新版学校教育辞典』教育出版。

岸本忠之 (2014)「算数科における社会環境問題に関する地域教材の開発」『日本科学教育学会年会論文集』Vol.38、457-458 ページ。

国立教育政策研究所教育課程研究センター (2019)『「平成 31 年度全国学力・学習状況調査」小学校算数解説資料』。

佐野茂 (2015)「地域への愛着と子どもへの関わりに関する一考察 — JGSS-2003 データより —」『JGSS で見た日本人の意識と行動：日本版 General Social Surveys 研究論文集 4 (JGSS Research Series No.1)、33-46 ページ。

田中耕 (2006)『教育評価』岩波書店。

中野隆文 (2002)「小学校高学年社会科教育と地域教材 —地域素材『紀州へら芋』の教材開発」和歌山地理学会『和歌山地理』22、33-47 ページ。

西岡加名恵、石井英真、田中耕治 (2015)『新しい教育評価入門 – 人を育てる評価のために』有斐閣。

日本数学教育学会 (2018)『算数教育指導用語辞典第 5 版』教育出版。

松下佳代 (2007)『パフォーマンス評価 —子どもの思考と表現を評価する —』日本標準。

文部科学省 (2017)『小学校学習指導要領（平成 29 年告示）解説算数編』。

山下昭 (2010)「第 4 章学習指導論、5 問題設定」日本数学教育学会編『数学教育学研究ハンドブック』東洋館出版社。

芳沢光雄 (2019)『AI 時代を切りひらく算数 —「理解」と「応用」を大切にする 6 年間の学び』日本評論社。

コラム5 コミュ障パラドクス

　ウソつきのパラドクスをご存じだろうか。「私はウソつきです」とウソつき本人が言った場合、自分がウソつきであると嘘ではなく真実を言っているため、ウソつきではなくなってしまう。しかし、そうなると、ウソつきではない人が「私はウソつきです」とウソを言ったことになるのでやっぱりウソつきであるとかいうアレである。

　最近では、コミュニケーション能力が高い人のことを「コミュ強」だとか「コミュ力おばけ」だとか表現し、コミュニケーション能力が低い人のことをコミュ弱……ではなく、「コミュ障」と表すことがあるが、「私はコミュ強です」にせよ「私はコミュ障です」にせよ、本人がそう名乗った時点でウソつきのパラドクスのようなものが生じて、当てにならないなあと感じる。例えば、「私はコミュ障です」とコミュ障本人が言った場合、自分がコミュ障であることをきちんと表明してコミュニケーションを図れているため、もはやコミュ障ではない。しかし……、といったような調子である。嘘はコミュニケーションの一形態と考えられるから、似たような構図が当てはめやすいのかもしれない。

　さて、8年ほど前だが、コミュニケーション能力が高いと自負していて、周囲もそう受け止めている学生さんがいた。基本的にいつもニコニコ笑顔で、他人の話を上手に膨らませ、場を明るくするのが得意。同年代だけでなく社会人含めて友達が多く、後輩にも慕われている。なるほど、「コミュ強」である。私もその学生さんと知り合って2年半くらいはそう思っていた。ところが、その学生さんが吃音の同級生をいじめている首謀者だと判明する事件があり、「はたして、コミュ強とは？」と疑問が生じた。いじめという、捻じれたコミュニケーションを生じさせておきながら、「私はコミュニケーション能力が高いです」と名乗る資格はあるのだろうか。

　その後、国際地域研究のこの仕事に携わるようになり、国際社会と地域社会とのコミュニケーションを現実のものとする体現者たちに囲まれ、私の人生史上初と言ってもよいくらい、コミュ強な人たちと触れ合うことが増えた。つまり、コミュ強の秘密を探る絶好の機会が巡ってきた。隙を見ては「あなたはコミュ強ですか、コミュ障ですか」という身も蓋もない質問を、出会う相手ごとに率直にぶつけてみることが、私の趣味の一つとなった。その結果わかったのだが、どうも真のコミュ強たちは自ら「私はコミュ強です」と名乗ることはほとんどない（もちろん、名乗る人もいる）。コミュニケーション

を大切にしていること、コミュニケーションは本当に難しいことをそれぞれの表現で述べて、時には「私はどちらかと言えばコミュ障なんですよ」とおっしゃることまである。ご冗談を。とんだコミュ障パラドクス。

　パラドクスの論理的解法はさておき、すでに大学院時代には、私は重要なヒントを得ていた気がする。私の恩師は、私が在学中、ほぼ毎年国際学会を主催するぐらい国際学会好きであったが、あまり英語をペラペラ話す人ではなかった。日本人丸出しのイントネーションと発音で、ぽつりぽつり。失礼ながら、まあ、英語力という意味では、コミュ障な感じであり、ご本人も「僕はあんまり英語が得意じゃなくて……」とおっしゃる。ところが、我が恩師には世界中に友だちがいて、学会に出席して恩師と英語で会話している彼らの様子を見ていると実に楽しそうなのである。円滑な対話。ユーモアもあり、喜怒哀楽もある。不思議に思い、よーく観察して、ようやく気がついた。我が恩師は口数は多くなく、時に文法や語彙が大変なことになっているけれども、常に相手のニーズや状態を踏まえて応答しているのである。実務であれ冗談であれ、yes であれ no であれ、相手の立場や考えを尊重し、相手が欲しい情報、足りない部分を相手の反応を観察しながら端的にポツン、ポツンと返している。

　師匠本人にスゴイですねと尋ねたところ、コミュニケーションは好きだけれども苦手である、という答えがいつも返ってきた。あの時代には、まだ、コミュ障という言葉はなかった。

　真のコミュ強への第一歩は、コミュ強なのかコミュ障なのか決める権利は、自分だけでなく、相手や周囲にもあると認識することなのかも、と最近の私は感じている。実際の人付き合いにおいては、とある人物が嘘つきなのかコミュ障なのか、キッチリと評価が定まる方が珍しい。太郎君（仮）はソイツは大嘘つきだと言い、次郎君（仮）はアイツは誠実なヤツだと評し、花子さん（仮）はあの人は優しいんですと主張する。同一人物の評が矛盾したり食い違ったりすることはよくあって、本人の自己評価もその中の一つと考えれば、コミュ障パラドクスは別に矛盾しているわけではなく、それぞれの価値観や立場、程度の違いの問題と捉えなおすこともできそうである。多文化共生、多種多様な価値観が尊重されるこの時代、パラドクスを論理的に解消するのが素晴らしいとする価値観も、もう古いのかもしれないなあ、とも感じる。

　さてさて最後にお尋ねしたいが、あなたはコミュ強だろうか、コミュ障だろうか？　……私は心底コミュ障人間なので、「表現が下手でも許してね」と

いう言外のメッセージを込めて「コミュ障です」と答えるのが最善手でせい
いっぱい、唯一のコミュ強ムーヴである。しかし、さもしい心根がにじみ出
て相手がうんざりし、結果やっぱりコミュ障の名乗りに恥じず、コミュニ
ケーションがうまくいかない原因になったりもするので正直が美徳とは限ら
ず難しい。同じコミュ障の名乗りでも自称コミュ障のコミュ強とは何かが根
本的に異なっているのだ。紀元前 600 年前から取り組まれているウソつき
のパラドクスには、論理的思考力に優れた先人たちが議論を重ねて編み出し
た、それなりに定番の解法があると聞く。コミュ強の皆さん、ぜひ、コミュ
障パラドクスにも定番の解法を！

（林　美都子）

【時代の深層を読み解く】

第 9 章

新たな地域コミュニティに参入した外国人英語教師のアイデンティティと自己指針の変化

黒坂　智里・菅原　健太

は じ め に

　グローバル化に対応できる人材育成を目的とした英語教育の改善は、日本社会において重要な課題である（文部科学省　2016）。この課題に応じて、新学習指導要領（文部科学省　2020）では、小学校で学級担任も担う英語専科教員の配置や、中学校・高等学校で日本人教員と英語指導助手（assistant language teacher: ALT）によるチーム・ティーチングの増加への指針を提示している。学校教育において、ALT を含む外国人英語教師による役割は、ますます増加している。そのため、外国人英語教師が、派遣先の地域コミュニティで自らの成長に向けた動機づけ（motivation）を維持できる状況にあることが望ましい。

　以上の背景から、本研究では、外国人英語教師を対象者とし、動機づけの持続（motivational persistence）を促す文脈・条件の理解を目指した[1]。それを促す文脈・条件の理解に向けて、応用言語学では、言語学習者の自己（self）やアイデンティティ（identity）に注目した研究が盛んに行われてきた。だが、外国人英語教師の自己・アイデンティティに注目した研究は数少ない。本研究では、北海道の道南地区に派遣された 2 名の外国人英語教師（う

ち、1名は ALT）から、約半年間にわたり収集した質的データの解釈を通じて、対象者の動機づけに関わるアイデンティティの形成と将来像に変化をもたらす要因の抽出に努めた[2]。分析に基づく考察から、英語教師として地域コミュニティに積極的に参加しながらビジョンが育つ文脈・条件が一部、明確になった。

1. 先 行 研 究

（1） 日本の初等・中等英語科教育の変化と外国人英語教師

　2008 年・2009 年改訂学習指導要領によって、小学校では高学年で学級担任が中心となって行う「外国語活動」が必修になった（文部科学省 2011）。続いて、新学習指導要領では、小学校中学年で外国語活動が行われ、小学校高学年で英語の教科化が決まった（文部科学省 2020）。この改訂に沿って、小学校における ALT 等の活用総数と、小学校 5・6 年生における ALT の授業時数が増加した（文部科学省 2018）。そのため、学級担任が ALT と共に授業を行う割合も増した。実際に、教員研修に関わる調査（東京学芸大学 2017）では、ALT 等とのティーム・ティーチングに関わる研修内容が、およそ 80 パーセント（%）の教員から役に立つとの回答が得られた。

　外国人英語教師の需要が高まり続ける中、ALT の雇用形態は、①政府主体の JET プログラム、②自治体の直接任用、③労働者派遣契約、④請負契約、⑤日本人や留学生を含めた地域人材の活用（文部科学省 2017）と、地方自治体や学校で異なる。国の政策や地域の対応に影響を受けながら、変化し続ける日本の初等・中等英語科教育の現場において、外国人英語教師の活躍は、ますます重要になっている。外国人英語教師たちが、派遣先の地域・学校で、どのような役割を与えられ、それを自分がどのように捉えるかによって、自らの成長を動機づける新たなアイデンティティの形成や自己の変化をもたらす可能性がある。

（2）　外国人英語教師の自己・アイデンティティ

　応用言語学では、人々の自己やアイデンティティの形成に注目した研究が盛んに行われている。特に、心理言語学者のゾルタン・ドルニェイが、長期的な動機づけを理解するために有用だと主張するヘイゼル・マーカスらが確立した「可能自己理論」（possible selves theory）（Markus & Nurius 1986）は、数多くの言語学習に関わる動機づけ研究で用いられている（Dörnyei & Ushioda 2011; 2021）。

　マーカスらによると、可能自己とは、現実に起こる可能性があるものとして鮮明に描ける①「こうなると思える自分」、②「心からなりたいと思う理想的な自分」、③「こうなることを恐れる自分」である。これらの自己は、意識的にも無意識的にも常に心で描いている将来の自分のイメージであり、基準となる①の自己に対し、②と③の自己は、自分が望む・望まない最終状態である。人間はさまざまな自己を思い描く中で、①と②の自己に近づき、③の自己を避けようとして、自らの行動を律する（Markus & Ruvolo 1989）。このように、可能自己とは、将来を導く自己指針（future self-guides）であり、行動の維持を促す強力なアンカーとして機能する自らのビジョンである（Dörnyei 2020; Markus & Nurius 1986; Markus & Ruvolo 1989）。

　ビジョンがもたらす行動パターンに関して、社会的文脈（social context）の視点から理解を深めるために、ボニー・ノートンらのアイデンティティの形成に注目した質的研究（Norton 2000; 2020）の有用性が、言語学習に関わる動機づけ研究の領域では認められている（Dörnyei & Ushioda 2011; 2021）。ノートンの研究では、移民や外国人が、身近な他者との関係性を踏まえ、確立しようとする自らの役割や、その場における社会的な力関係を認識する中で、新たに移り住んだ社会でどのような参加者でありたいかについて注目した。また、こうした自分を取り巻く新たな環境を解釈し、適応しようとする中で形成されるアイデンティティの面から、公用語を学ぶ行動について説明した。その中で、その言語を積極的に学ぶ行動は、新たに参入したコミュニティで中心的な参加者の地位を獲得するための「投資」（investment）であると主張した（Norton 2000; 2020）。

　可能自己理論を用いて言語教師の動機づけの理解を目指した研究（Dörnyei & Kubanyiova 2014；藤田・菅原　2020、他）は、言語学習者を対象としたものに比べて数少ない（Dörnyei & Ushioda 2011; 2021）。また、ノートンらによるアイデンティティ理論を用いて、日本で暮らす外国人や移民の地域コミュニティへの参加に関して理解を目指した研究は、北米やヨーロッパ諸国で行われたものに比べて数少ない。そのため、本研究の第一著者（黒坂）と第二著者（菅原）は、日本で暮らす外国人英語教師の可能自己とアイデンティティに注目した研究を実施することで、自らの成長に向けた動機づけを維持できる文脈・条件が新たに浮上すると見込んだ。

2.　本研究の目的と問い

　本研究の目的は、可能自己理論とノートンのアイデンティティ理論の視点から、日本の地域コミュニティに参入した2名の外国人英語教師の動機づけの持続に関わる文脈・条件を一部、明らかにすることである。この目的に沿って、本研究では、研究の問いを以下のとおり立てた。

　　問1：学校教育に従事する外国人英語教師たちは、学校・地域コミュニティでどのような状況にあったか？

　　問2：彼女らは、学校・地域コミュニティの中で、自分の役割や周囲との関係をどのように捉えていたか？

　　問3：彼女らは、自らの経験を解釈する中で、新たなアイデンティティを認識し、将来へのビジョンを変えたか？

3. 研 究 方 法

（1）　研究対象者

　研究対象者は、北海道の道南地区に英語教師として来日したクレア（女性・34歳）とソフィア（女性・29歳）（両者とも仮名）であった。この2名を対象者に選定した基準は、彼女らが①英語母語話者であること、また、調査の開始時に、②特定の地域で小・中・高等学校のいずれかに勤務し、その後も数カ月間、その地域で働き続ける計画でいたこと、そして、③第一著者と信頼し合える友人関係を築いていたことであった。①の基準は、日本では、ほとんどの学校または自治体が、外国人英語教師の資格として、英語母語話者であることを第1条件に挙げているために設けた。②の基準は、本研究の目的に沿って、対象者からその場の状況や経験についての語りを得る必要があるために設けた。③の基準は、②の語りの中で、対象者自身の抱える内面的な問題や自己指針を含む話題を尋ねる必要があるために設けた。

（2）　手続き

　本研究では、ストラウス派のグラウンデッド・セオリー（grounded theory）開発の技法と手続き（Strauss & Corbin 1998）に沿って、2018年6月から2018年12月まで質的データを収集し、同時に分析も進めた。調査の開始前に、第一著者がクレアとソフィアに本研究の目的と方法、そして、調査への協力が自由意志に基づくことを口頭・書面で説明した。その結果、両者から調査協力における同意を得られ、以下の方法によるデータ収集を開始した。

（3）　データ収集

　本研究では、対象者が書いた日記と第一著者による対象者への非構造化インタビューから質的データを収集した。日記に関しては、特にルールを設けず、メッセンジャーを用いて毎日、自由に英語で記述してもらった。また、日記の内容をもとに、録音レコーダーを使って非構造化インタビューを週に1回

または2週に1回の頻度で、クレアは計12回、ソフィアは計11回行った。インタビュー時間は1回につき、60分から90分（日によっては150分）程度であった。なお、勤務校の夏休み期間中、また、対象者が旅行や帰省していた間は、日記のみ記述してもらい、インタビューは実施しなかった。

（4）データ分析

　収集したデータは、Microsoft Word に書き起こし、オープンコード化（open coding）と軸足コード化（axial coding）、そして、選択コード化（selective coding）の手法（Strauss & Corbin 1998）を用いて分析した。オープンコード化とは、記述データのラベリングを通じて、可能な限り概念を抽出し、得られた概念をカテゴリーにまとめる作業である。軸足コード化とは、オープンコード化の段階で浮上したカテゴリーの中から、軸となるカテゴリーを特定し、そのカテゴリーのまわりにサブカテゴリーを結びつけていく作業である。選択コード化とは、軸足コード化を通じて得た概念枠組みや分析者の作業メモをもとに、ストーリーラインを記述していく中で、理論の精緻化・統合を目指す作業である。本研究では、上記のコード化を2名の対象者間で共通する箇所や異なる箇所に注目し、比較しながら進めた。

（5）データ解釈の信頼性・妥当性

　本研究では、社会科学で有用な質的研究法として広く認められているストラウス派のグラウンデッド・セオリー法（Lyons & Coyle 2007）に沿って、長期的に収集した豊かな質的データを詳細に分析・解釈した。また、解釈の中で、動機づけ心理学において一動機づけモデルとして確立している可能自己理論や、応用言語学において数多くの研究で用いられているノートンのアイデンティティ理論を用いた。さらに、解釈の妥当性を評価するために、第一著者と第二著者に加え、2名の研究協力者（グラウンデッド・セオリー法を学んだ大学院生と学部生）および、第一著者と対象者2名による相互評価を実施した。

4.　結果と解釈

　分析をとおして、クレアのデータから（ア）「アメリカ人としてのアイデンティティ」、（イ）「ALT としてのアイデンティティ」、（ウ）「日本語力向上への投資減退」のカテゴリーが浮上した。また、ソフィアのデータから（ア）「シンガポール人としてのアイデンティティ」、（イ）「英語教師としてのアイデンティティ」、（ウ）「クリスチャンとしてのアイデンティティ」、（エ）「日本語力向上への投資意欲」が浮上した。

（1）　クレアのアイデンティティ
（ア）　アメリカ人としてのアイデンティティ
　クレアが生まれ育ったテネシー州は、白人が多くを占め、保守的な思想が根強く残っている。派遣先の地域に来て以来、クレアの生活環境は、市街地で見かけるアジア系の観光客以外、日本人の地域住民に囲まれ、大きく変わった。この中で、クレアはアメリカ人としての生活スタイルを維持する一方で、日本の慣習や文化に馴染もうと努力していた。例えば、食事に関して、アメリカの慣習である「持ち帰り」（to go bags/boxes）を日本のレストランで了解を得たうえで継続した。日本では衛生上のことに加え、「残さず食べる」善行があることを学び、日本の慣習や文化の尊重が大切だと考えていたためである。
　しかし、日本とアメリカの学校現場における違いに関して、クレアは戸惑い、疑問を抱くこともあった。例えば、ある小学校で児童同士の喧嘩があり、それを目撃した日本人教員がその喧嘩を止めようとしなかった以下の出来事（引用1）が挙げられる。

　　ある教室でおかしなことがあったの。2人の4年生の男の子たちが教室で（遊び感覚で）「取っ組み合い」をしていて、それがすぐに喧嘩へと変わっていった。その場にいた先生は何もしなかったのよ。ショックだったわ！（引用1：クレア）

　実際に、アメリカの教育現場では、学業の遂行上、問題になりそうな生徒の態度や行動を日本よりも厳しく指導する体制をとっている（大谷 2007、他）。小学校でも、授業中の妨害行為が繰り返された場合には、停学から退学処分まで厳しい処分を設けている。そのため、多くの ALT が、このような指導上の違いにおける戸惑いを経験している。

　ほかにも、学校文化の違いにおいて、クレアは肯定的に捉えることができない出来事に出くわした。花火大会を見に来たクレアとジャック（クレアの夫）は、中学校で教えている生徒たちに駐輪所で出会った。その時に、生徒たちは誰かが自分たちの自転車をチェーンで固定したせいで、帰宅できないことをクレアとジャックに英語で必死に説明し、助けを求めた。しかし、その内容からみて、2 人は以下（引用 2）のとおり助けに応じることはできなかった。

> 　私たち（クレアとジャック）は、少しの間生徒たちとただ立っていて、やがて、その生徒たちは 1 人の（日本人）教員を呼び出したの。あぁ…… わたしにとったらとてもおかしいことだった。だって、どうして…… お母さんを呼べばいいじゃない！…… それがまず初めにやるべきことよ。（引用 2：クレア）

　生徒たちが保護者ではなく、教員を呼び出し、教員もそれに応じたことが、クレアには理解できなかった。だが、そのとき彼女は、ALT の事前研修で学んだ「第 3 の親の状況」に関して思い出した。この状況とは、日本では教員は、学校外での場面も含めて生徒の親であり、面倒を見る役割を担うことを指す。しかし、彼女は、この役割を自分の中に加えることはできず、上記の出来事は、アメリカ人としてのアイデンティティをより意識するきっかけとなった。

　（イ）　ALT としてのアイデンティティ

　クレアは、曜日ごとに異なる小中学校で英語を教えていたため、学校外で児童・生徒に出会うことが少なくなく、その時に挨拶されることを嬉しい出来事として捉えていた。この挨拶から、新たに参入したコミュニティからアクセスを許されていると感じたためである。また、学校内において彼女は、自分に対して児童・生徒たちの「英語で話しかけよう」「もっと知りたい」思いによ

る行動から、外見や話す言語が異なる異質な存在である自分であっても、その場で受け入れられていると感じることができた。さらに、児童と教員が家族のようで、教えることが楽しいと思える学校があった。そこは複式学級による小規模な小学校で、児童は英語の授業に意欲的で、休み時間にも彼女と鬼ごっこやボールで遊ぶことを毎度楽しみにしていた。学級担任をはじめ日本人教員たちも、彼女と授業計画を組もうと、積極的に話し合った。学校内で一構成員として中心的に参加できる状況から、彼女はALTとしての役割を明確にでき、やりがいを感じていた。

　その一方で、クレアには、ALTをしたくないクラスもあった。そのクラスでは、授業の目標や内容を英語で説明すると、自分の思いに反した行動をとる児童・生徒がいて、その場でどう対処すべきかわからなくなり、以下（引用3）のとおり、混乱した。

　　　その子たちは協働しようとしないし、それに英語を話そうとすらしなかった。わたしを遮って話したりなんかして、子どもたちを黙らせて威厳を示すために酷い言葉を叫ぶしかなかった。（引用3：クレア）

　上記のような事態には、日本人の英語教師や担任の助けが必要であるが、その学校では日本人教員はいつも教室から離れていた。そのため、クレアは、どのようにクラスをまとめて授業を行えばよいのかわからない状態に陥った。そして、なぜ、自分に意識を向けてくれないのか、生徒たちの気持ちが理解できず、以下（引用4）のように、ただ主張することしかできなかった。

　　　…….その生徒たちは酷いの。あるときにそのクラスで、大声で言い放ってやったわ。「もうわかったわ、あなたたちが勉強したくないのなら、わたしはここに立って授業が終わるまで自分に話しかけてるから。これじゃあ時間の無駄」ってね。（引用4：クレア）

　以後、クレアは、このクラスでの授業日には、何が起こってもなんとかなると前向きになろうと努めたが、その前夜は毎回、憂鬱だった。また、この出来事は、彼女にとってALTとして働き続ける可能自己を描けなくなった要因

の一つとなった。

　実際に、ALT と日本人教員の間で、コミュニケーション不足による問題が多くみられる（大谷 2007、石野 2018、他）。他の ALT と同じく、クレアにも、児童・生徒や授業内容・指導方法について手がかりがないまま授業に臨まなくてはならないことから起こる不安がみられた。また、このような経験から、協力体制を取りにくい教員とどう関係を構築するか、また、ALT として子どもにどう力を注げばよいのか、不明瞭な状況が以下（引用 5）のとおり確認できた。

　　　誰も英語を話さない学校がいくつかある。担当教員と授業計画を話し合うとき、これが唯一の問題なのよ。場合によっては、教室に入って何をしたらいいのか何も手がかりがないときもある。このことが起こってしまうと、授業へ向かうときに自分がどうしたらよいかわからなくなり、方向性を見失っていることを子どもたちに知られないようにしている。（引用 5：クレア）

（ウ）　日本語力向上への投資減退

　多くの ALT と同様に、クレアも来日後、第二言語を話す理想自己（Dörnyei 2005）を描いており、日本語を学ぼうとする行動がみられた。しかし、彼女の日本語学習における動機づけは減退した。その変化は、ALT として日本に最長で 3 年間、滞在する予定でいたのが、他の ALT から話を聞いたり、仕事内容や給与、そして、アメリカに残る家族のことを考えた結果、約 10 か月間の滞在に計画を変えた頃から起こった。彼女の将来像は、ALT として働きながら日本語学習も継続している自分から、母国へ戻り、新たな仕事をしている自分に変わった。この変化から、彼女は、派遣先コミュニティで自己の確立に向けて日本語学習に投資するよりも、「長期旅行者」として残りの期間を過ごすスタンスが妥当であると判断した。

　それでも、クレアは、日本語を話せるようになりたいと思っていた。例えば、自身が楽しんでいた高校生以上や社会人を対象とした英会話教室で、彼女と生徒の会話は英語で行われるが、生徒同士は日本語で話していたため、生徒たちの話をもっと聞きたく日本語力を身につけたいと思っていた。また、日本

語学習が、自分と他者との関係を新たに築くことを可能にし、自分に幸せをもたらすものと感じていた。例えば、クレアと第一著者はインタビュー後の帰り道で、日本人老夫婦が木の実を拾っているところを見かけ、クレアが「私も木の実拾いをしたい」と言った。そして、実際にその活動に加わったことが、自分を幸せにする出会いであったと以下（引用6）のとおり、回想している。

　　…… 歩み寄って、少しの間その夫婦と話したわ。2人は信じられないくらい優しくて、私たちがその中に加わろうとしていることにワクワクしているようだった。あの2人に話しかけることができて、語りかけてくれたこと全部を理解できていたらなぁ。そこから学ぶことがたくさんあっただろうと確かに思うわ。こんな感じの小さな出会いって大好き。私の心を幸せにしてくれるから。（引用6：クレア）

（2）　ソフィアのアイデンティティ
（ア）　シンガポール人としてのアイデンティティ
　ソフィアは、シンガポール出身で、英語と中国語（マンダリン）のバイリンガルである。また、中国語の方言である閩南（ミンナン）語や広東語の学習経験がある。閩南語は、父親が閩南語で店主と話す姿を見て、学ぶ意欲が高まった。広東語に関しては、香港での2年間の生活で、学校へ通わなくても、テレビを見続けて理解できるようになった。もともと楽しみながら新たな言語を学び、自分で上達させることができた彼女は、言語の使用に由来するアイデンティティを興味深いものと捉えていた。
　来日後、ソフィアは、中国語で話す機会が減り、その言語で話している人たちがいると喜び、実際に話しかけることがあった。その人たちに自然と親近感が湧き、話すことで欲求が満たされるためである。例えば、中国語を話す自国やマレーシアからの観光客と話せて幸せだった経験に関して、以下（引用7）のとおり語っていた。

　　教会に何人かのマレーシアから来た観光客がいて、一緒に中国語を話す人たちに会えてとても嬉しかったよ。その人たちは私の父の地元に近い、マレーシアの

地区の出身でもあったの。……もしシンガポール人やマレーシア人なら本当に幸せだし、すぐにでもその人たちに話しかけたくなる。もし中国本土か台湾からの人なら、ただ「あぁ、かっこいいわ」っていう感じね。……シンガポール人の仲間に会えるって素敵でしょう。ええ、そしてマレーシア人ね、だって私たちはご近所だし。（引用7：ソフィア）

　そのほか、ソフィアは、シンガポール人としてのアイデンティティに関するインタビューの中で、自分がシンガポール人であることを誇りに思えて、自分に自信が持てる状況について取り上げた。例えば、祖国で自慢できるものは少ないものの、チャンギ空港は世界で一番であり、日本からチャンギ空港へ着くと、シンガポールへの誇りを感じ、その誇りは、自分にシンガポール人としての自信を持たせてくれるものであると語っていた。

（イ）　**英語教師としてのアイデンティティ**

　ソフィアは、高校で異文化・言語・世界事情・思想などについて、生徒たちが批判的に考察し、英語で話し合う国際学を担当していた。その授業で、生徒たちは自ら深く考え、多様な意見を述べることから、教えることを心から楽しんでいた。その様子は、以下（引用8）のとおりである。

　　国際学のクラスで、『ベッカムに恋して』（映画）を観て、生徒たちにインディアンの両親が娘をイングランド人と一緒にさせることをどうして否定したのか、理解できたか、考えさせたんです。それと、日本は移民を受け入れるべきかについて良い点と悪い点を考えるよう指示しました。生徒同士、多様でじっくりと考えた意見を目の当たりにして嬉しかった。国際学を教える中で、本当に楽しめているの。だって生徒自身が、話すべき重要な意見を持っていて、それを英語で表現できると確信しているから。（引用8：ソフィア）

　学校の中で、ソフィアは同僚の日本人教員たちと良い関係を築いていた。この関係性を示す出来事として、全学年統一の定期試験で、彼女はリスニング問題で異なる試験の問題を流してしまい、また、その前年度にも定期試験で大きなミスをしており、とても落ち込んでいた。その時に、日本人教員たちは、彼女を励まし、精神的に支えようとした。この支えから、彼女は前向きになれ

て感謝の気持ちを持つことができた。その様子は、以下（引用9）のとおりである。

　　…… でも、ありがたいことに周りの先生方は理解してくれました。ある先生がおもしろいことに気がついたんです……（その先生は）私のクラスでテスト監督していて、私が解答用紙の印刷を忘れたことに気がつきました。そして今朝、私は嬉しそうにその先生に、「今年はちゃんと解答用紙を印刷しました！」って言ったんです。その後、（テスト中に）彼が英検クラスの試験のCDが違うことを見つけ出して、「今日の朝はとても自信に満ちていたね！」ってたくさん笑ってくれました。他の先生方も親しみを込めて笑ってくれて、気持ちが楽になった。その後、英語を勉強したいからって、その先生は私が作った試験の1部を確かめさせてほしいって言ってきました。嬉しかったです。（引用9：ソフィア）

　ソフィアは、職場で失敗しても、同僚教員から支えてもらえる関係性を築くことができ、その関係性が英語教師としての成長を目指す前向きなマインドセットを導いた。さらに、学校の外でも、彼女と同じくクリスチャンである日本人教員と、食事をしたり、長期休暇にレンタカーで道内旅行にも行ったりと、友人関係を築くことができた。その中で、ソフィアの英語教師としてのアイデンティティは深化した。

　（ウ）　クリスチャンとしてのアイデンティティ

　前述の（ア）と（イ）に加え、ソフィアは、クリスチャンとしてのアイデンティティを保持していた。以下（引用10）のとおり、父親も宣教師で、イエスの信仰に非常に厚い家庭で育った。

　　父も宣教師で、偉大な役目を諦めたり、イエスの愛を共有するために数々の苦しみすら経験したり、世界中の教会を支援する多くの宣教師が周りにいる環境で私は育ちました。（引用10：ソフィア）

　やがて、ソフィアは、父親のように宣教師として世界中でイエスの愛を分かち合いたいと思い始めた。しかし、自分が理想とする宣教師のイメージから、現状の自分はほど遠いと感じていたため、宣教師としての役割を果たすことに自信を失っていた。この状況は、自己不一致理論（self-discrepancy theory）（Higgins 1987）が説明する理想自己（ideal self）と現実自己（actual self）のギャップにより起こる落込み状態と一致していた。だが、彼女は、諦めかけていたその役目を果たそうと決心した。イエスによる奇跡を述べた聖書の一節と、自分が置かれている状況を照らし合わせて、聖書の教えを実践することで、宣教師としての可能自己を描くことができたためである。

　ソフィアは、聖書の教えをよく読み、自身の生活を省みた。例えば、移民や難民について、下記（引用11）のとおり、聖書の内容と現代の社会問題を関連づけて、聖書の実践に向けて物事の捉え方を改めようとした。

　　　今、（聖書に基づく図書である）『移民の危機における神への奉仕』（Serving God in a Migrant Crisis）を読んでいるところです。この本には、難民や移民について語っており、今日の世界状況から、私たちが（難民や移民に）真の愛を示すためにすべきことが書かれています……どれだけ自分が偏見を持ち、わがままであるか、省みることができました。（引用11：ソフィア）

　教会をはじめ聖職者の集う場所には、賛美歌の本や、歴史的な聖書が数多く残っている。ソフィアの勤務校でも、会議室に聖書関連の本が山積みに置かれている。その光景から、彼女は、宣教師として主の教えの継承に努めてきた数多くの人々の存在に圧倒されながらも、自身も主の教えを受け継ぐ者であることを改めて自覚した。

　教会では、同胞であるクリスチャンが多数集まり、共に賛美歌を神に捧げる。そして、イエスへ感謝し、主の教えについて語り合う。その語り合いは、ソフィアが派遣先コミュニティで出会った友人同士でも行われ、共にイエスへの信仰心を高め、彼女の人間関係を豊かにした。友人との別れ際には、下記（引用12）のように、互いに祈り合う時間を必ず設けていた。

　　　いつもどおり日曜日に教会へ行ったんだけれども、今回は少し寂しかった。友人が韓国へ帰国する前の最後の出席日だったから。（引用12：ソフィア）

　ソフィアにとって、誰かのために祈りを捧げ、自分のために祈ってくれる友人と祈り合う時間は、自身の気持ちを癒し、また頑張ろうと思えるエネル

ギーを生み出すものであった。この過程は、以下（引用 13）に示されている。

　　　教会に行った後、同じ学校で働く聖書科の先生とスターバックスへ行きました。仕事や生活についてたくさん話しました。そして、お互いのために祈りました。最近、少し意気消沈していたんです。なんか、肉体的にも気持ちの面でも大丈夫なんですけど、精神的に少し疲れきってしまっていて。友人と話すことができ、互いのために祈り合いができると、エネルギーが得られるんです。（引用 13：ソフィア）

（エ）　日本語力向上への投資意欲

　ソフィアは、今後も英語力を活かした仕事を日本でしながら、宣教師として暮らしたいと明確なビジョンを持っていた。そのために、日本語学習を継続し、「日本語検定 1 級」の取得を目指していた。学校では、彼女が英語で話す内容を理解できない生徒もいた。その生徒が何につまずき、何を求めているのか、自身の日本語力では、生徒の実態や意思をはっきりと理解できないこともあった。その場面で、生徒とコミュニケーションを図れず、相互理解に向けた関係性を築くことができないとき、日本語学習の必要性を強く感じた。また、教会に集う人々と日本語でもっと話せるようになり、関わりを持ちたがっていた。

　だが、勤務校での雇用形態が労働者派遣契約であるソフィアは、授業数を含めて仕事量が徐々に増えていき、日本語学習に投資する時間を容易に確保できなくなっていた。その状況でも、余裕があれば、「日本語能力試験」向けのコースに入って学びたいと語っていた。閩南語や広東語と同じく、日本語話者としてのアイデンティティを自身に加えるビジョンを保持していた。

5. 考　察

　前節のとおり、結果を解釈する中で、2名の研究対象者が、新たに参入した地域コミュニティの中で、自らのアイデンティティの認識・形成と将来への可能自己に変化をもたらす場面状況と文脈が浮上した。本節では、研究の問いごとの考察と、研究の限界・今後の研究について記述する。

（1）　学校・地域コミュニティでの状況（問1）

　データの解釈から、雇用形態や学校によって異なる対応、さらに、地域コミュニティでの参加に関する話題が浮上した。雇用形態に関して、クレアのデータには、ALT の勤務時間・勤務する学校数・サポート体制・賃金・労働内容についての話題が含まれていた。これらの条件に対する不満は、クレアにとって日本での滞在期間を来日当初の計画よりも短縮することを決めた要因となった。続いて、学校によって異なる対応には、クレアのデータには、ALTと共に授業を作り上げる状況と、ALT にすべて授業を一任する状況が含まれていた。他の ALT と同様に、クレアも後者の望まない状況が起こることを予測したうえで、対応しなければならない実態が浮上した。一方で、雇用形態が労働者派遣契約であり、一勤務校で専任教員としての役割も一部担うソフィアのデータからは、雇用形態や賃金、そして、単独で授業を行うことに関する話題は出てこなかった。しかし、授業数をはじめ仕事量の増加から、日本語学習のための時間の確保が難しくなってる現状が確認できた。さらに、地域コミュニティでの参加に関して、クレアは周辺的な参加者として留まる考えに陥っていた。一方で、ソフィアは、慣習的な行動パターンが確立していた。両者における考え方や行動パターンの違いには、自らの役割についての認識や周囲との関係性の構築、そして、アイデンティティの形成と可能自己の変化が関わっていた。

（2）　自らの役割や周囲との関係（問2）

　派遣先の地域コミュニティで、クレアは学校内外で与えられた ALT としての役割をポジティブに捉えることができずにいた。この状況は、教師が第3の親の役割を担うことに対する疑問をはじめ、学校文化の違いが関わっていた。だが、このこと以上に、彼女が現実自己をポジティブに捉えることができなかった原因には、日本人教師や生徒たちと自分が望む関係性を築くことができずにいた現状にあった。特に、授業の計画・遂行について他の教員たちと協働できず不安になり、また、生徒も自分が望んでいる学習への参加に向かわないことから、かなり落ち込んでいた。一方で、ソフィアは、勤務校で英語を教えることに熱意を持て、同僚教員からの支えが得られる環境に自分はいると捉えていた。また、地域コミュニティの中で、信条や価値観、そして、可能自己を共有できる重要な他者と友人関係を築いていた。この関係性を振り返る中で、自分の現状について意味のある役割を遂行しているとポジティブに捉えていた。

（3）　アイデンティティの形成と可能自己の変化（問3）

　派遣先での生活の中で、対象者2名とも、自分の中に複数のアイデンティティが存在することを認識していた。どのアイデンティティが活性化するかに関しては、ノートン（2000；2020）の主張どおり、当事者によるその場の出来事や経験についての解釈が関わっていた。対象者2名とも、自分をポジティブに捉えることができる文脈と、自分をネガティブに捉えてしまう文脈があることを語っていた。どちらの文脈に流れるか、その過程には、自分が望む関係性を重要な他者と共に築くことができているか、また、自分にとって意味のある役割を遂行できているか、この2つの要因が浮上した。

　クレアの場合、上記2つの要因が満たされず、現在の自分をネガティブに捉える状態に陥ったとき、アメリカ人としてのアイデンティティがより活性化していた。特に、その状態は、日本人教員や生徒たちと自分が望む関係性を築くことができず、授業がうまくいかなかった出来事を振り返ったときに起こっていた。彼女はこの状況を克服しようと前向きなマインドセットの意識化に努め

た。だが、その努力は解決をもたらさず、ALT としてのアイデンティティの深化を取りやめた。それと同時に、新たな地域コミュニティでの適応を促す日本語学習への投資も取りやめ、自身を旅行者としての立場に位置づけた。その中で、母国で生活する自分の姿がポジティブな可能自己であると再認識した。

　一方で、ソフィアには、確立しているシンガポール人としてのアイデンティティのほか、英語教師としてのアイデンティティを形成していく姿がみられた。この過程には、同僚教員と目標を共有できる関係性を築けていたことと、生徒への英語教育に情熱を維持できたことが関わっていた。彼女にとって、英語教師として学校で適応していく自分の姿は、ポジティブな可能自己であった。また、クリスチャンとしての人生を歩み、宣教師としての役割の遂行に努める自分の姿は理想自己であり、そのビジョンに近づくことが意味のある目標であった。その目標の達成には、学校やクリスチャンが集うコミュニティで深い人間関係を築き、価値や信念を共有していく活動は欠かせなく、そのために、日本語学習への投資も必要であった。

（4）　本研究の限界と今後の研究

　2名の研究対象者には、来日した時期や雇用形態、そして、調査の開始時における英語教師の経験に違いがみられた。そのため、両者の比較を通じて、アイデンティティの形成と可能自己の変化をもたらした要因について明らかにできる部分は限定的であった。特に、ソフィアの場合、英語教師としてのアイデンティティをある程度形成していたので、その形成を促した文脈や条件を十分に抽出できたとまでは言えない。また、本調査では、約半年をかけて豊かな質的データを収集したが、その方法はインタビューと日記によるものであり、回顧的なデータの収集のみにとどまった。そのため、本研究で抽出したアイデンティティの活性化や可能自己の変化には、リアルタイムでのみ捉えられる現象が含まれていない。

　以上のことから、今後の研究では、その場の出来事を対象者に提示できる再生刺激インタビュー法（stimulated recall interview）や、その場で対象者の思考プロセスを抽出できる発話思考法（think-aloud method）を用いた研

究デザインを立てる必要がある。また、対象者2名への追跡調査をすることで、可能自己によって導かれた現在の自分をどう捉えているかについて明らかにできる。さらに、他の外国人英語教師を調査することで、アイデンティティの形成や可能自己の変化を促す新たな要因を抽出することができる。そして、新たに収集したデータをグラウンデッド・セオリー開発の手続き（Strauss & Corbin 1998）に沿って、理論的飽和に近づくことを目指し、分析・解釈し続けることが欠かせない。

おわりに

　派遣先の地域コミュニティで、クレアは、来日前から確立しているアイデンティティを守り、ALTとしてのアイデンティティの形成を取りやめ、周辺的な参加に自らを位置づけた。そして、母国で生活する可能自己を再認識し、その自己指針へ近づく方向に動機づけられ、滞在期間を短縮した。一方で、ソフィアは、英語教師としてのアイデンティティが深化した。また、クリスチャンとしての人生を歩む可能自己がより明確になり、そのビジョンに近づこうとする強い動機づけに支えられた自己投資を継続していた。彼女らのアイデンティティの形成と可能自己の変化には、自分が望む関係性を重要な他者と築くことができ、意味のある役割を遂行しているかどうかの認識が関わっていた。

　本研究から得られた示唆として、外国人英語教師たちが、学校内をはじめ地域コミュニティのメンバーと目標を共有できる深い関係性を築き、自分たちは意味のある役割を遂行している状況にあると自己評価できることが重要である。そのためには、派遣先地域・学校で適応に向けて取り組んでいる自らのビジョンの強化・維持が欠かせない。この条件を満たすには、地域コミュニティの中で、外国人英語教師が日本人教員・生徒、さらに、地域住民とともに、全人的な相互成長に向けて積極的に参加できる学習環境が必要である。その特性を持つコミュニティの中で、メンバー同士がビジョンを共有でき、その到達に向けて強力な動機づけに支えられながら日々の自己投資を継続できれば、メ

ンバー各自が自分の新たな役割や今後の人生における指針を見つけることができ、健全な幸福感が得られよう。

注

1)　本研究は、第一著者の修士論文「黒坂智里（2019）外国人英語教師のアイデンティティとポシブル・セルフの変化（北海道教育大学）」を加筆・修正したものである。

2)　研究過程の一部は、2018年8月に「全国英語教育学会 第44回 京都研究大会」（於・龍谷大学大宮キャンパス）にて口頭発表した。発表タイトルは次のとおりである。「初等・中等英語教育に従事するALTのアイデンティティとポシブル・セルフの変化」

引用・参考文献

石野未架（2018）「退職を選んだ外国人指導助手（ALT）が語るティームティーチングの課題―アクティブ・インタビューを用いて」『言語文化共同研究プロジェクト』33-42ページ。

大谷みどり（2007）「外国人指導助手（ALT）と日本の学校文化」『島根大学教育学部紀要』（人文・社会科学）第41巻、105-112ページ。

東京学芸大学（2017）『英語教員の英語力・指導力強化のための調査研究事業 平成28年度報告書』。

藤田翔平・菅原健太（2020）「日本人英語教師の長期的な動機づけ維持力の理解に向けて」『HELES Journal』第19号、68-83ページ。

Dörnyei, Z.（2005）*The psychology of the language learner: Individual differences in second language acquisition*, Mahwah, NJ: Lawrence Erlbaum.

Dörnyei, Z.（2020）*Innovations and challenges in language learning motivation*, London: Routledge.

Dörnyei, Z., & Kubanyiova, M.（2014）*Motivating learners, motivating teachers: Building vision in the language classroom*. Cambridge: Cambridge University Press.

Dörnyei, Z.［ドルニェイ］, & Ushioda, E.（2011）*Teaching and researching motivation*（2nd ed）. Harlow: London.

Dörnyei, Z., & Ushioda, E.（2021）*Teaching and researching motivation*（3rd ed.）. New York: Routledge.

Higgins, E. T.［ヒギンズ］（1987）"Self-discrepancy: A theory relating self and affect," *Psychological Review*, 94, 319-340.

Lyons, E., & Coyle, A.（Eds.）（2007）*Analysing qualitative data in psychology*. Oaks, CA: Sage.

Markus, H. R.［マーカス］, & Nurius, P.（1986）"Possible selves," *American Psychologist*,

41, 954-969.

Markus, H. R., & Ruvolo, A.（1989）"Possible selves: Personalized representations of goals." In L. A. Pervin（Ed.）, *Goal concepts in personality and social psychology*（pp. 211-241）, Erlbaum, Hillsdale, NJ: 1989, 211-241.

Norton, B.（2000）*Identity and language learning: Gender, ethnicity and educational change*. Harlow: UK, Pearson Education.

Norton, B.（2020）"Motivation, identity and investment:" A journey with Robert Garder. In Al-Hoorie, A. H., MacIntyre, P. D.（Eds.）, *Contemporary language motivation theory: 60 years since Gardner and Lambert（1959）*（153-168）. Bristol, UK: Multilingual Matters.

Strauss, A.［ストラウス］, & Corbin, J.（1998）*Basics of qualitative research: Techniques and procedures for developing grounded theory*（2nd ed.）. Oaks, CA: Sage.

Web サイト

文部科学省（2016）教育課程部会　外国語ワーキンググループ（第5回）配付資料　資料2-1 「外国語ワーキンググループにおける検討事項に関する主な論点」、https://www.mext.go.jp/b_menu/shingi/chukyo/chukyo3/058/siryo/__icsFiles/afieldfile/2016/01/15/1366027_1.pdf、2021年9月13日アクセス。

文部科学省（2020）「新学習指導要領 外国語教育」、https://www.mext.go.jp/a_menu/kokusai/gaikokugo/index.htm#a、2021年9月13日アクセス。

文部科学省（2011）「平成20・21年改訂学習指導要領」、https://www.mext.go.jp/a_menu/shotou/new-cs/youryou/index.htm、2021年9月13日アクセス。

文部科学省（2018）「平成29年度 英語教育実施状況調査（小学校）の結果」、https://www.mext.go.jp/component/a_menu/education/detail/__icsFiles/afieldfile/2018/04/06/1403469_04.pdf、2021年9月13日アクセス。

文部科学省（2017）「外国語指導助手（ALT）等の任用・契約形態別人数等の状況（平成28年度）」、http://www.mext.go.jp/component/a_menu/education/detail/__icsFiles/afieldfile/2017/04/07/1384236_05.pdf、2021年9月13日アクセス。

【時代の深層を読み解く】

第 10 章

社会科学とマンガの架橋
― いしいひさいち官僚制論に関する近代思想史的考察 ―

田村　伊知朗

は じ め に

　本章は、いしいひさいち（1951 年 −　）のマンガによって描写された現代
社会の一側面を論じる。とりわけ、近代そして後期近代を規定する社会制度の
一つである官僚制の本質とその実態という観点から、彼のマンガを考察してみ
よう。

　その際、ヴェーバー、ヘーゲル等の官僚制論[1]を導きの糸にして、近代官
僚制の本質から、いしいの官僚制論を討究する。もとより、前者の官僚制論が
公表されてから約 1 世紀、後者のそれに至っては約 2 世紀の歳月が流れてい
る。この間、近代官僚制に関する研究は多様化し、かつ深化しているはずであ
る。その研究書と研究論文の数は、ほぼ無尽蔵と言ってもよいであろう。しか
し、近代官僚制は、この数世紀にわたってその本質をほとんど変化させていな
い。社会科学の古典とみなされている研究書を参照することによって、十分に
その枠組を示すことができよう。

1.　思想家としてのいしいひさいち

　この著名なマンガ家について、ここで触れてみよう。彼のマンガは、1991年以来、毎日、『朝日新聞』朝刊に掲載されている。「となりのやまだ君」そして現在では「ののちゃん」と題する4コママンガが、ほぼ四半世紀以上、同一の新聞紙面において掲載されている。数十年という時間的経緯のなかで、毎日その名前が『朝日新聞』において掲載されている執筆者は、いしいひさいちだけであろう。

　ここで、新聞による世論形成の意義について簡単に触れてみよう。周知のように、新聞の起源はドイツにある。1650年、ライプチヒにおいて世界で最初の日刊新聞が刊行されたからである（Grumeth 2021）。現在でも、ドイツは世界でも有数の新聞発行部数を誇っている（Bundesverband Deutscher Zeitungsverleger e.V. 2008）。このような歴史的事実を顧慮するかぎり、新聞による世論形成に関する意義づけに関して、ドイツの事例を参照することも、不適切ではないであろう。

　この数世紀にわたる歴史的時間において、19世紀中葉のドイツ三月前期という時代は、他の時代とは異なる傾向を示していた。各新聞がその政治的立場を明確にして、世論形成に対して極端に相反する傾向を示していた。本研究では、この時期にジャーナリストとして著名であった2人のヘーゲル左派、カール・ナウヴェルクとエトガー・バウアーの相互批判を、新聞による世論形成に関する事例として提示してみよう。前者が新聞を肯定的に考察することと対照的に、後者はその役割を否定的に考察している。とりわけ、後者は、後期近代の大衆社会における新聞に対する性格づけにつながるような主張をしている。

　まず、ナウヴェルクの主張に触れてみよう。

　　　火薬、印刷、鉄道と同様に、新聞は、民主主義の発明品である。新聞が我々
　　を自由にし、かつ平等にする。……新聞が大衆の福祉を促進する。（Nauwerck
　　1844: 18）

　新聞が民主主義の形成に寄与するはずであろう。このような思想は、啓蒙主義あるいは初期近代において典型的な思想の一つである。他方の潮流として、バウアーの主張に触れてみよう。

　　いつも出来合いの公共的意見＝世論は、当然のことながら、追思惟されるべき時代を持たず、「時代のスローガン」で満足し、「時代の心地よい感情」に耳を傾ける。(Bauer, Edgar 1844: 41)

　世論は流動的であり、必ずしも事柄の本性を追究してきたわけではない。新聞は世論に迎合しているという批判である。

　新聞そして世論に関するこの相異なる2つの極端な潮流から、いしいひさいちは自由である。数十年の時間的経緯において、世論は一定ではなく、つねに変化してきたが、このマンガ家と世論との不即不離の関係が、この長期連載を可能にしたのであろう。

　大衆という社会的存在は、新聞等のマス・メディアを通じて環境世界を認識する。いしいが、大衆の意識をある一定の方向へと水路づけようと意図しているようにも見えない。あるいは、世論に抗してある理念を提示しているようにも考えられない。彼は、その時々の政治的争点を直接的な題材にしているのではない。従来の政治批判的なマンガは、ある政治的立場、例えば与党の政治的主張に対して別の選択肢、例えば野党の政治的主張を対置しているだけにすぎない。対照的に、彼のマンガは、近代の時代精神のある根源的な構成要素と関係している。大衆が明白には意識していないが、曖昧な形式において意識している事柄を対自化する。嘲笑によって、大衆は時代精神のある部分を認識する。

　彼は、『朝日新聞』において連載する以前の1970年代から半世紀にわたってほぼ毎日、数編の4コママンガを公表している。また、「(笑) いしい商店」が、インターネット上において彼のマンガに関する最新情報を掲載している（いしい　2021）。共著を除いた彼の単行本の刊行数は、200冊を遥かに超えている（山野　2016：264-271）。彼の4コママンガは、この半世紀間にわたって毎年、4冊以上単行本として出版されていることになる。

　このように大量に出版されていることが、この 4 コママンガが大衆に受容されていることの根拠になる。通常のマンガは日刊新聞だけではなく、週刊誌、月刊誌等に連載されているが、毎号の読者アンケートの結果次第ではその連載が打ち切られる。読者の支持がないと商業出版社によって判断されたマンガは、単行本として出版されない。マンガ本の公刊は、まさに市場原理に依存している。この資本主義的な原理以外の諸要素は、マンガの連載の継続、そしてその単行本化に際してほとんど顧慮されない。

　彼のマンガが後期近代の大衆に受容された根拠について考察してみよう。第 1 に、彼のマンガの表現方法が挙げられよう。彼は、4 コママンガという表現形式に斬新な内容を賦与した。この意義は、すでにマンガ史研究においてほぼ通説になっている。

　　　いしいひさいちの登場は、……4 コマというとっくに古びてしまったと思われ
　　ていたマンガの形式に新しい光を当てた。(村上　1987：210)

　彼が登場する 1970 年代後半以前には、4 コママンガという形式は、マンガという範疇から消滅するであろう、とみなされていた。4 コマのうち、第 1 コマを見ただけで、最終コマの内容がほぼ想像できた。起承転結という定型どおりの筋書であり、マンガの主人公もまた、近代によって形成された典型的な大衆の存在形式に従って構成されていた。いしいひさいちは、この衰退しつつあった表現方法から自由であった。

　　　その［いしいひさいち＝筆者］本質は、四コマの定型を崩す饒舌さの笑いであ
　　る。(呉　1997：185)

　彼の 4 コママンガは、起承転結という定型から自由であった。

　　　表現方法も斬新で、起承転結どころか起承転転、起承承承など変貌自在。(南：
　　2016：104)

　読者は結末を予想できない。彼のマンガが出現して以降、4 コママンガ一般は定型から自由であることによって、著者の独自の思想を展開することが可

能になった。それまでは長編マンガ、例えば『カムイ伝』等においてしか展開できないとされてきた思想的表出が、4コマンガでも可能になった。この表現方法が、マンガという分野総体において確固たる位置づけを獲得した。さらに、彼は4コマンガという定型それ自体を破壊している。その表現内容に応じて、2コマンガ、3コマンガも自由自在に選択されている（いしい　2009；いしい　2004：4-33）。

　第2に、いしいひさいちによって描かれる対象の多様性が挙げられよう。彼の叙述対象は、現代国際政治、現代日本政治、江戸武家社会、推理小説、現代哲学そしてプロ野球に至るまで多岐にわたっている。近代社会と近代思想に関係する森羅万象が描かれている。

　　　いしいひさいちは国際情勢からスポーツに至るまで、該博な知識の持ち主である。（戸川　2016：162）

　彼は現代社会そして現代思想と関係しているその対象の固有の論理を把握し、その矛盾を嘲笑という形式において表現した。

　このような彼の叙述対象の多様化と近代という時代に関する理解の深化によって、彼はマンガ家であると同時に、思想家としても社会的に性格づけられることになった。

　　　いしいひさいちは現代日本における最も優れた思想家の一人である。（南　2008：209）

　南信長によるいしいひさいちに対する性格づけの妥当性は、彼のマンガによって切り取られたある事象が、近代の本質と関係する程度に依存している。彼によって叙述された対象が、近代の諸制度、諸思想とどのように関連するか、その程度によって思想家としての意義づけが決定される。本章は、彼のマンガによって叙述された対象が、近代の構成要素としての官僚制とどのように関係しているのかを解明する。その結果、彼によって描かれた4コマンガが、近代思想史上に定位されるであろう。

　本章はこの課題を遂行するために、彼の数万点の4コマンガから、ただ1

編のマンガを選択している。このマンガが、官僚制の本質を鋭敏かつ明瞭に表現している、と筆者によって判断されたからである。

　当然のことながら、彼のマンガは官僚制のある部分しか表象していないという批判が出てくるであろう。しかも、その部分的なある側面をデフォルメしているにすぎないという批判である。しかし、どのような高名な古典とみなされる官僚制論であれ、その一面性から逃れることはできないであろう。より一般化して言えば、どのような事象であれ、研究者によって把握されたかぎり、その特殊性から逃れられない。この点は、別稿においてすでに考察している（田村　2005：73-80）。

　もとより、官僚制に関するいしいひさいちの洞察は、本章で取り上げた1編のマンガに収斂しているわけではない。彼の著作活動はより多面的な視野を持っている。本章は、彼の官僚制論のある側面を提示しているが、特殊的観点から提起され、かつ矮小化されているという批判から自由ではない。この批判の妥当性は、彼によって表現された内容が、近代官僚制の本質と交錯していることをどれほど明確に再構築できるかということに依存している。官僚制に内在する諸要素が矛盾した結果をもたらしていることを、筆者が提示しているか否かに依存している。この作業に成功すれば、以下の命題が読書界において再浮上してくるであろう。

　　改めて言うまでもない、いしいひさいちは天才である。（戸川　2016：163）

　本章の課題は、この命題の妥当性を再構築することにある。

2.　叙述の方法 ― 批判的嘲笑のテロリズム ―

　本章の叙述の方法論をここで纏めておこう。筆者が依拠している叙述方法は、ブルーノ・バウアー（Bauer, Bruno 1809-1882年）によって提起された純粋批判に基づいている（田村　2008b：45-53）。この哲学方法論は、本邦の読書界においてほとんど知られていないので、ここで簡明に触れてみよう。彼

の哲学は、バウアー自身の自己意識の哲学を 1844 年に彼自身によって批判したことによって生成した。彼は、自己意識の普遍性を制限している現実態という規定性から解放された哲学を構成しようとする。すべての規定性から解放された哲学、すなわち純粋批判である。もはや、批判による社会的現実態の存立形式の変革、つまりヘーゲル左派を規定してきた社会的実践性が放擲されている。

　純粋批判の哲学における批判的嘲笑のテロリズムは、1843 年以前の自己意識の哲学における真正理論のテロリズムの対極にある。後者において自己意識の普遍性と矛盾する歴史的現実態としての社会的実体が自己意識によって批判されることによって、新たな歴史的現実態が形成されるはずであった。しかし、前者において社会的現実態の変革可能性が放擲され、現実態と批判理論の関連性が否定される（田村 2008a：35）。彼の方法論は、対象に内在することによって、対象自身における固有の矛盾を提示するだけである。

　　　批判はすべての対象をそれ自身において考察し、その対象に固有の矛盾を提示
　　　する。(Schmidt 1850: 201)

　本章の叙述目的は、このようなバウアーの方法論に基づいて、官僚制の本質とその現実態に関する矛盾を提示することにある。

　　　批判的嘲笑のテロリズム……が、現実的に必然である。この嘲笑は自惚れで
　　　はない。それは、批判家が快適性と精神的静謐性によって、彼にとって重要では
　　　ないと思われる低い立場に対して適用しなければならない過程である。(Bauer,
　　　Bruno 1844: 31)

　実体としての社会的現実態の変革は、前提にされていない。もし、何らかの理念を掲げ、現実態を変革しようとすれば、その理念は容易にドグマに転換されるからである。

　　　純粋批判は……破壊しない。なぜなら、それは建設しようとしないという単純
　　　な根拠からである。純粋批判は新たな理念を提起しない。それは古いドグマを新
　　　たなドグマによって代替しようとしない。(Szeliga 1844: 45)

　批判的嘲笑の目的は、現存している時代精神の本質を提示し、その矛盾を提起するだけであり、新たな理念を創造することではない。本章の考察も、いしいひさいちの官僚制論に関するマンガを分析することによって、近代官僚制の矛盾を提示することを目的にしている。それゆえ、官僚制に代わる新たな政治制度という理念を提示しようとしているのではない。

　　　批判が、同時に党派性、すべての党派性、党派性の本質総体を批判しなければ、それは一面的であり、真ではない。批判は孤独だ。なぜなら、その対象に深化し、対立するからだ。(Bauer, Bruno 1844: 34)

　党派性は官僚制に代わるシステムを提起することを目的にしている。いしいひさいちによって描かれている事象を克服する制度的保証は、後期近代において存在しないであろう。

　　　官僚制はひとたび完全に実施されると、破壊することのもっとも困難な社会形象の一つになる。官僚制化は、「共同社会行為」を「利益社会行為」へと導く特有な手段なのである。(Weber 1922: 668-669、邦訳　282)

　官僚制に代わる社会的な組織形式は、現在では考えられない。
　当然のことながら、彼の官僚制論そしてそこから抽出された筆者の官僚制論が、近代官僚制に関する普遍的な全体像であると主張しているのではない。しかし、彼のマンガとそこに伏在している官僚制論は、その部分的ではあれ、諸要素間の矛盾を的確に描写している。本章は、その意義を近代思想史のコンテキストにおいて提示するだけである。

3.　官僚制の本質とその実態

　まず、このマンガを概観してみよう[2]。このマンガの舞台となった時期は、江戸時代末期であり、その場所は、薩長によって統御された討幕軍が城下に迫っている地方小藩である。城内では、藩主臨席の下で、重臣たちが議論して

いる。当然のことながら、本来の議論主題は、徳川将軍家に忠誠を貫き、討ち死覚悟で討幕軍と戦うのか、あるいは時流に乗り、破竹の進撃をしている討幕軍に合流するのか、この2つの選択肢のうちどちらを採用すべきであるか、という事柄に関する決定である。城内に参集している下級武士の多くが、この政治的決定がいかに困難であるかを認識している。諸重臣が、この小藩の将来の存続をめぐる政治的決断に関して侃々諤々の議論をしていると想像している。ところが、諸重臣は、本来の議論課題を忘却して、討幕軍の使者の接待方法を巡って論争している。落城してしまえば、この議論はその基盤を喪失するであろう。にもかかわらず、官僚機構の上層部は枝葉末節な事柄に拘泥している。上位審級（der Oberinstanz）としての重臣会議の実態と、下位審級としての下級武士によるその推測、この2つの位相の落差が、このマンガを興味深いものにしている。

　このマンガにおけるいしいひさいちの批判的嘲笑の意義を近代思想史的観点からより詳細に再構成してみよう。

いしいひさいち『ドーナツブックス』第37巻、双葉社、2003年、100ページ。© いしいひさいち

このマンガにおいて、政治的決定を実行する重臣集団と、その決定を受容し、その決定に従って行為する武装集団が分離されている。

　　　　職務ヒエラルヒーと諸審級順序（der Instanzenzug）の原則がある。すなわ
　　　ち、上級官庁による下級官庁の監督という形で、諸官庁相互の関係が明確に秩
　　　序づけられた上位秩序と下位秩序の体系をなしている。（Weber 1922: 650、邦
　　　訳　222）

　マンガにおいて分離されている両集団は、上位審級と下位審級とみなしう
るであろう。前者がどのような議論過程に基づいて政治的決定をなそうとも、
官僚的ヒエラルヒーにおける下位審級は、上位審級に従属することが前もって
決定されている。まさに、このマンガによって設定された問題構制は、官僚制
の本質に適合している。いしいひさいちのマンガの第１コマから第３コマへの
展開は、この官僚制の本質を忠実に反映している。

　しかし、最終コマにおいて事態は反転する。いしいひさいち流のいわゆ
る、落ちの部分において意外な展開が待ち受けている。この意味を批判的嘲笑
という観点からより詳細に検討してみよう。

　このマンガを巡る第１の課題は、重臣たちが実施している「使者の接待時に
おける鯛のお頭の方向性」を巡る議論の根拠の正当性と関連している。お頭が
東向きか、南向きか、両者のうちのどちらが先例に合致しているか、という議
論が展開されている。つまり、各重臣の持っている知識の正当性を巡って議論
が展開されている。

　　　　官僚制的行政は、知による支配を意味している。これこそが、官僚制に特有な
　　　合理的な根本的特徴である。（Weber 1922: 129、邦訳　48）

　重臣それぞれが依拠している知の正当性が議論されており、その正当性は
先例に合致していることにある。この議論枠組内における知の正当性を有する
１つの命題が、この会議の結論になる。この議論前提は、重臣間において共有
されている。使者の接待方法という有職故実に関する解釈が議論されている。
現在の知が過去の知と一致しているか否かが、議論の焦点になっている。

　討幕軍の使者をどのように接待すべきか、という問題設定それ自体が、錯
誤しているわけではない。使者が城内に入れば、官僚機構の構成員が使者に相

対峙することは、当然であろう。その観点が不必要であるわけではない。しかし、この議論自体には以下の3つの問題点が内包されている。まず、この事案が最高審級において議論されるべきか否か、次に、この知の正当性が前例に求められるべきか否か、最後に、この議論過程によって別の問題構制が隠蔽されるか否か、という疑問が生じるであろう。

　まず、議論の根拠の正当性に関する第1の論点に言及してみよう。当然のことながら、藩主臨席の御前会議において議論されるべき課題は、使者に関する接待方法ではなく、使者に伝達すべき政治的決定の内容である。すなわち、討幕軍に包囲されたこの時点において、討幕軍と戦闘するのか、それに合流するのかという選択肢のうち、そのどちらを採用するのかという政治的決定こそが、喫緊の最重要課題である。接待方法に関する議論は、下級審級に属する有職故実の専門家に委ねるべきであり、最高審級の会議で議論されるべき事柄でない。有職故実に関するこの問題は、官僚相互の関係あるいは官僚機構と環境世界との関係における儀礼的要素を意味しているにすぎない。

　しかし、なぜ、重臣たちは、本質的議論を回避し、枝葉末節と思われる事柄に議論を集中させたのであろうか。この問題が容易に解答可能であるからだ。対蹠的に、徳川将軍家に対してこれまでと同様に忠誠を誓うべきか、あるいはそれを打倒すべきかという問題は、官吏に配分されてきたこれまでの職務と権能にとって疎遠である。彼らはこれまで前者を前提にして、自らの専門知と経験知を研鑽してきた。その前提そのものに疑問符を付したことはなかった。官僚機構が依拠してきた幕藩体制という政治的な基礎条件の妥当性が、議論対象になっている。したがって、官僚はこの問題構制自体を理解できない。

　次に、議論の根拠の正当性に関する第2の論点に言及してみよう。このマンガにおいて重臣たちは、議論の正当性を過去の先例に求めている。しかし、環境世界は過去と現在において同一ではない。過去の規範が現在においても妥当しているか否かは、再吟味されねばならない。しかも、徳川将軍家に対する忠誠を破棄することを要求するような軍使が、この小藩をこれまで訪れたことは、なかったであろう。少なくとも重臣が生を受けた以後ではありえない。そもそも、過去の先例など存在しないにもかかわらず、あたかも存在したかのよ

うに議論が交わされている。

　最後に、議論の根拠の正当性に関する第 3 の論点に言及してみよう。使者の接待方法という有職故実が最高審級において現時点での議論対象になることによって、本来の議論対象は未来へと先送りされている。もし、この小藩が討幕軍と戦闘するのであれば、そのための軍事的資源、その配分方法等が吟味されねばならない。城下に参集している戦闘部隊に降伏するのであれば、降伏条件、降伏時期も検討されねばならない。御前会議において議論すべき対象は、数限りなくあるであろう。この小藩の存立条件に関する重要な手続きは、すべて先送りされている。しかし、官僚が決定すべき事柄を先送りしようとも、環境世界は官僚に対して決断を要求する。その時には、なす術もない。

　第 1 の議論の根拠の正当性に関する課題を超えて、このマンガを巡る第 2 の課題は、官僚機構はさまざまな相異なる職務が相異なる官僚に配分されていることと関連している。官僚機構の構成員は、限定された職務権能に配分されている。

　　　近代官吏制度に特有な機能様式は、次のように表現される。第 1 に、規則すなわち法規や行政規則によって、一般的な形式で秩序づけられた強固な官庁的権能の原理が存在している。すなわち、官僚制的に統治される団体の目的を遂行するために必要な規則的活動が、いずれも職務上の義務として明確に配分されている。(Weber 1922: 650、邦訳　221)

　職務権限は明白かつ限定的に規定されている。限定された職務に対応した人間が、その職務に任官する。彼は職務に就く前から、その基礎教養を陶冶しなければならない。

　　　官職は『職業＝天職』である。このことは、さしあたり、たいていの場合、全労働力を長期間要求する明確に規定された教育課程という資格要件のうちに、そして一般的に規定された任用の前提条件としての専門試験の内に現れる。(Weber 1922: 651、邦訳　226)

　彼らは、任用以前の教育課程を通じて、そして任用の前提としての専門試

験においてその能力が客観的に検証される。さらに、任用後も数十年間、同一の専門知識に基づく実務に従事することになる。

> 個人は教育されねばならず、ある特殊な職務へと陶冶されねばならない。
> (Hegel 1970: 442、邦訳 528)

　官吏は、教育と陶冶によって特定の職務へと献身する。ここで問われるべき問題は、有職故実に関する専門家が、ヒエラルヒーの最上位審級へと昇進したことにある。文官の専門知は、有職故実だけではなく、政治政策、経済政策、社会政策等、多岐にわたる。にもかかわらず、前者の専門知だけが突出して優遇されている。つまり、ヒエラルヒーの上位審級がこのような有職故実に詳しいだけの茶坊主で占められるようになるや否や、その後継者も同じようなタイプから選抜される。

> 在職年数あるいは業績あるいはその両者にしたがって、「昇任」という経歴がその前途に見込まれている。しかし、それは上司の判断に依存している。
> (Weber 1922: 127、邦訳 40)

　昇進の基準を作成する主体は、より上位の審級を占めている茶坊主的な官僚である。茶坊主の昇進が再生産される。茶坊主になることを拒否する構成員、あるいは茶坊主になりきれない構成員は、その組織で活力を削がれ、腐敗していく。その組織が活力を喪失し、最終的に落城の危機がその組織に訪れる。危機が訪れたときには、茶坊主だけでは対処しようがなくなっている。

　いしいひさいちのマンガに戻れば、それぞれ異なる職務が、数人の重臣に配分されている。最終コマにおける重臣の服装から判断するかぎり、2人が武官であり、1人が文官である。

　御前会議を招集した藩主が、相異なる専門家として複数の官僚を選択した。官僚制の本質からすれば、この藩主の方針には錯誤は含まれていない。しかし、武官である武士もまた、文官と同様に有職故実に関する議論過程に積極的に参加している。武官の本質的な専門知識は、武力行使によって藩という行政単位を防御することに関係している。したがって、彼らがその専門知識を

用いて、城下に参集している討幕軍をどのようにして討伐するのかという戦略
と戦術を考察しなければならない。このような専門知識を持っている武官は、
ヨーロッパ中世、さらに言えば古代社会において、官僚機構総体において最上
級の社会的尊敬を得ていた。軍務は、有産者にとって名誉ある特権とみなされ
ていた（Weber 1922: 665、邦訳　271）。本邦においても、戦国時代において
武官こそが統治者であった。

　しかし、江戸時代が天下泰平な時代として二百数十年間にわたって継続し
た結果、武官の文官化が進行していた。当時の基本的な身分制原理、士農工商
において武士は最高の地位を占めていたが、現実態において事務作業に従事し
ていた文官でしかなかった。その昇進の基準も武勲ではなく、文官と同様な専
門知の向上にあった。彼らは、戦闘と武術に対する専門知によって昇進したわ
けではない。

　また、文官の専門知も、藩経営において生じる経済的問題、政治的問題と
多岐にわたるが、その一つにすぎない有職故実に関する専門知の役割が大きく
なっていた。多くの問題がこれまでの伝統、つまり先例を参照することによっ
て解決されてきたからである。

　第 1 の議論の根拠の正当性に関する課題、第 2 の職務権能の配分の正当性
に関する課題と並んで、このマンガを巡る第 3 の課題は、このような専門知識
に関する知識を習得した官僚が、年齢つまり官僚機構における職務を通じた経
験によって、ヒエラルヒー的秩序の階梯を上昇していくことと関係している。
権能が上昇すればするほど、その担当者数は減少する。

　　　官吏は、諸官庁のヒエラルヒー的秩序にしたがって、重要度が低く、給料の安
　　い下級の地位から上級の地位への「出世」を目指している。（Weber 1922: 655、
　　邦訳　235）

　出世することによって、官僚はより高度の権能を獲得し、最終決定者に近
い地位へと上昇していく。それゆえ、官僚機構の頂点に立った時に、官吏はす
でに老境に達している。人間の精神的能力並びに肉体的能力は 20 ～ 30 歳代
で頂点に立ち、その後は減少するだけである。その官吏の判断能力、胆力等の

基礎的な人間能力は著しく減少している。

　いしいひさいちのマンガに戻れば、この官僚機構は官吏の定年制を採用しておらず、終身制に基づいている。アルツハイマー型認知症を患っていると思われる官吏が、その頂点に位置している。したがって、重臣は事柄の本質（Sachlichkeit）を自己のこれまでの専門知、つまり有職故実に基づいて認識しようとする。専門家は、ある事柄をその本質あるいは真理態ではなく、自己の専門知へと刈り込む（Albers 1987: 219.）。現実態が議論過程において専門家の知へと矮小化されたとしても、前者が変化するわけではない。

　最後に、君主の役割に言及してみよう。最終的な政治的決断者は官僚機構の頂点に君臨し、それぞれの専門家を統合する。ヒエラルヒー的秩序の頂点に位置している君主は、厳密な意味での官僚機構に属していない。君主は、これまで考察した官僚制とは異なる範疇に属している。彼は、その業績と知に基づいて出世してその地位に就任したのではない。官僚機構の頂点には、その人員が外部から充足される。

　　　　官僚制支配は、少なくとも純粋には官僚制的ではない分子を、不可避的にその頂点に持たざるをえない。（Weber 1922: 127、邦訳　42）

　君主は形式的意味において官僚機構に属しているにすぎず、官吏の属性と様態を保持していない。彼の知は、いかなる意味でも専門的ではない。

　　　　絶対主義的君主、ある意味で他ならぬ絶対主義的君主こそが、たいていの場合、卓越した官僚制的な専門知識の前で無力である。（Weber 1922: 672、邦訳　294）

　官僚が保持している特殊な専門知に対して、君主の専門知は素人知と同然であろう。にもかかわらず、専門知識に欠乏している君主が、相異なる専門知識を持っている諸官吏を会議に招集する。

　　　　君主は合議制的原理に基づき、さらに諸専門家のある種の統合を、ある集合的統一体へと高めようとする。（Weber 1922: 674、邦訳　300）

　この事態は、矛盾しているように見えるかもしれない。彼がヒエラルヒーにおいて諸専門家より上位に位置している根拠は、知の水準という観点から考察すれば、新たな統合知の形成能力にある。彼の政治的決定は、諸専門家によって提出された素材を加工して、新たな統合知を形成することによって生じる。諸部分知が全体性へと統合されることによって、新たな全体性が現象するはずである。統合は、統合の過程において適合される諸部分要素からの全体性の形成である（Feldhaus 1998: 13）。諸部分としての諸専門知が形成される過程を洞察し、諸部分の分節化あるいは断片化ではなく、その調和を指向する。

　現代科学の用語を使用するならば、君主の知は、統合科学知と類似している。統合知は、学際知とは異なっている。後者は、学問領域が伝統的専門知と異なっているにすぎない。それは、古典的な学問領域の境界領域において形成された。例えば、環境倫理学という比較的新しい学問領域が、環境科学と倫理学という2つの古典的学問領域において形成された。対照的に、統合科学は、諸学問によって形成された専門知をある学問、例えば倫理学に統合することによって成立する。学際知と統合知は、学問的方法論が異なっている。

　　倫理学は、様々な学問分野において集合され、かつ再検討された対応する素材に対する責任性を規定することにある。（Feldhaus 1998: 263）

　統合科学は既存の諸専門科学を前提にして、そこからある有意義な命題を抽出しようとする。諸専門科学の素材に基づき、自己の学問的体系に組み入れようとする。

　　（統合科学は：筆者）専門化された科学分野において現れている経験的知とりわけ医学的、心理学的、社会学的、教育学的、そしてまた、技術的、経済学的、環境学的に重要な知、そしてこの連関において為された経験を、経験的に有意義な具体的事態へと収斂させる。（Feldhaus 1998: 12）

　個別的な諸専門科学において形成されてきた知とその連関構造を、統合科学として設定された有意義な命題、例えば人間の本質、近代世界あるいは世界一般へと統合する。さらに、この作業はその時点までに導出された諸専門科学

にも限界づけられていない。例えば、進化論的な人文科学が人間一般を解明しようとする際、統合の対象は、諸専門科学にとどまらない。

> 進化論的人文科学にとって重要なことは、世界における人間の位置という問題への解答を獲得するために諸科学を統合することだけではない。むしろまた、芸術、音楽、文学、宗教そして哲学もまた統合することである。（Engel 2020）

この統合科学は、人類史における有意義な精神的活動の成果までその統合範囲を拡大している。

いしいひさいちのマンガ、とりわけ最終コマに戻れば、政治的決定のための素材になるような専門知は、重臣によって提示されていない。藩主は思考停止に陥り、嘆息するばかりである。このような重臣を重用してきた藩主の責任は追及されるべきであろう。

あるいは、君主はこれまで会議を招集するだけで、何ら自らの意志を表出する必要がなかったのかもしれない。

> 君主は審議の具体的内容に拘束されている。体制が強固であれば、しばしばその名前を署名する以外の何物もしてはならない。（Hegel 1970: 449、邦訳　536）

この小藩の政治体制が幕藩体制下において強固であれば、君主が御前会議の審議過程に対して無関心であったとしても、問題は生じなかったであろう。彼は、決裁文書に署名するだけで十分であった。時代が経過するにしたがって、君主親政の程度は希薄なり、その権能は専門官僚に委譲される（Weber 1920: 408、邦訳　30）。平和的状況であれば、この藩主の態度は君主の理想であり、いしいひさいちによって嘲笑対象になることもなかった。

しかし、今やこの封建国家は例外状況に陥り、情勢は切迫している。藩主は、ヒエラルヒーの最上位に位置していることによって、会議参加者を交替させることも可能であった。彼は形式上、官僚機構に属しているが、現代における政治指導者の役割を担うことも可能であった。藩主は合議における専門知を無視して、単独で決断することもできた。

　　政治指導者、したがって国政指導者の名誉は、……彼がなす行為に対して、排
　他的に自分自身で責任を負うことにある。（Weber 1920: 415、邦訳　41）

　君主は最終的に政治的決定をなさねばならず、その責任は彼に帰される。
このマンガの主人公、つまり最も嘲笑される対象は、重臣ではなく、むしろ君
主に相当する藩主である。実質的には官僚機構に属していない君主の無責任性
が、ここで強調されるべきであろう。

お わ り に

　いしいひさいちの数万点のマンガから、1編だけを選択し、近代社会の一側
面である官僚制の本質とどのように関係しているのかを考察してきた。また、
ヴェーバー、ヘーゲル等の社会科学の古典とみなされている著作に基づきなが
ら、彼のマンガを近代思想史的観点から解明してきた。彼によって批判的嘲笑
の対象とされた事柄が、近代思想と交錯していることを明らかにしてきた。も
ちろん、筆者が数頁の論評を弄さずとも、彼のマンガは一瞬で近代官僚制の本
質とその実態を表現している。しかし、その興味深さの原因が、近代という時
代精神と関係していることも明らかになったであろう。さらに、このマンガだ
けではなく、彼のそれ以外のマンガも官僚制あるいは別の観点、例えば近代都
市論から、より詳細に考察されるべきであろう。その一端はすでに公表されて
いる（田村　2021b：167-185；田村　2021a：97-107；田村　2020：9-28）。本
章もこの作業の一里塚にすぎない。

注
1)　ヴェーバーとヘーゲルの原書に対する邦訳は、かなり多数ある。いくつかある邦訳のなか
　　で、最も参考にした訳書をこの文献表に記載している。しかし、その訳文は必ずしも掲載訳
　　書に従わず、筆者自身が試みている。
2)　この4コママンガに関する概略は、すでに公表されている。本章は、公表済みであるマン

ガの要旨を導きの糸にしながら、官僚制に関する典拠等を加筆している。(田村 2020：10-12)

マンガ

いしいひさいち『ドーナツブックス』第 37 巻、双葉社、2003 年、100 ページ。

© いしいひさいち

引用・参考文献

いしいひさいち（2004）『んなアホな !』双葉社。

いしいひさいち（2009）『日本顔面崩壊　ツーショットワールド』講談社。

呉智英（1997）『現代マンガの全体像』双葉社。

田村伊知朗（2005）「初期近代における世界把握の不可能性に関する政治思想史的考察 ― 初期カール・シュミット（Karl Schmidt 1819-1864）の政治思想を中心にして ―」『北海道教育大学紀要（人文科学・社会科学編）』第 55 巻第 2 号、73-80 ページ。

田村伊知朗（2008a）「初期ブルーノ・バウアー純粋批判研究序説 ― 後期近代における時代認識との連関において ―」『北海道教育大学紀要（人文科学・社会科学編）』第 58 巻第 2 号、27-37 ページ。

田村伊知朗（2008b）「初期ブルーノ・バウアー純粋批判の歴史的位相 ― 近代の揚棄と大衆批判に関する考察を中心にして ―」『北海道教育大学紀要（人文科学・社会科学編）』第 59 巻第 1 号、45-53 ページ。

田村伊知朗（2020）「社会科学とマンガの架橋（1）―― いしいひさいち官僚制論（1）―― 官僚制総論」『人文論究（北海道教育大学函館人文学会）』第 89 号、9-28 ページ。

田村伊知朗（2021a）「社会科学とマンガの架橋（2）―― いしいひさいち官僚制論（2）―― 細部への拘泥と実体の看過」『人文論究（北海道教育大学函館人文学会）』第 90 号、97-107 ページ。

田村伊知朗（2021b）「社会科学とマンガの架橋 ―― いしいひさいち農民論 ―― 中島正都市論を媒介にして」北海道教育大学函館校　国際地域研究編集委員会編『国際地域研究 Ⅲ』大学教育出版、167-185 ページ。

戸川安宣（2016）「いしいひさいちの多元宇宙」『［総特集］いしいひさいち〈増補新版〉新仁義なきお笑い』河出書房新社、159-163 ページ。

南信長（2008）『現代マンガの冒険者たち』NTT 出版。

南信長（2016）「図説　いしいひさいち『ジャンル別』作品世界」『［総特集］いしいひさいち〈増補新版〉新仁義なきお笑い』河出書房新社、103-109 ページ。

村上知彦他（1987）『マンガ伝 ――「巨人の星」から「美味しんぼ」まで』平凡社。

山野博史（2016）「いしいひさいち著作目録」『［総特集］いしいひさいち〈増補新版〉新仁義

なきお笑い』河出書房新社、264-271 ページ。

Albers, Gerd（1987）Raum in der Stadt. Funktion, Gestalt, Erlebnis. In: Hrsg. v. Schubert, Venanz: *Der Raum. Raum des Menschen. Raum der Wissenschaft*. Sankt Ottilien: EOS-Verlag, S. 217-256.

［Bauer, Bruno］（1844）Korrespondenz aus der Provinz. In: Hrsg. v. Bauer, Bruno: *Allgemeine Literatur Zeitung. Monatsschrift*. H. 6. Charlottenburg: Egbert Bauer, S. 20 -38.

［Bauer, Edgar］（1844）Die Zeitung macht frei und gleich. In: Hrsg. v. Bauer, Bauer: *Allgemeine Literatur-Zeitung. Monatsschrift*. H. 6. Charlottenburg: Egbert Bauer, S. 41 -49.

Feldhaus, Stephan（1998）*Verantwortbare Wege in eine mobile Zukunft. Grundzuge einer Ethik des Verkehrs*. Hamburg: Abera Verlag Meyer.

Hegel, Georg Wilhelm Friedrich（1970）*Grundlinien der Philosophie des Rechts*. Frankfurt a. M. : Suhrkamp.（赤沢正敏訳『法哲学』『世界の名著』第 35 巻、中央公論社、1978 年）。

Nauwerck, Karl（1844）*Über die Teilnahme am Staate*. Leipzig: Otto Wigand.

Schmidt, Karl（1850）*Eine Weltanschauung. Wahrheiten und Irrtümer*. Dessau: Julius Fritsche.

Szeliga（1844）Die Kritik. In: Hrsg. v. Bauer, Bruno: *Allgemeine Literatur-Zeitung. Monatsschrift*. H. 11-12. Charlottenburg: Egbert Bauer, S. 25-46.

Weber, Max（1920）Politik als Beruf. In: Weber, Max: *Gesammelte Politische Schriften*. München: Drei Masken Verlage, S. 396-450.（脇圭平訳『職業としての政治』岩波書店、1985 年）。

Weber, Max（1922）*Grundriss der Sozialökonomik. III. Abt. Wirtschaft und Gesellschaft*. Tübingen: J. C. B. Mohr.（濱嶋朗訳『権力と支配』講談社、2020 年）。

Web サイト

いしいひさいち（2021）「（笑）いしい商店」、https://ishii-shoten.com/、2021 年 4 月 1 日アクセス。

Bundesverband Deutscher Zeitungsverleger e.V.（2008）Zeitungen 2008 auf einen Blick. *Die deutschen Zeitungen in Zahlen und Daten*、https://www.die-zeitungen.de/fileadmin/files/documents/branchen_marktdaten/BDZV_ZahlenDaten_2008.pdf、2021 年 7 月 7 日アクセス。

Engel, Gerhard（2020）Evolutionärer Humanismus als Integrationswissenschaft、http://www.hvd-bayern.de/sites/default/files/file/Evolution_Humanismus_HABy.pdf、2020

年8月8日アクセス。

Grumeth, Eva（2021）Die Wiege der Tageszeitung. In: *Ahoi Leipzig. Das Stadtportal für Leipzig und Region*、https://ahoi-leipzig.de/artikel/die-wiege-der-tageszeitung-140/、 2021年7月7日アクセス。

コラム6 中韓のソフトパワー

　コロナ禍の中で、韓流が世界市場を席捲している。

　2020年の米アカデミー賞でポン・ジュノ監督の『パラサイト ― 半地下の家族 ―』は作品賞、監督賞、脚本賞、国際長編映画賞を総なめにした。2021年には韓国系アメリカ人監督による『ミナリ』（米南部に移民でやってきた韓国人一家の物語）でユン・ヨジョンが助演女優賞に輝いた。K-POPの7人組アイドルグループBTSは、米音楽界で最高の栄誉とされるグラミー賞に2年連続でノミネートされ、受賞するのも時間の問題と見られている。「巣ごもり需要」で普及著しい動画配信サービスは、『イカゲーム』や『愛の不時着』といった韓国ドラマを抜きには成り立たない。

　日本では、韓流に続いて、中国語圏の華流（かりゅう、ホワリュウ）が勢いを見せてきた。最近、CSやBSなど衛星放送では盛んに中国ドラマが放映されている。これがとてもおもしろい。清朝・乾隆帝の後宮を舞台にした『瓔珞 ― 紫禁城に燃ゆる逆襲の王妃 ―』など、時代劇は力作ぞろいだ。

　日本、中国、朝鮮半島が隣り合う東アジア地域で、ポップカルチャーや映画、アニメなどの大衆文化の普及に日本が果たしてきた役割は大きい。文化大革命の混乱が終わったあと改革開放期に入った中国には、高倉健主演の映画『君よ憤怒の河を渉れ』や山口百恵主演ドラマ「赤いシリーズ」、NHK朝ドラ『おしん』など日本の大衆文化がどっと流入し人気を博した。中国ではやがて韓流ブームが起こり、今は質量とも優れた国産ドラマ制作が盛んになっている。

　東アジアは、歴史的な因縁からいくつも火種がくすぶっているところだ。中国と韓国が経済的にも軍事的にも大きく成長を遂げた今日、日本にとって中韓両国のことをよく知り、理解していくことが重要な課題になっている。中韓のソフトパワーが日本に定着したことは、相手国をより深く知る貴重な機会を私たちに与えている。同時に中韓両国には、日本のことをよく知ってもらわなければならない。3カ国が互いに相手をより深く理解しようと努めるならば、ポスト・コロナ期の三国時代は荒れ模様にはならないだろう。

（山岡　邦彦）

第3部

シンポジウム

1. 概　　要

　北海道教育大学函館校の第4回国際地域研究公開シンポジウムは、2021（令和3）年6月4日、「国際地域研究の新展開 ― 変わりゆく世界、次世代につなげたい地域のチカラ ― 」をテーマとして第14講義室で開催された。新型コロナウイルス感染症が依然としておさまらず、感染拡大予防の観点から、前年に続いてZoom配信のオンライン方式となった。このため、函館市内のみならず遠方からの参加も得て、盛況裡に終了した。

　シンポジウム第1部は、"「マグロ一筋」Tシャツ"で知られるYプロジェクト株式会社代表取締役 島康子氏による基調講演「海をつなぐ女たちのまちおこし ― 泳ぎ続けるマグロ女子の挑戦 ― 」だった。おしゃれなマグロTシャツ（発音は、テーシャッツ）姿で登壇した島氏は、講演で、東京から戻ったときの「田舎」に対する感動から、ボランティアで「まちおこしゲリラ」に身を投じ、それが今では"職業"となった自身の活動経歴を、熱く、エネルギッシュに語った。聴衆からも絶えず笑みがこぼれる楽しい時間となった。

　第2部の連続講演では、函館校の奥平理准教授が「観光コンシェルジュ実習IIの取組 ― 学生が観光ガイドになる ― 」、齋藤征人准教授が「江差まちづくりカフェの実践 ― まちの力が集結する3年間 ― 」、畠山大准教授が「辺境と『辺境』の政治経済学 ― 沖縄から考える ― 」と題して、それぞれの研究や実践を踏まえた最新の知見を発表した。

　第3部のパネルディスカッションでは、島康子氏、奥平理准教授、畠山大准教授が登壇し、「国際地域研究の新展開 ― 変わりゆく世界、次世代につなげたい地域のチカラ ― 」をテーマに、コロナ禍が1年以上続いている現在、これまでの地域の活性化やまちおこしを振り返りながら、アフターコロナに向けて、培ってきた有形無形の資産をどのように次世代につなげていけばよいのかをめぐって議論した。パネリストからは「コロナ禍では行政の脆弱性も見えた。その中にあって、小さいコミュニティだからこそできる部分にも気づかされた」として、自分たちの暮らしに必要なことを手近なところから自発的に実

行していく大切さを指摘する声が上がった。函館や大間など、さまざまなまちおこしの事例が紹介され、世代を超えた多様な人々が関わることで地域が活性化すること、そして小さいところから密度濃く動くことが肝要であるとの意見が出された。

　パネルディスカッションは、明るい未来への希望あふれる内容となった。変わりゆく新しいライフスタイルに向けて、皆で連携し創造していくことの必要性が示された。また、パネルディスカッション中も Zoom のチャット機能を活かして、たくさんの質問が寄せられた。

Zoom で行われたシンポジウム基調講演

事前申込制

参加
無料

北海道教育大学函館校「国際地域研究シンポジウム」

国際地域研究の新展開
— 変わりゆく世界、次世代につなげたい地域のチカラ —

基調講演
海をつなぐ女たちのまちおこし
—泳ぎ続けるマグロ女子の挑戦—

島　康子（しま　やすこ）氏
Yプロジェクト株式会社　代表取締役

1965年、青森県大間町生まれ。慶応大学法学部卒業後、
(株)リクルートに入社、東京、仙台での生活を経て1988年春、
17年ぶりにIターン。大間のNHK連続テレビ小説「私の青空」の
舞台となったことをきっかけに、2000年2月、まちおこしゲリラ集団
「あおぞら組」を結成。「マグロ一筋」Tシャツ、マグロの釣り竿を開発
するなど、おもしろがる心で地域を元気にする試みを行う。2001年
から「大間わくどき」の闘会休として「例やけけタやけ」緑やけ
大間超マグロ祭り」を企画・実行。「マグロを生かす、マグロを超える」
まちづくりに取り組むべく、あおぞら組の活枝部門
を株式会社化し、Yプロジェクトを設立し地域振興業社にも
進出。2011年3月、北海道南西・青森県の女性たちと連携し
「津軽海峡マグロ女子会」を立ち上げた。

プログラム

●13:00～13:10　開会の挨拶

●13:10～14:10　基調講演
海をつなぐ女たちのまちおこし　—泳ぎ続けるマグロ女子の挑戦—

●14:25～15:10　講演
1. 観光コンシェルジュ実習IIの取組　—学生が観光ガイドになる—
　奥平　理（北海道教育大学函館校）
2. 江差まちづくりカフェの実践　—まちの力が集結する3年間—
　齋藤　征人（北海道教育大学函館校）
3. 辺境と「辺境」の政治経済学　—沖縄から考える—
　畠山　大（北海道教育大学函館校）

●15:25～16:25　パネルディスカッション
パネリスト　島　康子（Yプロジェクト株式会社　代表取締役）　奥平　理（北海道教育大学函館校）　畠山　大（北海道教育大学函館校）
コーディネータ　山岡　邦彦（北海道教育大学函館校）

●16:25～16:30　閉会の挨拶

2021年6月4日（金）
13:00～16:30
北海道教育大学函館校　第14講義室
（新型コロナ感染拡大状況等によりオンライン開催に切り替える可能性があります）

事前申込はこちら
2021年6月3日（木）
17:00　締切

https://forms.gle/3wxtPg8AaJUYxDF

お問い合わせ　hue★★★　**北海道教育大学函館校室学術情報グループ**
函館市八幡町1番2号　TEL：0138-44-4230　FAX：0138-44-4381
e-mail：hak-tosho@j.hokkyodai.ac.jp

「シンポジウム　ポスター」

公開シンポジウム
「国際地域研究の新展開 ― 変わりゆく世界、次世代につなげたい
地域のチカラ ―」プログラム

日時：2021 年 6 月 4 日（金）13：00 ～ 16：30
場所：オンライン開催（北海道教育大学函館校第 14 講義室から中継）
　　　事前登録をお願いします。申し込み先はポスターをご覧ください。
主催：北海道教育大学函館校

13：00- 13：10	開会の挨拶：蛇穴　治夫（北海道教育大学長、代読：五十嵐　靖夫（北海道教育大学函館校キャンパス長）
13：10- 14：10	基調講演：「海をつなぐ女たちのまちおこし ― 泳ぎ続けるマグロ女子の挑戦 ―」 島　康子（Y プロジェクト株式会社代表取締役）
14：10- 14：25	休憩
14：25- 14：40	講演 1：「観光コンシェルジュ実習 II の取組 ― 学生が観光ガイドになる ―」 奥平　理（北海道教育大学函館校）
14：40- 14：55	講演 2：「江差まちづくりカフェの実践 ― まちの力が集結する 3 年間 ―」 齋藤　征人（北海道教育大学函館校）
14：55- 15：10	講演 3：「辺境と『辺境』の政治経済学 ― 沖縄から考える ―」 畠山　大（北海道教育大学函館校）
15：10- 15：25	休憩
15：25- 16：25	パネルディスカッション「変わりゆく世界、次世代につなげたい地域のチカラ」 　　島　康子（Y プロジェクト株式会社代表取締役） 　　奥平　理（北海道教育大学函館校） 　　畠山　大（北海道教育大学函館校） 　　コーディネータ：山岡　邦彦（北海道教育大学函館校）
16：25- 16：30	閉会の挨拶：木村　育恵（北海道教育大学函館校キャンパス長補佐）
司会	林　美都子（北海道教育大学函館校）

2. パネルディスカッション
「変わりゆく世界、次世代につなげたい地域のチカラ」

パネリスト（発言順）
　島　康子　（Yプロジェクト株式会社代表取締役）
　奥平　理　（北海道教育大学函館校）
　畠山　大　（北海道教育大学函館校）
コーディネータ：山岡　邦彦　（北海道教育大学函館校）

山岡：シンポジウムの第3部パネルディスカッションのテーマは「変わりゆく世界、次世代につなげたい地域のチカラ」です。地域の活性化、まちおこしのこれまでと今を振り返りつつ、実りあるこれからへとつなげていく、そのためにはどうしたらいいかということを中心に論じていきたいと思います。

　今、新型コロナウイルス感染症の世界的な広がりというコロナ禍が、すでに1年以上の長きに及んでいます。これによって世界は大きく変わることになるのかもしれません。変化を注視しつつ、新たなチャレンジにも注目していく必要があります。

　最初に、私から簡単な問題提起です。現状をどのように見ておられるのか。コロナが始まる前、世界や地域社会はいくつかの問題に直面していたわけですが、コロナ禍はそこにどのような影響を及ぼしているのでしょうか。3人のパネリストの方々の活動拠点や関心領域は、青森県の大間、道南（北海道南部）・函館、東北地方、沖縄、まちおこし、観光、経済、安全保障など多岐にわたっています。視座の広がりも意識しながら、お話を伺いたいと思います。

　最初は、島康子先生にお願いします。今まで取り組んでこられた活動が、コロナによってどのような影響を受けているのかについて、お話しいただきましょうか。お願いします。

島：大間では、函館にたくさん来てく
　ださっている台湾のお客さんを、
　フェリーに乗って大間まで来ても
　らうように、台湾に向けての誘客と
　いうものをずうっと頑張ってきまし
　た。地域おこし協力隊としても「特
　命」という感じで、中国出身の女性
　に大間に来てもらっていた、その矢
　先のコロナだったということで、今

島　康子　先生

まで頑張ってきたものが急にパタッとできなくなったというか、足踏みせ
ざるを得ないというのが去年（2020年）の3月からの状況なのです。それ
こそ遅まきながらもインバウンドを、「よし、みんなで力を合わせて頑張ろ
う」と立ち上がった火を急に消されたような感じで、ずうっと来ました。

　で、仕方がないから、そうはいっても台湾の皆さんとのご縁を切らない
ために、今とにかくお付き合いを継続させることと、情報発信を途切らせ
ないように継続的にやっているのですが、いつぐらいに復活できるのか、
なかなか見通せないので、観光関係者の心がしぼんできつつあるなあ、と
今ひしひし感じているところですね。

山岡：特に観光が大きな打撃を受けているということですね。では、観光業を
　常時ウオッチされておられる奥平先生に伺ってみましょう。

奥平：コロナ前は、新幹線開業のブーム
　がちょうどあったので、函館の観光
　入り込み客数というのは飛躍的に伸
　びて、年間560万人を超えるところ
　までいっていました。けれども、実
　は、その時期に函館で起きかかって
　いたのがキャパシティーオーバー、
　いわゆるオーバーツーリズムです。

　　例えば市電に乗ろうと思って行っ

奥平　理　先生

たら、観光客で満員になって乗れないとか、バスに乗れないとか、そういうことが実際に函館でも起きていました。

　海外からのインバウンドもたくさん入っていましたし、国内からも入っていました。それがコロナでパタッと止まりました。止まったことによって、今度はアンダーツーリズムになったわけです。

　なので、今、どうしていいかわからない。そういう状況になっているのですけれども、実は、これは見直しのチャンスです。コロナが収まってくると、またオーバーツーリズムのひどいものが来る可能性があるのですね。倍ぐらい来られてしまったらどうしよう、というのがあるものですから、それに対してどう対応していくのかということです。例えば函館だけにドカッと来るのではなくて、周りの市町村も巻き込んで、津軽海峡の向かい側も巻き込んで、そういう形で分散させるという方向性、言ってみれば、自治体同士の協調ということがこれから非常に重要になってくるのかなと、観光という立場から見ると、そういうふうに思っているところです。

山岡：ありがとうございました。では、次に沖縄エリアを長年にわたりウオッチしてこられた畠山先生に、観察を踏まえたご意見を伺いたいと思います。

畠山：沖縄も観光ということでは非常に大きな打撃を受けた地域であり、そして、これは難しいところですが、観光客を受け入れれば、それだけ新型コロナの感染者が増えてしまうという問題を抱えています。

畠山　大　先生

　あと、北海道のへき地の場合と同様に、島嶼地域である沖縄でいったん感染が拡大すると、医療体制の面で深刻になるということもあります。こういった点で、沖縄は大間や北海道と共通性が高い地域だと思っています。

　特に沖縄について言いますと、那覇空港の第二滑走路の供用開始がコロナの流行にぶつかってしまった。そして、MICE ¹⁾ の施設も造ろうかというときにコロナにぶつかり、観光客数も 1,000 万人に届いたところにコロナが来て、あと物流ハブを那覇空港周辺につくったあとにコロナが来て、もうちょっとで 21 世紀の沖縄の発展の基盤ができ上がるぞというときにコロナにぶつかったので、関係者や沖縄県民の心の痛みは非常に大きいものがあります。しかも、首里城まで焼けてしまったという状況があります。

　先ほどの私の発言部分でも申し上げましたけれども、今、沖縄では、10 年ごとの振興計画を策定するための議論をしており、先だって県の素案が出ましたけれども、そういった長期的な議論も冷え込んでしまうかもしれません。将来、リスタートを切るにしても、県民の意識が冷え込んでしまっているということがあり得るかなと思います。

山岡：こうして伺うと、いろいろな地
　域でこれまで見られていた勢いが、
　コロナ禍によってかなり削がれて
　いることがわかりますね。悪いこと
　に、今後どうなっていくのか、コロ
　ナ禍の行方についてはまったく見通
　しが立っていません。ただでさえ、
　コロナ禍がなくても、地域社会には
　さまざまな問題が存在していたわけ

山岡　邦彦　先生

ですね。例えば少子高齢化の問題のように。ここ函館も高齢化が日本全国の平均よりもかなり進んで、40%近くに達しています。若い人の働く場所が少ない点も長年にわたる課題です。人口もどんどん減っています。2020 年10 月の国勢調査の速報値で、北海道全体の人口は 522 万 8,885 人。前回調査時の 2015 年と比べて 2.8%の減少、数にして 15 万人以上も減っているということです。函館市も、毎年だいたい 3,000 人ずつくらい減って、まもなく 25 万人を割り込むか（注　シンポ開催月の 6 月の住民数はついに 25 万人を下回った）というレベルまできているわけです。

　そこへコロナ禍の襲来です。先ほど指摘されたように、深刻な影響が観光面にあらわれています。経済全般で見ると、欧米ではワクチン接種の普及に伴って経済成長率は上向きに修正されるようですけれども、ワクチン接種の立ち上がりが諸外国に比べて遅れた日本では逆に下向き修正の方向です。

　このような変化の中で、先ほど奥平先生から、チャンスの芽も出てきているというお話がありました。では、いかにしたら、マイナス面をプラスへと転じさせていけるのか、お話を伺っていきたいと思います。まず奥平先生からお願いします。

奥平：先ほど、観光入り込み客数の話をしたのですけれども、この話、実はマイナス面という点で言うと、どれぐらい遡ってしまったのかということですが、昨年（2020年）度、すなわち令和2年度の観光入り込み客数が321万人です。この数字は、昭和63（1988）年まで遡るのです。つまり昭和の時代の観光客数に戻ったわけですね。函館が観光都市として起き上がっていくかどうかという時期の数字に今戻ったというところですね。これが一つのマイナス面です。

　では、これをプラスに変えるにはどうしたらよいのか。今まで、昭和63年から令和元（2019）年までは、基本的には増え続ける上昇曲線だったのですけれども、それが今度はちゃんとまた増えるほうに戻せるかどうかというのが試されているのかなということですが、実は、「インバウンドが入ってこない限りは戻らない」というのが私の見込みです。

　では、インバウンドをどうするかというのが、いま、全然議論されていない。もうニュースでお聞きになっていると思いますけれども、実は、欧州連合（EU）が「日本からの観光客を受け入れる」と昨日ニュースで発表しました。では、「日本はいつ海外からの客を受け入れるのか」、これから夏季東京オリンピックを開催するというのにそんな宣言もないということは、「じゃ、国内だけでやるのかい」ということで言うと、もう一つのマイナス面がオリンピックです。

　ですから、オリンピックがちゃんと開催できれば、もしかすると、経済

効果は抜群に高い。ところが、コロナが拡大する可能性も秘めている。だから、リスクとリターン、両方を持った状態で、これから観光を振興していかなければいけないとなった場合に、じゃ、どうするのかというと、まずはワクチンでしょうね。ワクチンをどれだけ早く行き渡らせるのかということがこれからの課題で、それをプラスに変える方法としては、ワクチン接種のスピードを上げることですね。それによって、人々の移動ができるようにする。

　経済学の鉄則としては、人が動かないところにお金は動かないわけです。人が動けば、必ずお金は動くのです。だから、人が動けるようにするということがこれからの課題かなと私は見ています。

山岡：ありがとうございます。それでは、畠山先生、お願いします。

畠山：先ほどの話はネガティブな面についてでしたので、今度はもう少しポジティブな面をどういうふうに考えるべきかという問題意識をお話ししたいのですが、沖縄に即して言えば、今しばらくは、県外や海外といった「外」との交流がどうしてもできなくなります。そうしますと、思考も「外向き」ではなく、良い意味で「内向き」になってくると思います。

　沖縄は、明治、大正、昭和の戦前にかけて経済発展の程度がもともと低く、そして、沖縄戦があり、米軍統治の時代が27年間あり、復帰後も本土との格差がずっと続いています。そういった中で、貧困と格差の問題、いろいろな社会問題が米軍基地との絡みの中で存在し、こういった問題に対しては、近年にかけて、沖縄の内部での意識や取り組みは高まってきていたのですが、このコロナの状況があり、余計にそういった問題が顕著になっていくわけです。

　現在、「持続可能な開発目標（SDGs）」という形で玉城デニー知事が推進されていますけれども、復帰から約50年がたって、沖縄の内部での貧困や格差、環境といった問題に対し、ようやく腰を据えて目を向けることができたのだと思います。今までは、やはり本土との格差もありましたので、沖縄については、とにかくいろいろなものを整備していこう、発展していこうという意識が強かったと思います。好むと好まざるとにかかわらず、

思考や意識の面で「内向き」になれる時間ができたことで、少し腰を据えて自らの社会の内部の問題に取り組む環境ができたように思います。そういったポジティブな面も見ながら、沖縄の未来像を考えてみたいと思っています。

山岡：ありがとうございました。島先生はどうみておられますか。

島：ポジティブな方につながるかなと思うのは、コロナになってから、行政というのは縦割りの組織で、有事に非常に弱いということにほとほと気づかされました。今までにないことが起こると、役所の人たちは、何から何まで「とにかくやらないでおこう」というような流れになったような気がして。今まで、行政主導でやられてきたイベントとかは軒並み中止にせざるを得ないじゃないですか。

　だけど、町内会単位は、なかなか今までは見直されることはなかったのだけど、それぐらいの規模感の催しだとか、顔の見える人たちとの集まりというのは、やれないことはないなと思います。もしそういう単位での何かを復活させられるタイミングとしては、今、ここで盛り返せれば、昔とは違うけど、また別の形で、小規模なおもしろいことができるような気はしています。

山岡：奥平先生、いろいろうなずいておられましたね。

奥平：函館では、今、実は本学の学生も絡んで、いわゆる古い建物に学生が住むというイベントをやっています。そのイベントとの絡みで言うと、実は学生が絡みながら、入船町会という町会、西部地区なのですが、それと弁天町会という2つの町会が連携して、いろいろイベントを起こし始めています。まちおこしのイベントを始めていて、そこにいろんな人たちが来るようになってきているということで、もしかすると、今、島先生がおっしゃったように、小さいコミュニティのレベルでの活性化というのが、今、チャンスかなという気は私もしています。

山岡：畠山先生は先ほど、足元の問題をきちんと見つめ直していく環境ができた、と指摘されました。今の島先生の話と通じるところがあるように思いましたが。つまり、行政主導のイベントが軒並み駄目になっていく中で、

むしろ、地に足が着いていた町内会、顔と顔が見えるものは「やっていけるぞ」という力が維持されているというところ。畠山先生にもう少し深堀りしていただきましょうか。

畠山：沖縄の次元で話したほうがいいのか、函館の次元で話したほうがいいのか、頭のモードをどちらに変えていけば……。(笑)

山岡：函館にも振ってください。

畠山：自分が関わっているわけではないのですけれども、函館においても、生理に関する貧困の問題が取り上げられたり、学生に対して食料を配布したりするような取り組みがなされています。「農業の6次産業化」というコトバを、意味もわからずに使っている学生もいますが、そういったテンプレートどおりの活動ではなく、もうちょっと地に足が着いたような活動が始まっているのではないかなと思っています。それがポジティブな面であると思っています。

山岡：今回のコロナも含めてですけれども、さまざまな地域活性化の問題に取り組みながら、うまくいかない事例が結構あるわけです。型にはまった、行政主導の手法も崩れてきている。うまくいかなかったのはなぜだろうか、活性化に取り組むそうした動きを何が阻んできたのだろうか。そういう反省から得た教訓があります。他方、うまくいった例ももちろんあるわけですね。うまくいくときの方程式のようなもの、それはこういう要素があったからだ――そうしたことを振り返ってみる、今は重要な時期ではないかと思います。

　島先生が指摘されたように、今、日本も含めて世界は有事の中にあるわけですね。この有事になった際に、残念ながら、我が国の社会を見ていると、どうも行政主導型の仕組みが有事に強いとはとても言えなかった。では、そこでどうするかというのが私たちに突きつけられている課題だろうと思います。ばくぜんとした問題提起ですが、島先生、何かお考えを話していただけますか。

島：お考えというほどのたいそうなものではないのですが、先ほど、シンポジウム第2部の研究発表で、齋藤征人先生がお話しになったことって、ものす

ごく今のお話につながるような気がします。それこそ自発的に皆さんがやりたいと思えることをやっていく。行政にやれと言われてやるということではなくて、自分たちの暮らしの中にこういうことが必要だな、「じゃ、それは私やるわ」みたいな形の自発的なもので、お互い補完できるような役割分担みたいなもの。たぶん奥平先生の今の函館の新しい例も、従来の町内会は会長さんもかなりお年で、毎年毎年同じような行事をやらざるを得なくて、停滞しているところが多いと思うんだけど、その中に、学生が入ってくるとか、今までと違う人材が入ってくることで新しい集まりになりますよね。そういう多様性が大事なのかなと感じますね。

山岡：世代や性別にかかわりなく、ですね。テレビニュースで各種会議が映ったりするのを見ると、「黒一色」の印象です。参加者も年配者が目立つ。うまくいけばよいのでしょうが、現実にはうまくいっていないから、これでは駄目だなと。

島：いかない、いかない。うまくいくわけがない。

山岡：そこで多様性が持っている重要な意味が注目されるのでしょうね。世代を超えたさまざまな意見、子どもを登場させることによって雰囲気が変わるという指摘も先ほどの第2部研究発表の中でされていましたけれども、自分たちにないもの、持っていないものを、ほかの人たちが補完してくれる。そうすることによって課題を解決していくことができる、そのような動きが見えてくるということですよね。

島：はい。

山岡：そういう補完性というものを持つ組織や社会であるというのが大事だと。そして、もう一つ重要なのが、出発点。何より自発性がなければならない。人からやれと言われたのでは駄目だと。島さんは、「踊らされているのではない」という言い方をされました。「踊りたいから踊っている」、その精神がとても大事だなと思います。

　それでは、こういうのはうまくいっているよね、あるいはこういったことが問題を阻んできたという点に話を進めたいと思います。先ほど、多様性のない組織というものは対応できなくなっているという指摘がありまし

たが、畠山先生、お願いします。

畠山：多様性の問題で言いますと、特に大学の現場で言えば、多様性を、今までは地域の枠組みだとか、ゼミの同窓会とか、そういったような枠組みでもって、ある意味、会いたくない人にも会うという仕掛けというか仕組みというのがありました。インターネットのつながりですと、目的共同体ですので、同じ興味や関心、階層の人ばかり集まってしまいますよね。その結果、地域という枠組みが、ある意味、崩れてしまう場合があるのではないかと思うのです。

　先ほどの沖縄の話で言いますと、沖縄全体という枠組みではなくて、個々の市町村や個々の利害関係者が東京と直接つながってしまうような、逆に言うと、コロナがなくなったときには、地域がバラバラになっているのではないか……そういった心配もしているわけです。

　自分はよく学生に対して、情報収集するときに、ちゃんと紙の新聞を読みなさい、電子版でも紙の形になっているようなものを使いなさいと言います。どうしてかといえば、自分に必要のない情報が絶対に目に入るからです。そうしないと、自分の世界というものは広がらないのです。

　地域の人と人とのつながりでも、ちょっと面倒くさいと思う相手もいるわけですよね。それでも人と人とがどうつき合うかというところを学ぶ場を ―― コロナ禍なので ―― それがつくれない、そのもどかしさがあります。そうだとしても、これをコロナ禍の中でもどのようにつくっていくのか、コロナが明けたときにどうつなげていくのか、そこを、自分としては模索中です。

山岡：ありがとうございました。では、奥平先生。

奥平：函館で言うと、地域活性化で、それこそ動かされるのではなくて、自分たちから動いてでき上がったのがクリスマスファンタジーです。あれは、当時の函館青年会議所の理事長が音頭を取って、30代未満の若者たちだったんですけれども、その人たちが、「じゃ、俺たちで祭りをつくろうぜ」と。

　函館の場合には、観光の問題として、冬場に観光客が激減するという問題が当時ありました。そこで、少しでも、せめて12月だけでも減らさな

い、逆に増やしてみたいねということからスタートしたイベントなんですけれども、それが始まったのは1998年で、すでに20年以上たっているんですが、今まで続いているということは、これは若者が上の世代の人たちが取り仕切っていたイベント関係のものに入り込んでいったことによって、上の世代の人たちも、これはまずいということに気づいた。

　そして、役所の人たちも、逆に今度は巻き込まれていくということで、言ってみれば、市民と役所が一体になって一つの祭りをつくっていったというのが、クリスマスファンタジーの成功例なのかなと思います。ここまで続くというのもすごいし、コロナになっても、ちゃんとクリスマスツリーは調達して、電球だけはつけますので、あれがないと本当に真っ暗になって、暗くなるんですけれども、あれだけでも継続できるだけの力ができたんだなということは函館では感じるところです。

　もったいなかったのは、実は同じく青年会議所が企画して途中で駄目になった「夜景の日」というのがあったんでけれども、8月13日に、家々の窓を開けようというイベントがあったんです。これは実はもったいなくて、今、夜景が暗くなっているという問題が生じているんです。特に西部地区の夜景が真っ暗になってきて、函館の夜景は、手前が暗くて向こうが明るい。本来ならば、手前が明るくて向こうが暗い。逆夜景になっているんです。これは、もしかすると、そういうのが今も続いていれば、それがお祭りになっていたら、その日だけでも普通になったのかなという感じが私はしています。ちょっともったいないけど、それは駄目になった例です。それは巻き込めなかったんですね。

　当時、発光ダイオード（LED）がなかったので、省エネルギーにならないとか、エネルギーの無駄だとか、そっちのほうにいってしまったために駄目だった。だから、技術の進歩によって、また新しいものが生み出せるとすれば、「夜景の日」というのは復活してもおもしろいかなと感じるところですね。

島：何かやれるような気がしますけどね、また今、この時代で。

奥平：そう。しかも、今、電気を食わないようなLEDが増えていますから、

そうすると、みんなでやりましょうというのを、もしかしてやったらおもしろいかなというのは感じます。これを今度はまた若い人たちが担えればおもしろいかなと思いますね。

山岡：新しい冒険ということで言えば、今度のコロナの件でも、新しいライフスタイルがつくり出されているのではないかという見方があるわけです。例えば東京一極集中の無理が出てきて、東京から脱出する人も出てきているようだと。よく見てみると、それは必ずしも遠いところに行くのではなくて、むしろ千葉とか神奈川とか埼玉のほうへ出ていくのが目立って、まだまだ、もっと遠い地方への移住にまでは至ってはいない。それでもテレワークが可能になる業種が出てきた。副業を認めるような会社も出てきた。してみると、長い通勤時間を使って都心の会社に通うスタイルに変化が生じているのではないかと。

　すなわちデジタル化がどんどん進み、デジタル技術による生活やビジネスの変革、いわゆる「デジタルトランスフォーメーション（DX）」の時代になってきているのだと。リモートワークがさらに進めば、地方在住のまま首都圏と結んでいろいろな仕事ができる、そのようなライフスタイルも出てくるかもしれない……。はたして、そういう未来が地方、地域社会に訪れるのでしょうか。期待し過ぎではないだろうか、いやそれは可能なのか。率直なところをお伺いしたいと思います。

畠山：今、山岡先生がご指摘になったような変化というのは、中央からの変化だと思うのです。中心か、島先生がお話しされてきた大間のような辺境——それも辺境のなかの辺境か、どちらかからしか変化は生まれないのではないかと思います。明治維新を見ても、辺境から革命が起きたわけですから。そういったことでは、札幌とか函館とか中心にも辺境にもなりきれない地域で変化を起こすのは、実は難しいのではないかと悲観的に考えてしまいます。

　学生を見てみると、意識の問題として、新型コロナ禍の中でも30年前に生きているような学生も多いです。「将来どうするの？」と聞いても、「地元に帰って公務員になりたいです」「民間企業の状況が悪そうだから、学校教

員になりたいです」といった反応ばかりです。

　あと、私は国際経済に関する科目も教えていますが、学生の聴講シートとかを見ると、『ジャパン・アズ・ナンバーワン』のころの発想でもってアジアを見ているように感じます。それは学生が悪いわけではなくて、学生が育ってきた家庭や地域、学校教育の意識がそれだけ古いのです。

　そういう意味では、先ほどの私の発言部分でも言いましたけれども、市民の資質、意識といったものを変えていかないと、目の前の学生ではなくて大人を変えていかないと、地域の未来は結構きついのではないかなと思っています。そこを教育の面でどうしたらよいのかというのが、私の問題意識です。

　我々は地域系の学科を名乗っていますけれども、国家的な大学改革の結果――こういうことをしゃべると叱られるかもしれませんが――日本中、地域系の学部・学科だらけになってしまったわけです。そうすると、地元の国公立大学しか進学先として選択できない学生の多くが地域系の学部や学科に行くことになるわけです。その結果、志望動機は「まちづくりをやりたい」でも、入学すると、「出身地に戻って公務員になりたい」という本音が出てしまうのではないでしょうか。そのギャップをどう埋めるべきか。というのは、私自身が非常に頭を抱えていて、ぜひ島先生と奥平先生に解決策を教えていただきたいなと思っています。

山岡：ありがとうございました。ということで、島先生。

島：（笑）そうですよ、ここにいらっしゃる皆さんも、もしかしてそうだったらごめんなさいなのだけど、何で公務員になりたくなっちゃうんだろう。公務員って、おもしろいかな？　と思うのだけど。

　だから、ちょっと質問と違うのかもしれないけど、私なんかは、まちづくりとかまちおこしでも、古いタイプだと自分は思っていて、この先のまちづくりを担っていく人たちは、ニュータイプの、何かの社会的な課題をしっかり事業として組み立てて、「社会起業家」と言われているような人材が学生の中からどんどん出てきてくれると、この日本は、この津軽海峡は変わっていくというか、将来に希望ができるというか、長生きしてみたい

と思います。

山岡：歴史の転換期には、辺境というか、異国との境目あたり、異文化との接点の地域から、優れた人材がよく出てくると言いますね。

島：そうですかね。（笑）でも、何かをブレークスルーしようと思ったら、小さいところから密度濃くやるというのが、やっぱり一番いいという感じはあります。

山岡：ありがとうございました。奥平先生、お願いします。

奥平：まず、函館の人の考え方を変えるというのは、これは時期が来るのを待ちましょうと言うしかないのかなと思うんですけれども、ただ、実は、今コロナ禍で、デジタルトランスフォーメーション、DX が急激に進み始めたということで、上の世代の人たちも、いや応なしに DX に今、はめられつつあるんですね。そうすると、世代間のギャップが少しずつなくなってくるかもしれない。コミュニケーションツールとしての。そこの部分が、もしかすると上の世代の人たちは自分たちから発信もできないとか、自分たちからネットに行けないとか、ソーシャル・ネットワーキング・サービス（SNS）は使えないとかなるんですけれども、使える人たちが今度増えてくると、若者たちと変わらないような発言力を持ってきたりすると、若者たちとバトルするわけですね、SNS 上で。そうすると、何か違ったものが生まれてきたりするということが起きる。

　だから、今、たぶん、SNS とか、先ほど畠山先生もおっしゃいましたけれども、等質の人間の集まりみたいになっているんですけれども、これがもしかするとこの DX で壊れるかもしれない。で、異文化交流、多様化交流みたいになってくると、函館もよくなるかもしれないと、私はちょっと期待はしています。悲観はしません。期待をします。

　あともう一つ、函館なんですけれども、実は、観光地であるということのメリットを生かした「ワーケーション」というのを今国が進めているんですよ。ワーケーション事業については、今、函館もこの前入札で決まりましたので、それが今年度開始されるのかな。モデル事業として始まるんですけれども、実は函館は、今回ホテル建設ラッシュの2回目なんです。今、

函館で急激に増えたの。1回目が、平成のバブルの一番終わり頃に、湯川地区で急激に大きなホテルが増えた時期、あれが第1回目なんです。今回、第2回目で、また黒船到来ということなんですけれども、そうしたらコロナが来てしまったので、今度ホテルが余っている状態なんですね。この余っているホテルを使う方法を当然模索すると、観光と組み合わせることができる。

だから、仕事だけじゃないよ、観光もできるよということで、逆に函館をアピールして売り出していく。そして体験してもらって、住んでもらうという、次のステップに進んでいけるような仕組みが、もしかしたらつくれるのかなということで、期待はしているところなんですけれども、そういうことが今、動き出しているところです。

山岡：問題は、そういう魅力がどれだけあるのか、どこまでアピールできるのかというところにあるかなと思うのです。1回訪れたら、それで十分、で終わってしまうのか、そうではなく滞在型、あるいは移住したいというところまで人を引き込むことが可能になるのか、その中身が問われていくことになると思うのですが。

島さんは基調講演で、子どものときは、本州の北の端っこにあるのが嫌で嫌でしようがなかったのが、帰ってきたときに、それがガラリと変わったと話されていましたね。そして、地元のおもしろさを発信するというふうに変わったと。おもしろく聞かせてもらいましたが、「濃いもの」を私たちは身近に見いだせるのかどうか。

島：それは、いい悪いじゃないんですよ。まったく同じものなんです。私が子どもの頃に見ていたものと、帰ってきて、「これはすごいぜ」と見たものはまったく同じなんですよ。自分の視点が変わったから、別の角度からそれを見ているというだけのことで。

ただし、それがどこにでもあるものではなくて、そこの土地にしかないような固有のものだったということなんですよね。いい、悪いということじゃなくて。

山岡：そこが大事なところなのですね。

島：ですね。

山岡：もともとあったんのだけれど、気がついていなかった。

島：それが、見えるようになったという。

山岡：それまで濁っていたのがくっきりと見えるようになった。そうすると、それが素晴らしいから、それを何とかみんなに知ってもらいたいという行動につながっていった、そういうことですか。

島：そうです。

山岡：それに気づくのには、どういうことがあったのか。それぞれの人の経験によるのでしょうか。

島：多分、私の場合は、生活者じゃなくて、旅行者目線になったんだろうと思うんですよ。ずうっとそこで生活していると当たり前だから見えなくなるけれども、都会の暮らしを続けてきたから、帰ってきたときには生活者ではなくて、よそから来た人が見る視点になっていたということなんじゃないかな。（笑）

山岡：そこらを、どうですか、自分だけで終わらせずに、周りの人に伝えていきたいという気持ちのところですね、そうやっていろんな人を引き込んでいって、それがまたみんなのためになるというか、自分だけのものじゃなくて、地域のためにもなるということを、やり取りしながら広げていくことが大事だと……。

島：私について言うと、自分のふるさとを最低の田舎だ、嫌だ嫌だと思っている気持ちがすごく強かったので、「そうじゃないぜ」となったときの、この振り、何だっけ。

山岡：揺り戻し。

島：そうそう揺り戻し。揺り戻しもすごかったということで、とにかくいろんな人にそれを知らせねばならぬというような原動力になったんだと思います。

　で、この田舎の力を生かして、もっともっとやれるぜ！　というふうに自分が思ったので、それにどんどん人を巻き込みたかったという感じです。

山岡：それは地域の主体性でもって動いてきている部分もあると思いますけれども、一方で、畠山先生もご指摘になっていた国の力、というか国策、そ

れには資金力はじめいろいろなものがありますから、そこをどう取り込ん
でいくのかというところとの組み合わせが重要になってくるのではないか
なと私は思ったのですけれども、畠山先生、この点について……。

畠山：島先生より「まず独自の動きができて、それに対して地域の皆さんが共
　　　鳴していった」という大間での取り組みの話をお伺いして、私なりに大間
　　　という地域を自分なりに見たことも含めて言えば、ちょっと失礼な言い方
　　　になりますが、大間は陸の孤島なわけですよ。陸の孤島で、かつ函館とは
　　　海での結びつきがある。私が見てきた沖縄の「島」とよく似ています。「島」
　　　先生だから「島」というわけじゃないですけれども、島という条件が、適度
　　　に中央と離れている。

島：わかるー。

畠山：そこで頑張らないと生きていけないという切迫感。これはマレーシアか
　　　ら追い出されるように独立したシンガポールにも言えることだと思います
　　　が、ほかの世界の人と付き合っていかないと駄目だという ―― そういった
　　　切迫感が、背水の陣、まさに「島」は水に囲まれていますので、そこが良い
　　　意味で働いているんじゃないかと思ったのですけれども。

山岡：切迫感、ですね。

奥平：すごくいいなと思いましたけれども、先ほどの島先生のお話を聞いてい
　　　て、私も似ているなと思っていて。私も、こんな田舎の函館から早く出た
　　　いと思ったんですよ、高校時代は。

島：えーっ、函館なのに。

奥平：ほかにもいっぱいいいところがあるだろうと思って。いろいろ事情が
　　　あって、広島に行って10年近くいたんですけれども、逆に広島に10年いて
　　　戻ったら、そのまま函館に戻ってしまったので、そうしたら、こんなにい
　　　い町だったっけ、函館ってと。また年を取ったというのもあるかもしれな
　　　いですが、いい町だったかなというのと、それから、実は函館は、その当
　　　時、観光も盛んだったんですけれども、観光をガイドする人たちがあまり
　　　いないということがあったので、「じゃ、俺、知っている限り発信したいよ
　　　な、知っていること全部教えたいよね」みたいなところから始まったのが私

のまち歩きの原点かなと思うので、何となく似ています。

　何がいいかというと、ここにしかないものなんですよ。函館の観光資源、観光の歴史にしても文化にしても、いろんなものがありますけれども、そういったものを全部ご紹介できるということは、これはとても幸せなことだということに気づきましたね。

山岡：これからの社会のあり方ということを考えると、当然この地域だけというのではなくて、世界を相手にする。世界とは、海でつながる。現代社会は、インターネットという情報の海を通じて世界のどことでもつながりを持てる。そういう時期に、さらに発展していく大きなきっかけをつかむには、国際社会とつながるツールをうまく使いこなしていく必要があるのではないかと思います。

　こうした点について、最後に一言ずつ伺いたいなと思います。

畠山：青函圏の交流ということを今後考えていく場合には、やはり地方制度の問題、例えば、思考実験であったとしても、例えば青森と道南圏が一つの道州とか、そういったものを構成するような、そういう思考実験、そういう議論をしてもいいんじゃないかなと思います。

　今まではミクロな話が多かったのですけれども、地方制度まで踏み込んだ話を思考実験としてでもよいからやってみる ―― その中で、青函圏の市民が、国の政治や国際情勢に関心を持つきっかけだとか、そういったものに対する資質を向上させていくきっかけになると思います。そういった次元にまで高めた話を、私もぜひ聞いてみたり、やってみたりしたいと思っています。

山岡：ありがとうございました。では奥平先生、お願いします。

奥平：津軽海峡圏ということに戻りますけれども、津軽海峡圏と言えば、もともとは、言ってみれば、縄文時代からつながる、いわゆる SDGs なんですね、ここは。ずうっとつながっていて、交流がいまだに続いている、1 万年以上交流が続いているという世界的にも類のない地域です。

　何で交流してきたのかということは、それは多様性があったからだと私は思っています。何が多様性だったかというと、実は、私、一つ持論が

あって、青森の亀ヶ岡石器時代遺跡の遮光器土偶と、函館の著保内野遺跡
の茅空^{ちょぼないの}はライバル関係にあるんじゃないかと思うんですよ。あれはお互い
に交流しているから生まれた土偶で、それが何となく似ているし、何とな
く違うんですね。片方は目がでかいんです。片方は、足まで全部あったん
です。ちゃんとあって、亀ヶ岡のほうは何かちょっと違った体形なんです
けど、わりと茅空のほうがスタイルがよかったんですね。

　だから、当時は、もしかすると、そうやって美の饗宴というか、変な話
ですけど、芸術品を交換するみたいなこともやっていたんじゃないのか、
文化交流もやっていたんじゃないのかということを、あの土器を見て感じ
るんです。同じ縄文時代の土器にしては、ずいぶん張り合っている感じが
するぐらいなんです。

　近隣地域だと、土器がそっくりになるはずなんです。なぜここは似てい
ないのか。それが青森県内のほかの土器を見ても似ていないんです。みん
な似ていないんです。これくらい個性がばらばらで多様化している地域と
いうのはなかなかない。これを目指していくのが必要で、仲よしこよしも
いいんですけれども、メラメラと燃やす対抗心みたいなものがどこかで必
要なのかなと思うんです。

　そうすると、函館と青森で何が対抗できるかというと、まずは、経済力
では青森に負けています。函館は勝てないです。

島：青森市ですか。県？

奥平：市です。青森市にも負けます、函館は。負けるんですけれども、じゃ、
函館が勝てることは何だいというと、何もないかと思うと、実は函館は、
北の方とつながっているわけですね。後背地がでっかいんです。後背地が
でっかいので、そうすると、青森よりもいっぱい人をこっちへ引き寄せて
これますよ、と言うことができるんですね。

　青森も、南へ「おーい」と言うと、たぶん仙台よりも南から人が来てくれ
ると思うんですけど、函館というのはもともと一番南に位置するために、
北海道で言うと、呼べばみんな来ちゃうんですね。観光シーズンで、桜に
なったらみんな道北からも来ちゃうというぐらいのところなので、そうい

うところでは函館は勝てるかなぐらいのもので、実はそういうところを張り合っていくというのは僕は必要だと思うし、あともう一つは、お祭りの共通化というのが必要だと思っています。

　何かというと、先ほど、文化と言いましたが、今、ちょうどコロナで、函館の港祭りが2年連続中止になりました。ねぶたもそういううわさが飛び交っていますけれども、実はこの中止の期間というのは、次にやるときに実施日を変えられるんですよ、変えようと思えば。

　函館の港祭りの問題点は何かというと、最初、7月1日から5日にやったのが、いつの間にか8月1日から5日に変わっていて、それが実は、どうもねぶたに対抗して日程をつくったと。ねぶたと尻尾が重なるようにできている。

島：ぶつけてきたということですか。

奥平：そうです。当時の人たちは、どうもねぶたとくっつけると人がたくさん来るだろうという発想だったみたい。

島：あーあ、ずらすんじゃなくて。

奥平：ぶつけたんです。ぶつけた結果どうなったかというと、青森に人がみんな流れる。函館に来たからついでに行こうみたいになってくる。だから、函館も2日ずらすと、青森とつながるんですよ。そうすると、両方から人を呼べる。いわゆる観光客の相互交流みたいなことも可能になるということもこれから目指していくといいんじゃないかなと思っているところです。以上です。

山岡：ありがとうございました。では、島先生、最後に。

島：マグ女の話と、かぶってくると思います。津軽海峡圏で、同じような町村には絶対ならないように、一つひとつの粒に磨きをかけて、一つのまとまりではあるんだけど、一個一個が別の輝きを持つからこそ、みん

マグロテーシャッツ姿の島康子先生

なそれぞれに訪れたくなる。そういうエリアになることが理想というか、私の中で、イメージとしては、宝石箱なんです。別々の輝きを持ついろんな宝石が、ギラギラ夜景のように輝いているというような津軽海峡になるように頑張りたいと思っています。

　固有のものをそれぞれが磨き合いながら、ある意味でいい競争をし合うというようなエリアになれば、本物を志向するようなお客さんが海外からも来てくれるような土地になるような気がします。

山岡：どうもありがとうございました。

　まだまだお話を伺いたいのですが、時間が迫ってきました。ここで、いただいた質問のいくつかを紹介しますので、お答えいただくという形で残りの時間を進めたいと思います。

　まず、島先生への質問です。「マグロ女子会に、青森、函館、青函圏の経済活性化の起爆剤として大いなる期待感を持ちました。しかし、我が函館圏にそうした活動はあまり見られないのです。93人の会員の方がいらっしゃるというので、島先生ご存知なら、温度差なく、それぞれの会員の地元で活躍、活動をされているのか教えてください」という質問です。函館での活動について、島先生が何か注目されているものはありますか。

島：マグ女ではなくて。

山岡：マグ女の活動で。

島：「マグ女のセイカン博」はとにかくマグ女全体で取り組んでいることなので、もちろん函館のマグ女も一生懸命にやっています。起業家としても、まちづくりの同志としても、非常に刺激を受けて尊敬をしているのが、マグ女の仲間です。

山岡：ありがとうございます。ここで司会の林先生から、お願いします。

司会（林）：それでは、チャットのほうに質問をいただいておりますので、読み上げさせていただきます。奥平先生に質問です。「研究の対象となさっている対象地に新函館北斗駅周辺は含められないものでしょうか」。乗り継ぎの待ち時間があるので、接続便数、数十分コース、それから1時間強コースとかと組めるのではないか、というふうに質問がきています。

奥平：今、まったくこれからというところなので、検討したうえで立案していきたいな、造成したいなと思います。

司会：ありがとうございます。もう一つ、畠山先生への質問です。「第2部研究発表（参照　『国際地域研究　Ⅳ』所収論文）では、先生のパワーポイントのコマの中で、沖縄が本州方面とつながるという図がございましたけれども、あれを、九州を飛び越えてなのか、九州を含めた本土なのかについて教えていただけるとうれしいです」という……。

畠山：そこは結構大きな論点で、道州制の話が出たときに、九州・沖縄という枠組みを提示されましたが、沖縄は沖縄でやっていくべきだ、という議論がありました。ただ、歴史的に見て、江戸時代から、戦前から、そして、その後に至るまで、九州と強い結びつきもありますので、その両面を見ていかなければいけないということもあります。

　　あと奄美ですね。奄美は、1609年、島津氏が琉球に侵攻したときから、それ以来ずっと —— 連合国に1953年12月まで沖縄と一緒に占領されていましたけれども —— 琉球から離されていました。そういう奄美という地域もどう考えるかとかを含めまして、九州と沖縄というのは —— 時間がないのでいっぱい話せませんが —— これから自分としても突き詰めていきたいテーマだと思っています。

司会：ありがとうございます。

山岡：最後に、会場の方から質問をどうぞ。

質問：島さんへの質問です。今日、自分でミッションというか、これを聞きたいなと思って考えてきたんですけど、地域づくりをするうえで、自己満足と人を幸せにするというのがつながるものなのかなというのを聞きたくて、今日お話を聞いていたら、自分も楽しんで、周りも幸せにしていくというのが基盤にあったのかなと思ったので、その関係というか、どういうふうに考えているのか、ちょっと聞きたいなと思いました。

島：「自己満足」と、「自分が楽しむ」ということはちょっと違うような気がします。自分も楽しいけど、関わっている人とか参加してくれる人たちも楽しい。その楽しんでる人たちを見ると、またさらに「楽しい」が自分に返っ

てくる。そういうイメージですかね。

質問：それは自己満足ではなくて、ということですね。

島：ですね。

質問：なるほど。ちょっと引っかかっていたところがあったので、いまお答えを聞けて、すごくよかったです。ありがとうございます。

島：たぶん、一度そういう経験をすると、そのときのうれしさとか達成感みたいなものがやみつきになるんですよ。それを何回も何回も味わいたいから、泳ぎ続けてしまうことになると思います。

質問：やみつきになるんですね。

島：はい。

質問：ありがとうございました。

山岡：時間となりました。私が下手にまとめるよりも、余韻を楽しみながら、ここでパネルディスカッションを終わらせていただきたいと思います。今日はどうもありがとうございました。（拍手）

パネルディスカッション全景

注

1)　MICE とは、企業等の会議(Meeting)、企業等の行う報奨・研修旅行（インセンティブ旅行）(Incentive Travel)、国際機関・団体、学会等が行う国際会議 （Convention）、展示会・見本市、イベント（Exhibition/Event）の頭文字を使った造語で、これらのビジネスイベントの総称。

あ と が き

　まさか、これほど長く新型コロナウイルス感染症が猛威を振るうとは思ってもみなかった。『国際地域研究 Ⅳ』の編集作業は、2年続きのコロナ禍の中で進めることになったが、幸いにも大きな支障なく終了できた。

　長引くコロナ禍は世界の経済成長に深刻な影を落としている。国際化時代の重大な転換期にあたって、地域を活性化していくという年来の課題に今後どう対処していけばよいのか。今回『国際地域研究 Ⅳ』を編集するにあたって、主たる問題意識とは以上のようなものであった。本書は公募論文と、函館校が開催した公開シンポジウムの基調講演・パネルディスカッションで構成してある。

　第1部は「地域のチカラで世界は変わる」を共通テーマに、シンポジウムの基調講演のほか、日本の沖縄と函館に焦点をあてた論文2本を掲載した。

　第2部「国際地域研究　各論」は【地域のチカラを活かす試み】【教育の可能性】【時代の深層を読み解く】の項目別に8本の研究論文を紹介した。

　第3部の「シンポジウム」は、2021年6月に函館校でオンライン開催したシンポジウムの概要をポスター、プログラムとともに掲載し、さらに3人のパネリストによるパネルディスカッション「変わりゆく世界、次世代につなげたい地域のチカラ」を収録した。

　ネットワークで分かちがたく結ばれてきた世界は、コロナ禍と、今年2月に始まったロシアのウクライナ侵攻によって大きく変わった。地域の活性化を目指す試みはこれから正念場を迎えるだろう。世界と地域の関係を読み解くうえで欠かせないのは、しっかりした座標軸をもつことである。『国際地域研究』がいくばくかでも、そのためのヒントを提供する場になっていれば、と思う。

　2022年3月

北海道教育大学函館校 国際地域研究編集委員会
山岡 邦彦（編集委員長）・木村育恵・長尾智恵・林美都子・有井晴香・外崎紅馬

執筆者紹介
（執筆順）

蛇穴　治夫　（じゃあな　はるお）

北海道教育大学長

担当：序言

五十嵐　靖夫　（いがらし　やすお）

北海道教育大学大学院教育学研究科修了。現在、北海道教育大学函館校国際地域学科地域教育専攻教授。教育学修士。障害児心理学専攻。著書に『デキる「特別支援教育コーディネーター」になるための30レッスン＆ワークショップ事例集』（共著、明治図書）他。

担当：『国際地域研究 Ⅳ』の刊行にあたって、第7章

島　康子　（しま　やすこ）

Yプロジェクト株式会社代表取締役。青森県大間町生まれ。慶應義塾大学法学部卒業後、（株）リクルートに入社。1998年にUターンし、まちおこしゲリラ集団「あおぞら組」を結成、2014年には「津軽海峡マグロ女子会」を立ち上げ、一貫して地域活性化に取り組んでいる。

担当：講演録、パネルディスカッション　パネリスト

畠山　大　（はたけやま　だい）

明治大学大学院商学研究科博士後期課程修了。明治大学商学部専任助手、同兼任講師を経て、現在、北海道教育大学函館校国際地域学科准教授。沖縄大学地域研究所特別研究員。博士（商学）。著書に『沖縄の脱軍事化と地域的主体性 ── 復帰後世代の「沖縄」』（共編著、西田書店）。

担当：第1章、パネルディスカッション　パネリスト

奥平　理　（おくだいら　おさむ）

広島大学大学院博士課程前期修了。函館工業高等専門学校教授を経て、現在、北海道教育大学函館校国際地域学科准教授。文学修士。地理学専攻。著書に『日本の地誌3　北海道』（共著、朝倉書店）他。

担当：第2章、パネルディスカッション　パネリスト

齋藤　征人　（さいとう　まさと）

　　北海道医療大学大学院看護福祉学研究科博士課程単位取得満期退学。社会福祉法人帯広福祉
　　協会支援員などを経て、現在、北海道教育大学函館校国際地域学科准教授。修士（臨床福祉
　　学）。社会福祉士。著書に『地域福祉と包括的支援体制』（共著、弘文堂）他。

　　担当：第3章

高橋　圭介　（たかはし　けいすけ）

　　名古屋大学大学院国際言語文化研究科博士後期課程修了。福島工業高等専門学校准教授を経
　　て、現在、北海道教育大学函館校国際地域学科准教授。博士（文学）。論文に「類義語『普
　　通』と『一般』の意味分析」（『日本語教育』122）他。

　　担当：第4章

淺木　洋祐　（あさき　ようすけ）

　　京都大学大学院経済学研究科博士課程修了。現在、北海道教育大学函館校国際地域学科教
　　授。

　　著書に『国際地域研究　I』（共著、大学教育出版）他。

　　担当：第5章

橋本　忠和　（はしもと　ただかず）

　　兵庫教育大学大学院連合学校教育学研究科博士課程修了。佛教大学教育学部特任教授を経て、
　　現在、北海道教育大学函館校国際地域学科地域教育専攻、教職大学院　教授。学校教育学博士、
　　美術教育学専攻。著書に『未来につなぐ美術教育』（共著、三元社）他。

　　担当：第6章

細谷　一博　（ほそや　かずひろ）

　　上越教育大学大学院学校教育研究科修了。現在、北海道教育大学函館校国際地域学科地域教育
　　専攻教授。著書に『特別支援学校・特別支援学級・通級による指導・通常の学級による支援対
　　応版　知的障害／発達障害／情緒障害の教育支援ミニマムエッセンス』（共著、福村出版）他。

　　担当：第7章

北村　博幸　（きたむら　ひろゆき）

　筑波大学大学院教育研究科障害児教育専攻修了。名寄市立大学助教授を経て、現在、北海道教育大学函館校国際地域学科地域教育専攻（特別支援教育分野）教授。著書に『子どもと家族を支える特別支援教育へのナビゲーション』（共著、明治図書）他。

　担当：第7章

石井　洋　（いしい　ひろし）

　広島大学大学院国際協力研究科博士課程満期退学。北海道公立小学校教諭、青年海外協力隊を経て、現在、北海道教育大学函館校国際地域学科准教授。博士（教育学）。論文に「ザンビア授業研究における数学教師のアセスメント・リテラシーに関する研究」他。

　担当：第8章

黒坂　智里　（くろさか　ちさと）

　北海道教育大学大学院教育学研究科修士課程修了。現在、大阪府立東百舌鳥高等学校教諭。修士（教育学）。

　担当：第9章

菅原　健太　（すがわら　けんた）

　北海道大学大学院博士課程修了。同大学院メディア・コミュニケーション研究院助教を経て、現在、北海道教育大学函館校国際地域学科准教授。博士（学術）。論文に 'Future self-guides, engagement-specific learning experiences, and emotional states support motivated behavior in Japanese learners of English' (ARELE, 31)他。

　担当：第9章

田村　伊知朗　（たむら　いちろう）

　法政大学大学院社会科学研究科博士後期課程修了。ベルリン・フンボルト大学客員研究員を経て、現在、北海道教育大学函館校国際地域学科教授。博士（社会学）。近代思想史専攻。著書に、Die Aufhebung des modernen Staates (Berlin: Logos Verlag 2005) 他。

　担当：第10章

【コラム】
有井　晴香　（ありい　はるか）
　北海道教育大学函館校国際地域学科講師
　担当：コラム 1

木村　育恵　（きむら　いくえ）
　北海道教育大学函館校国際地域学科教授
　担当：コラム 2

外崎　紅馬　（とのさき　こうま）
　北海道教育大学函館校国際地域学科教授
　担当：コラム 3

長尾　智絵　（ながお　ちえ）
　北海道教育大学函館校国際地域学科准教授
　担当：コラム 4

林　美都子　（はやし　みつこ）
　北海道教育大学函館校国際地域学科准教授
　担当：コラム 5

山岡　邦彦　（やまおか　くにひこ）
　北海道教育大学函館校国際地域学科特任教授
　担当：コラム 6、パネルディスカッション　コーディネータ

国際地域研究 IV

2022 年 6 月 10 日　初版第 1 刷発行

- ■ 編　　者——北海道教育大学函館校 国際地域研究編集委員会
- ■ 発 行 者——佐藤　守
- ■ 発 行 所——株式会社 **大学教育出版**
　　　　　　　〒 700-0953　岡山市南区西市 855-4
　　　　　　　電話（086）244-1268　FAX（086）246-0294
- ■ 印刷製本——モリモト印刷 ㈱